跨国公司的全球化治理

王保军　著

中国石化出版社

内 容 提 要

研究跨国公司在主权、人权和环境三个领域中带来的法律问题具有重大的现实意义。跨国公司在全球不仅发挥了积极作用，同时还产生了一些消极问题，需要各国加以高度重视。本书第二至四章从纵向分别分析跨国公司在主权、人权和环境三个领域给全球带来的法律问题及其管制；第五章从横向比较分析当今主要的国际机构，即联合国、经合组织、世贸组织对跨国公司法律行为的规制与调整；第六章讨论了我国的现实问题，分析跨国公司对中国带来的消极影响，并探讨对其的管制或防范措施；第七章对企业合规的相关内容进行了讨论，简要介绍了企业走出去过程中经常碰到的问题，如国家安全审查、美国经济制裁及出口管制政策、海外反腐败等，并结合最新的法律法规，探讨了我国合规法律的境外影响。

本书可供从事法学，尤其是法律与全球化领域的学者参考，也可供企业的法务工作者学习使用。

图书在版编目(CIP)数据

跨国公司的全球化治理 / 王保军著 . —北京：中国石化出版社，2022. 2
ISBN 978-7-5114-6539-9

Ⅰ. ①跨… Ⅱ. ①王… Ⅲ. ①跨国公司-企业管理-研究 Ⅳ. ①F276. 7

中国版本图书馆 CIP 数据核字(2022)第 022658 号

中国石化出版社出版发行

地址：北京市东城区安定门外大街 58 号
邮编：100011　电话：(010)57512500
发行部电话：(010)57512575
http://www. sinopec-press. com
E-mail：press@ sinopec. com
北京科信印刷有限公司印刷
全国各地新华书店经销

*

710×1000 毫米 16 开本 15. 75 印张 270 千字
2022 年 2 月第 1 版　2022 年 2 月第 1 次印刷
定价：68. 00 元

序言 PREFACE

2020是人类历史上不平凡的一年，也是见证诸多历史的一年。

新冠肆虐、美股几次熔断（其后再创新高）、油价首现负值、我国全面脱贫奔小康。当然其中少不了的大戏就是美国总统选举大战。这次美国大选不仅进一步撕裂了美国社会，重创了美国选举的民主性与合法性，也让世人重新认识了美国的所谓法治与新闻自由。世人之所以关注特朗普和拜登谁能问鼎总统，主要还是担忧美国的政策走向。特朗普执政时期，美国接连“退群”，出现逆全球化的“特朗普主义”。加上英国退欧，人们不禁要问全球化终结了吗？

我在研究生期间的主要研究方向就是法律与全球化，师从著名的法学家朱景文教授。个人的硕士论文和博士论文都是这个方向。虽然遗憾的是毕业后未能谨遵老师教诲继续从事学术研究，但全球化的理论与实践一直是兴趣所在。当年自己主要的研究领域就是“跨国公司与全球化治理”，巧合的是，多年以后，自己就在一家大型跨国公司里具体负责法律与合规工作。自己在日常工作中不时地面对跨国公司在全球化经营过程中的种种法律问题。

近10年来，经济全球化的发展出现波折，甚至还有“逆全球化”的迹象。国际贸易和投资领域保护主义抬头。在贸易领域的表现就是贸易战、关税战以及出口管制等，在投资领域便是日趋严苛的国家安全审查。一些国家纷纷出台新的外资限制措施，加严了对外资的审查力度，给跨境资本的自由流动造成了严重影响。根据联合国贸发会议的预测，2020 年全球外国直接投资流量将比 2019 年下降近 40%。这些现象使得我都开始怀疑自己以前的学习和研究是否过时了？有一次在和同事的讨论中，我说看来得重新审视自己以前的文章。那位同事则说，历史趋势得看长期，不在乎几年或几届总统任期。只要立论站得住，当前形势下为全球化鼓而呼更能显出价值。

一番话犹如醍醐灌顶。当前，我们中国不就是逆势扛起了开放的大旗吗！中央和我国政府坚定改革开放！改革开放是中国的基本国策，也是推动中国发展的根本动力。习近平总书记多次强调，“中国开放的大门不会关闭，只会越开越大！”“过去中国经济发展是在开放条件下进行的，未来中国经济发展也必须在更加开放的条件下进行……只有主动参与、推动引领经济全球化进程，发展更高层次的开放型经济，才能为我国开拓广阔发展空间，为共建开放型世界经济作出更大贡献。”“开放是国家繁荣发展的必由之路，开放发展注重的是解决发展内外联动问题，必须发展更高层次的开放型经济，以扩大开放推进改革发展”。“融入世界经济是历史大方向。中国经济要发展，就要敢于到世界经济的汪洋大海中去游泳，如果永远不敢到大海中经风雨、见世面，总有一天会在大海中溺水而亡。”❶

2020 年 9 月 22 日，联合国通过宣言，强调多边主义。中国坚定维护多边主义的立场不会变。习近平总书记指出：“中国始终支持多边主义、践行多边主义，以开放、合作、共赢精神同世界各国共谋发展”。中国坚持深化改革、扩大开放的立场不会变。中国开放的大门只会越开越大，开放的领域只会越来越宽，开放的水平只会越来越高。去年

❶参见中共中央宣传部《习近平新时代中国特色社会主义思想学习纲要》，第 92、93、110 页，学习出版社、人民出版社，2019 年。习近平总书记提出了“四个革命、一个合作”能源战略思想，要求“全方位加强国际合作，实现开放条件下能源安全”。我所在的集团企业就是因开放而成立，在开放中成长，并将依开放而更加强大。

以来，中国先后出台了《外商投资法》及其实施条例、《优化营商环境条例》等，还发布了《外商投资企业投诉工作办法》。同时，中国近年来大幅精简外商投资准入负面清单，清单中的限制措施从2017年的63条减少为2020年的33条，压减比例近50%。这都为持续优化营商环境提供了法律和制度保障，充分传递了中国坚定不移扩大开放的明确信号。这几年连续举办的中国国际进口博览会和中国国际服务贸易交易会，都有利于各国企业共享中国市场发展机遇，推动全球包容互惠发展。

正因为中国高举改革开放与全球化的大旗，经济合作与发展组织公布的数据显示，虽然2020年全球外国直接投资(FDI)降至15年低点，但中国作为少数几个保持增长的主要经济体之一，取代美国成为全球第一大投资目的地。[1] 2021年上半年，中国仍然是全球最大外国直接投资流入国，流量达到1770亿美元。我国坚持的是双向对外开放，统筹国内和国际两个大循环。2020年，中国对外直接投资流量规模首次位居全球第一，达到1537.1亿美元，同比增长12.3%。2020年末，中国对外直接投资存量达2.58万亿美元，继续保持全球第三。[2]老前辈龙永图先生近期在一次发言也认为，即使新冠疫情也没有改变全球化的大趋势，我们现在要做的是重新树立多项贸易体系。[3] 2020年11月中国等中等收入国家签署了区域全面伙伴关系协定(RCEP)，这应该可以看作是全球多边主义的胜利，也是全球自由贸易的胜利。

---

[1]路透社巴黎4月30日报道，参见新浪财经2021年5月5日《中国取代美国成全球最大投资目的地？投资涌到了中国会发生什么?》。

[2]低于美国的8.13万亿美元和荷兰的3.8万亿美元。参见2021年9月，商务部、国家统计局和国家外汇管理局联合发布的《2020年度中国对外直接投资统计公报》。

[3]2020年11月26日，龙永图北京“2020搜狐财经峰会”上的发言。《中国入世谈判首席代表龙永图：疫情未改变全球化趋势，需重新树立多边贸易体制》，中国商报网讯，原文链接：http://www.zgswcn.com/article/202011/202011262047461253.html。

习近平总书记在2022年世界经济论坛视频会议上的演讲中指出，
习近平总书记在2022年世界经济论坛视频会议上的演讲中指出，经济全球化是时代潮流。大江奔腾向海，总会遇到逆流，但任何逆流都阻挡不了大江东去。动力助其前行，阻力促其强大。尽管出现了很多逆流、险滩，但经济全球化方向从未改变、也不会改变。因此，特朗普之流或逆流只是印证了全球化的曲折过程而已。当我重拾信心，再次捧起自己的文章时，就像一位久违的老朋友。虽然有些数据资料一定程度上确实过时了，但结论及整体论证结构并不过时，无论是整体上全球化的结论，还是其中具体的建议，如取消外资优惠税率、加强环境监管等，反而是用时间来印证了其正确性。博士毕业后，论文的核心成果曾部分刊载于《全球化条件下的法治国家》[1]。借此机会，又将全文进一步地勘误。整体上未能全部更新经济数据，但涉及国内法律法规已尽可能地更新。

本书的最后部分《跨国公司与合规管理的全球化》是新增加的内容。起因是我在实际工作中深深地感受合规管理对一家跨国公司是多么的重要。2018年的“中兴事件”已经以惨痛的教训昭示了世人。[2] 因此，在这部分对企业合规的相关内容进行了讨论，并简要介绍了企业走出去过程中经常碰到的问题，如国家安全审查、美国经济制裁及出口管制政策、海外反腐败等。结合最新的法律法规，还探讨了我国合规法律的境外影响。这部分的内容多数是我与同事们在具体实践工作中形成和积累的，因此在一定程度上也是某种职务作品。

纵观全书，已无法视为严格意义上的学术著作。因此，自己很快就打消了邀请所敬重的朱景文老师作序的念头。希望本书能成为一种

[1] 参见朱景文主编：《全球化条件下的法治国家》，中国人民大学出版社，2006年。

[2] 2019年，我所在的总部部门其名称也由原来的单纯的“法律部”更名为“法律合规部”，也相应扩充了管理职能。

文献资料与操作手册，有些数据至少能发挥历史资料的作用。法律与全球化依然是非常令人感兴趣、充满挑战、富有生命力的研究方向，视角也可以多样(比如数据与个人信息保护、多地上市规则、反税基侵蚀和利润转移即 BEPS 等)。希望有志于此的同道中人继续深耕。

当我再次思考或领略这一学术课题或“话题”时，“梦回吹角连营”可能有些夸大，但“此情可待成追忆”确实是真情实感。“白驹过隙”，往昔的一幕一幕不断涌现眼前。能够顺利考入中国人民大学法学院是我一生中的幸事，也是漫漫求学路上的转折点。在诸位名家的指导下，探求法学精义。自己也十分珍惜这一难得的机会。虽孜孜以求，但总觉未达师者之期望。韩愈曾云：“济攀分寸不可上，失势一落千丈强。”故终不敢倦怠。

人大法学院名家荟萃，贤者云集。作为学生，我在他们身上真切感受到了何谓“传道、授业、解惑”之师者风范。先生们治学严谨，待人宽厚。导师朱景文教授与我父亲同龄，他给了我许多关怀和帮助，我也像对待父亲那样尊敬他。当然，最大的受益还是在朱老师的指导下，我愈发产生了对法学理论的兴趣，尤其是比较法和法律全球化研究。特别要说的是孙国华教授和吕世伦教授。两位长者的豁达和开朗深深地感染了我们这些青年人。我在求学期间曾有过一些幼稚的错误，是他们帮我逐步克服，并走向成熟。

我一直感到自豪的是，从硕士研究生阶段就开始参加朱老师主持的大型研究课题。当年自己的硕士论文就属于法律全球化的研究范围(《经济全球化与法律服务的变迁》)。博士论文的写作灵感来源于朱老师主持的国家“十五”社会科学重点项目“全球化下的法治国家”。在朱老师的悉心指点之下，自己的原始想法终于“进化”成拙文。国际投资与跨国公司问题涉及的方面非常之多，在全球化下的主权、人权与环境问题研究综合性比较强，跨越许多学科和专业。这是我写作之前始料未及的。好在不少前辈学者在这个领域已有贡献。虽然绝大多数学者自己没有机会拜会过，但每每研读他们的文献就感到是在与其进行沟通。可以说，前辈们的贡献决定了后来研究者前进的范围。

人大法学院法学理论教研室是个和睦的大家庭。自己在其中度过了最宝贵的“二十年代”，同时还光荣地加入了中国共产党，甚至与有些老师发展出了朋友之谊。笔者从内心里感谢他们。不论自己将来选择何种发展道路，都不会放弃对法学理论的热诚与执著，以不辜负恩师的辛勤栽培。一路能够坚持下来，自我感觉精神也得到提升。因为论文的创作过程主要是对自身意志力的考验，有很多客观因素需要克服。自己不会忘记这段难忘的“心路历程”。

虽然时间已过去很久，借此机会，希望再次向先生们表示由衷的致谢！

目录 CONTENTS

第一章　导言：跨国公司与全球化研究概述 …………………………（1）
一、跨国公司对全球化的影响 ……………………………………（1）
（一）跨国公司的内涵 ………………………………………………（1）
（二）跨国公司的经济实力与跨国性 ………………………………（2）
（三）跨国公司的广泛影响力 ………………………………………（4）
二、关于跨国公司的意识形态 ……………………………………（5）
（一）传统的三大理论模式：新自由主义、依附论及重商主义 ………（6）
（二）三大理论的分化与转型 ………………………………………（7）
（三）全球主义与民族主义 …………………………………………（8）
（四）新殖民主义与跨国合作主义 …………………………………（9）
三、跨国公司引发的若干重要法律问题 …………………………（10）
（一）跨国公司引发的法律问题及国内法学界研究现状 …………（10）
（二）跨国公司与主权、人权、环境问题 …………………………（11）
四、跨国公司的全球治理 …………………………………………（12）
（一）跨国公司管制的特殊性与全球治理的必要性 ………………（12）
（二）跨国公司的全球治理结构 ……………………………………（14）
第二章　跨国公司与主权国家的管制 ………………………………（19）
一、国家主权与跨国公司的辩证分析 ……………………………（19）
（一）跨国公司与国家主权问题的提出及特殊性 …………………（19）
（二）“经济主权”的含义 …………………………………………（20）
二、跨国公司对东道国经济主权的具体影响 ……………………（24）
（一）产业（市场）控制 ……………………………………………（24）
（二）技术依赖 ………………………………………………………（26）
（三）争夺和垄断重要经济资源 ……………………………………（27）

（四）影响东道国国际收支平衡 …………………………………………（27）
（五）转移定价等限制性商业惯例 ……………………………………（29）
三、主权国家调整外来资本的政策与措施 ……………………………（29）
（一）东道国外资制度的立法取向与规制权 ……………………………（29）
（二）外资进入或设业阶段的限制措施 …………………………………（33）
（三）外资设业后阶段的管理措施 ………………………………………（39）
第三章　跨国公司与人权保障……………………………………………（47）
一、跨国公司侵犯人权的实况及案例 …………………………………（47）
（一）跨国公司侵犯人权的概况 …………………………………………（47）
（二）几个案例 ……………………………………………………………（48）
（三）旅游业投资与人权问题：具体行业的考察 ………………………（50）
二、跨国公司人权义务的性质 …………………………………………（52）
三、跨国公司人权义务的内容 …………………………………………（54）
（一）尊重他人的权利 ……………………………………………………（54）
（二）不得妨碍人权的保护 ………………………………………………（55）
（三）促进人权发展 ………………………………………………………（56）
四、东道国实施跨国公司人权义务规范的问题 ………………………（57）
五、跨国公司人权义务的全球管制 ……………………………………（58）
（一）国际人权条约及有关人权法庭 ……………………………………（59）
（二）国际刑事法院的管辖：跨国公司的国际刑事责任 ………………（61）
（三）区域协议：北美自由贸易协定(NAFTA)与北美劳工合作协定
(NAALC) ……………………………………………………………（63）
（四）国际劳工组织(ILO)：基本劳工权的保障 ………………………（65）
（五）对具体行业的管理：旅游观光业的人权关注 ……………………（68）
（六）社会监督与自我约束：商业伦理与公司行为守则 ………………（69）
（七）国内法的域外效力 …………………………………………………（74）
第四章　跨国公司与环境问题的全球治理 ………………………………（78）
一、跨国公司引发的环境问题 …………………………………………（78）
二、跨国公司环境管制的特殊性 ………………………………………（80）
三、与跨国公司直接投资有关的国际环境条约 ………………………（81）
（一）《蒙特利尔议定书》…………………………………………………（82）
（二）《气候变化框架公约》 ………………………………………………（82）

（三）《巴塞尔公约》…………………………………………………………（83）
四、国际投资协议中的环境规则 …………………………………………（84）
（一）《北美自由贸易协定》……………………………………………（84）
（二）《欧洲能源宪章》…………………………………………………（85）
（三）《多边投资协议》…………………………………………………（85）
五、与跨国公司有关的环境标准与指南 …………………………………（86）
（一）世界银行集团 ……………………………………………………（87）
（二）OECD《跨国公司指南》 …………………………………………（88）
（三）ISO 14000 …………………………………………………………（89）
（四）国际商会《可持续发展商业章程》………………………………（90）
（五）双边资助机构 ……………………………………………………（91）
（六）瓦尔迪兹原则 ……………………………………………………（92）
（七）企业环境报告制度 ………………………………………………（92）
六、国内法的域外效力与跨国环境诉讼…………………………………（94）
七、跨国公司与全球气候诉讼 …………………………………………（95）
（一）壳牌公司减排政策案 ……………………………………………（96）
（二）关于能源企业的气候变化诉讼情况 ……………………………（97）
八、结语 ……………………………………………………………………（98）
第五章 主要国际组织对跨国公司的规范调整…………………………（100）
一、联合国相关机构对跨国公司的管制 ………………………………（100）
（一）联合国对跨国公司进行管理的起源、发展与转变 ……………（100）
（二）贸发会议对发展问题的关注及对多边投资框架可行性（PMFI）
的探索 ……………………………………………………………（103）
（三）跨国公司与人权 …………………………………………………（105）
（四）全球契约运动 ……………………………………………………（109）
二、经合组织对跨国公司有关问题的调整 ……………………………（111）
（一）《多边投资协议》（MAI）的毁与誉 ……………………………（111）
（二）发展中的《跨国公司指南》………………………………………（114）
三、世贸组织对外来直接投资问题的管辖及关注 ……………………（117）
（一）WTO 涉足外来直接投资问题的起源、发展及 GATS 分析 ………（117）
（二）TRIMs 协议与东道国外资管辖权 ………………………………（119）
（三）展望 WTO 主持下的多边投资谈判 ………………………………（121）

第六章　我国的跨国公司问题及相关回应 …………………………… (124)
一、跨国公司对中国的双重作用 ………………………………………… (124)
（一）外来直接投资的积极性 …………………………………………… (124)
（二）应当关注的问题 …………………………………………………… (129)
二、对我国若干外资制度及引资环境的反思 …………………………… (144)
（一）市场准入的控制与审批程序的灵活运用 ………………………… (144)
（二）改进对外来投资的宏观调控 ……………………………………… (145)
三、防范跨国公司消极影响的其他制度与政策思考 …………………… (149)
（一）千方百计提升国民经济的国际竞争力 …………………………… (149)
（二）完善产业预警机制及对外资的全面考核、评价 ………………… (154)
（三）增强劳动者权益保护 ……………………………………………… (155)
（四）生态文明建设与环境保护 ………………………………………… (157)
（五）企业社会责任报告与 ESG 报告 …………………………………… (160)
第七章　跨国公司与合规管理的全球化 ……………………………… (165)
一、什么是合规？为什么要合规？怎么合规？ ………………………… (165)
二、国家安全审查 ………………………………………………………… (169)
三、美国经济制裁及出口管制政策 ……………………………………… (173)
（一）制裁种类 …………………………………………………………… (174)
（二）美国对个别国家的具体制裁措施 ………………………………… (182)
（三）美国新增对特定项目或活动的限制措施 ………………………… (198)
四、海外反腐败 …………………………………………………………… (206)
（一）美国《反海外腐败法》…………………………………………… (208)
（二）英国《反贿赂法案》……………………………………………… (211)
（三）澳大利亚反腐败法律 ……………………………………………… (212)
（四）加拿大反腐败法律 ………………………………………………… (215)
五、我国合规法律的境外影响 …………………………………………… (218)
（一）反垄断法 …………………………………………………………… (218)
（二）国家安全审查规定 ………………………………………………… (220)
（三）不可靠实体清单规定 ……………………………………………… (225)
（四）出口管制法 ………………………………………………………… (227)
（五）反外国制裁法 ……………………………………………………… (229)
参考文献 ………………………………………………………………… (232)

第一章

导言：跨国公司与全球化研究概述

一、跨国公司对全球化的影响

（一）跨国公司的内涵

西方有学者曾借用《共产党宣言》中的名言说，跨国公司就像一个"资本主义的幽灵"游荡在当代世界上空。[1] 跨国公司作为一种以全球市场为经营目标的企业形态，早在19世纪60年代就已出现。但其真正的发展却在20世纪50年代之后。[2] 跨国公司的活动是全球性的，在世界各地都有网络，即使在没有分支机构的地方往往也有代表处或关系户。

目前，国际上有多种关于跨国公司的定义，但较为普遍的是以联合国《跨国公司行为守则》中的相关规定为基础的定义，即凡以本国为基地，通过对外直接投资，在其他国家设立分支机构或子公司，从事国际化生产和经营的组织，就可称为跨国公司。[3] 跨国公司也因此具有了不同于一般国内企业的特征：生产经营活动的跨国化。跨国公司以母国为基地，在世界其他国家或地区设立分支机构与子公司；经营战略的全球化，以全世界市场为角逐目标，制定全球性的经营战

---

[1] See S. H. Hymer, The Multinational Corporation: A Radical Approach, Cambridge University Press, 1979.

[2] 有的学者的研究认为，企业跨国经营、在本国以外控制或协调生产和分配并不是最近的现象，其起源甚至可以一直追溯到14世纪以前的早期商人资本家的活动，包括Hanseatic League，Hudson Bay Company及英国与荷兰的东印度公司。See Dunning J. H., Multinational Enterprises and the Global Economy, Reading, Mass: Addison Wesley, 1993; Jones, G. (ed.), Transnational Corporations: A Historical Perspective, Aldershot: Avebury, 1993; Wilkings, M. (cd), Thc Growth of Multinaitonals, Aldershot: Avebury, 1991.

[3] 关于跨国公司不同的定义及名称，参见余劲松：《跨国公司法律问题研究》，中国政法大学出版社，1989年，第4-8页；李兰甫：《国际企业论》，台湾三民书局，1994年，第6、7页。

略；公司内部管理的一体化，跨国公司内部通常都实行高度集中的一体化管理体制。❶

需要说明的是，由于跨国公司是对外直接投资的主要组织者和推动者，因此国内外法学界对跨国公司的研究绝大多数都是将跨国公司与外来直接投资放在一起讨论，“在某些情形下两个概念可以互换使用”。❷ 在研究我国跨国公司问题时，按照联合国机构对跨国公司的定义，我国学者也认为，“在中国建立外商企业除了境外自然人投资的以外，多数都是跨国公司的企业。因此，研究外商在华投资的分布，也可以在相当程度上反映跨国公司在华投资的分布。”❸

（二）跨国公司的经济实力与跨国性

近几十年来，跨国公司在世界经济中发挥着越来越重要的作用。大型跨国公司的经济实力令许多民族国家相形见绌。“富可敌国”的说法毫不夸张。许多跨国公司的总销售额超过了中小发展中国家的国内生产总值。全球经济百强中，跨国公司占51%，民族国家只占49%。200个最大的跨国公司占据了整个世界经济活动的27.5%。❹ 通用汽车的销售收入要高于七个发达国家（即美国、德国、意大利、英国、日本、法国和荷兰）之外的任何一个国家的GDP。更值得注意的是，近10年来，大型跨国公司与民族国家的这种对比是朝着有利于前者的方向发展的，而且其速度惊人。1991年，还有19个国家的GDP比通用汽车的收入高，而到了2000年只剩下7个。同样，1991年，在全球经济体28强中，跨国公司只有3家，到2000年，就迅速上升为15家，超过了国家的数量。❺

二战以后，国际间的跨国投资日益增多。随着外国直接投资联系日渐紧密以及投资与贸易协议的缔结，巨型跨国集团应运而生。大约64000家跨国公司控制着870000家外国子公司。2002年，这些跨国公司掌控的全球外国直接投资存量增加了10%，增至7万多亿美元。2001年，尽管外国直接投资流量近乎减半，

---

❶曹建明主编：《国际经济法概论》，法律出版社，1994年，第271—276页。

❷当然，两个概念也有差别。“外国直接投资”描述的是一种过程，而“跨国公司”强调的是一种机构。参见陈东：《跨国公司治理中的责任承担机制》，厦门大学出版社，2003年，第2、3页。另见徐超丽：《资源转移——外国跨国公司对中国经济的影响》，《当代世界社会主义问题》，1997年，第3期。

❸王志乐主编：《2002-2003跨国公司在中国投资报告》，中国经济出版社，2003年，第7页。

❹See Sarah Anderson & John Cavanagh, Top 200: The Rise of Corporate Global Power 9 (2000), at http://www.ips-dc.org/reports/top200.htm.

❺See Global Policy Forum, Comparison of Revenues Among States and TNCs, at http://www.globalpolicy.org/socecon/tncstat2.htm; and Compare id. with Nations v. Corporations, at http://www.ratical.com/corporations/NvC.html.

但多数限于跨国公司内部的技术付款额仍基本稳定。2002 年外国子公司创造的附加值达 3.4 万亿美元，估计约占全球国内生产总值的十分之一。如果考虑到跨国公司在全球范围内的国际分包、合同制造商、生产许可证发放等经济活动，跨国公司占全球 GDP 的比重将会更高。联合国贸发会议认为，在向国外提供产品和服务方面，外国直接投资仍比贸易重要。2002 年，世界总出口额为 8 万亿美元，而跨国公司的全球销售额高达 18 万亿美元。跨国公司在国外共聘用了 5300 多万人。❶ 尽管全球危机对外国直接投资流动造成了影响，但它并没有阻止日益增长的国际化。2008 年和 2009 年跨国公司外国子公司销售和增值的减少比世界经济的收缩更为有限。因此，外国子公司在全球国内生产总值(GDP)中所占份额达到 11%的历史最高水平。2009 年，跨国公司的聘用人数略有增加，达到 8000 万工人，这其中大部分来自发展中国家和转型经济体国家的跨国公司。此外，在 2008 年全球 8.2 万家跨国公司中，来自发展中国家和转型经济体国家的公司占 28%，比 2006 年高出 2 个百分点。这一比例在 1992 年还不到 10%，反映出发展中国家和转型经济体国家在国际生产格局中的地位显著提升。2009 年，外国子公司的资产增长了 7.5%，这在很大程度上得益于流入的外国直接投资增长了 15%，达到了 18 万亿美元。❷

世界前 100 名跨国公司的跨国性

项目	2001 年	2000 年	2001 年比 2000 年增长,%
资产，10 亿美元			
海外	2934	3113	-5.8
总计	5914	6184	-4.4
销售，10 亿美元			
海外	2235	2356	-5.2
总计	4352	4748	-8.3
雇员			
海外	6890178	6791647	1.5
总计	13383852	14197264	-5.7
平均跨国性/%	59.4	55.7	3.7

资料来源：UNCTAD WORLD INVESTMENT REPORT 2003，Boxtable I. 1. 1. (a).

❶UNCTAD/WIR/2003(Overview)， p 14.

❷UNCTAD/WIR/2010(Overview)， p xviii.

由上表可以看出，跨国公司在资产、销售及雇员方面的跨国性都超过了 50%(尽管由于多种原因，2001 年的国际直接投资比 2000 年趋势有所下降)。这证明，跨国公司进行的是全球生产、全球营销经济模式。因此，跨国公司引起各界的广泛重视。甚至对全球化持怀疑态度的经济学家鲁格曼也说，“研究全球化应当准确地聚集(焦)于跨国公司(的)活动”，“全球化是跨国公司进行外国直接投资的结果”。❶

全球化的推动力从主体上包括：跨国公司、世贸组织及区域经济体；按要素分为：资本和产品(包括货物、服务、知识产权)；按形式分为：投资和贸易。在全球化进程中，存在着两条相并列的主线：

(1) 跨国公司 → 资本 → 投资；

(2) 世贸组织 → 产品 → 贸易。

当然投资与贸易并不是绝然分立的。比如，WTO 就有《与贸易有关的投资措施》，服务贸易中的商业存在就是一种投资形式。对外直接投资与国际贸易的关系即存在互补性，又具有相互替代性。经济学者正试图以国际分工思想为基础，将国际直接投资理论与国际贸易理论融合在统一的分析框架之中。两者的联结点就是跨国公司。“随着国际(贸易——笔者注)市场交易成本的增加，企业之间借助国际市场实现的国际分工可能并不经济，这就需要一种新的制度安排加以替代，即我们通常所说的跨国公司。”❷因此，全球化不仅离不开跨国公司，而且后者是全球化的基础性力量。❸“经济全球化、非国家化以跨国资本雄厚的经济实力为基础”，强大的跨国资本力量正在形成一种全球资本主义的“利维坦”。❹

(三) 跨国公司的广泛影响力

在全球化的进程中，跨国公司促进了全球经济一定程度的繁荣，给发展中国家带来了资金、技术、管理和就业机会。以技术领域为例，联合国教科文组织《1998 年世界科学报告》指出，跨国公司的发展和从北部发达国家注入南部发展中国家的外国直接投资日益增长，是在过去 10 年里对发展中国家科研机构及其

---

❶阿兰 · 鲁格曼：《全球化的终结》，三联出版社，2000 年，第 2、68 页。

❷参见俞进：《融合国际贸易和国际直接投资理论：以国际分工为基础》，《华东师范大学学报》哲社版，2002 年，第 6 期。另可参见王迎新：《论海外直接投资与贸易的关系》，《财贸经济》，2003 年，第 1 期。

❸关于跨国公司推动经济全球化的分析，参见杨宇光：《经济全球化中的跨国公司》，上海远东出版社，1999 年，第 40-58 页。

❹朱景文：《比较法社会学的框架和方法》，中国人民大学出版社，2001 年，第 564、565 页。

在世界范围内的结构关系产生最主要影响的两个全球化特征。[1] 20世纪70年代以来，发展中国家对跨国公司外来投资的态度也逐渐由敌视、排斥转为欢迎，甚至产生了激烈的引资竞争。关于外来直接投资对一国的积极作用已有很多的论述。由于这方面不是本文的侧重点，故不详述。

跨国公司的影响力当然不仅仅局限在东道国。它们的经济效应是全球性的。经济学者指出，巨型跨国公司的出现，说明了资本社会化在深度、广度方面进一步拓展，资源配置以利润为标准的合理化；经济利益的追求冲破了国界、民族界限、行业界限及市场界限；重新规划垄断与竞争在世界范围中的格局；它们对于世界资源与产出流向的实际控制能力，以及对于微观经济运作游戏规则，尤其是对竞争原则制度的影响，代表了下个世纪微观层次经济实力的真实含义。[2] 另一方面，跨国公司的影响力也不仅表现在经济领域。它们在技术创新、价值观念甚至社会效应上都引人瞩目(当然，这些都是以雄厚的财力作后盾)。如美国的时代华纳公司的文化产品全球畅销。1997年，该公司还宣布向联合国捐款10亿美元，一时引起轰动。这正好与美国政府形成强烈对比，美国已经连续多年拖欠联合国巨额会费。难怪次年联合国秘书长安南在达沃斯世界经济论坛上说，过去，联合国只是同政府打交道，现在知道，如果伙伴关系不包括国际机构、商界和“公民社会”，和平与繁荣是不能实现的。[3]

二、关于跨国公司的意识形态

跨国公司与全球化的意识形态，是关于跨国公司对全球的影响，对各个国家的影响在理论层面的概括与提升。马克思、恩格斯早在《共产党宣言》中就已指出，“资本主义，由于开拓了世界市场，使一切国家的生产和消费都成为世界性的了。……过去那种地方的和民族的自给自足和闭关自守状态，被各民族的各方面的相互往来和各方面的相互依赖所代替了。物质的生产是如此，精神的生产也是如此。各民族的精神产品成了公共财产。民族的片面性和局限性日益成为不可能。”[4]两位导师一定程度上预见了以跨国公司为载体的经济全球化的到来，以及民族国家经济生活的相应变化。跨国公司的出现是世界生产力高度发展的必然结

---

[1] 参见《跨国公司把研究开发资金从北部转向南部趋势》，《中国经济时报》，1998年11月17日。

[2] 黄卫平、朱文晖：《走向全球化》，法律出版社，2000年，第274页。

[3] 参见杨冠群：《全球主义思潮和民族国家意识的碰撞——浅论跨国公司的是与非》，《国际问题研究》，2002年，第5期。

[4] 《马克思恩格斯选集》第1卷，人民出版社，1972年，第254页。

果。虽然马克思和恩格斯并没有直接使用“全球化”的概念，但他们在《共产党宣言》和《德意志意识形态》等著作中提出并详细阐明了“历史转变为世界历史”的理论，深刻地揭示出资本主义生产方式所具有的全球扩展的本性及其所包含的内存矛盾。而且，马克思主义的唯物史观和辩证法仍是我们分析全球化问题最重要的工具之一。[1]

此外，还有许多学者从不同的立场和方法就跨国公司的角色、作用和影响提出了自己不同的观点：

（一）传统的三大理论模式：新自由主义、依附论及重商主义[2]

1. 新自由主义

新自由主义学者认为，在经济全球化下，任何国家如果脱离世界经济市场，都会降低经济效率和国民福利；跨国公司已成长为能够自我独立的行为体，在与国家的较量中占上风；国家虽然仍是暴力工具的唯一合法垄断者，但在经济相互依赖的时代，暴力也无法解决国家面临的经济困境；技术、产业升级和转移将使发展中国家从中受益，而跨国公司恰恰是其中的载体。著名跨国公司问题专家弗农 1971 年在《困境中的主权》提出，跨国公司的扩张不仅会对民族经济产生一系列影响，而且还会对民族精英、意识形态和文化产生冲击。[3] 一些新自由主义者进一步认为，跨国公司通过投资与贸易使国际经济走向一体化，跨国公司的决策超越了国界限制，从而在人类历史上首次实现全球范围的生产、营销和投资的优化配置。因此，国家应该给市场让位，即把对经济的控制权让给跨国公司。

2. 依附论

依附论的代表人物多斯桑托斯在《帝国主义与依附》中将“依附”定义为一种状况，即一些国家的经济受制于它所依附的另一国经济的发展和扩张。依附的基础是国际分工。20 世纪中叶以来，依附模式的特点就是跨国公司从技术-工业统治转向不发达国家内部市场的工业部门投资。这种模式使得依附国的生产体制为跨国公司利益所决定，造成一种畸形的生产结构。多斯桑托斯还认为，跨国公司作为“帝国主义的细胞”对统治国也产生了重大影响，如影响本国的就业和国际

---

[1] 参见丰子义、杨学功：《马克思“世界历史”理论与全球化》，人民出版社，2002 年，第 211-228 页。

[2] “三大理论模式”的提法出自重商主义的代表人物吉尔平的归纳，参见余万里：《跨国公司的国际政治经济》，《国际经济评论》，2003 年，第 3-4 页。

[3] Raymond Vernon, Sovereign at bay: The Multinational Spread of U. S. Enterprises, New York & London: Basic Books, Inc, 1971, p. 192-205.

收支。跨国公司的发展强化了资本主义的垄断，加深了小资产阶级的危机。新的国际分工并没有把资本主义从其最后的危机中解救出来。跨国公司在其内部，在其计划、战略及其组织形式上反映出资本主义不能解决的种种矛盾。❶

3. 重商主义

吉尔平是重商主义的代表，其跨国公司问题专著《美国霸权与跨国公司：对外直接投资的政治经济学》是国际政治经济学的奠基之作。他认为，英美对外直接投资的数量与规模同霸权的兴衰之间存在着紧密的关系。美国的全球霸权为跨国公司的投资提供了良好的政治与安全保障。另一方面，美国跨国公司在全球的扩张不仅有利于美国的经济利益，而且服务于美国的战略。跨国公司的投资有利于传播美国的价值观念；跨国石油巨头在中东等地的开发和经营保证了西方世界的能源供应；跨国公司的高额利润在很大程度上弥补了美国的巨额贸易赤字。可以说，跨国公司与美元的国际地位、美国的核优势共同构成了二战以后美国全球霸权的基础。❷

（二）三大理论的分化与转型

20 世纪 90 年代以来，“在全球化理论的辐射下……跨国公司研究出现了新的概念结构和语境。”❸苏联的解体及共产主义运动的暂时低潮使部分自由主义者走向了极端的全球主义。其代表人物大前研一认为，投资、工业、信息技术及个体消费者使得民族国家已经成了全球经济中不和谐的单位，国界的作用正在消失。与以上四个因素相联系的跨国公司将成为民族国家的“终结者”。❹ 这种极端的看法遭到全球化怀疑论的否定，后者认为全球化不过是个神话。❺ 依附论曾在 70 年代唤醒过第三世界的经济独立意识，然而许多发展中国家或者失去了跨国公司的投资，或者带来了债务负担。于是 80 年代末，拉美等地区的国家又转向以自由化和私有化为主的新自由主义政策。结果，90 年代中期以来的一系列金

❶特奥托尼奥·多斯桑托斯：《帝国主义与依附》，杨衍永等译，社会科学文献出版社，1999 年，第 78、302-310 页。

❷Robert Gilpin, U. S. Power and the Multinational Corporation: The Political Economy of Foreign Direct Investment, New York, Basic Books, Inc, 1975, p. 161.

❸余万里：《跨国公司的国际政治经济》，《国际经济评论》，2003 年，第 3-4 页。

❹Kenichi Ohmae, The End of Nation State: The Rise of Regional economies, New York , Free Press, 1995, p. 5.

❺阿兰·鲁格曼：《全球化的终结》，三联出版社，2000 年，第 1 页。

融危机❶又证明发展中国家始终在世界经济结构中处于不利的境地。对此，一些学者对自由主义进行了批判，认为全球化是一个由“转型与抑制”共同构成的“综合症”，它“在国家内部和国家之间重新排列贫困的发生率”，“全球化和边缘化是相互联系的过程，前者驱动后者。”❷与此同时，重商主义也发展了自己的观点。吉尔平认为，“尽管跨国公司在国际经济事务中举足轻重，但民族国家依旧唱主角。”❸但他并没有根本放弃霸权思想，依然主张为了构成稳定的国际经济与政治基础，一个或几个国家必须进行经济和政治领导。其他学者进一步肯定了国家主权，认为全球化带来的不是一个简单的“主权消亡”或“主权至上”问题；在全球化背景下，国家主权“一直在随时调整自己，以适应不断变化的历史现实。”❹

（三）全球主义与民族主义

发达国家和发展中国家，或者说投资母国与东道国，都同时存在着全球主义与民族主义，只是侧重不同而已。民族国家对跨国公司表现出“既爱又恨”的心理，后者被指责为“一小伙无国家主义者”在追求利润的最大化。前述依附论在某种程度上可以看成发展中国家民族主义的一种形式。民族主义者并不否认跨国公司给发展中国家带来的积极作用，但强调总体上，发展中国家得不偿失。他们忧虑，这是一种“为了获得知识和权力，向魔鬼出卖灵魂的浮士德式买卖，使结构脆弱的东道国处于永久的依赖地位”；而且，“资本主义的渗透过程，会在外围国家（发展中国家）中，造就一个促进和保护核心国家（发达国家）利益的‘桥头堡’和‘买办民族资产阶级’。”❺发展中国家的民族主义者还包括一些既得利益的保守派。他们本能地反对跨国公司及全球化，担心后者产生一些新的价值和观念，威胁到旧有的方式。因为跨国公司带来的是：能人统治而不是贵族统治，按

---

❶如1994年墨西哥金融危机、1997年亚洲金融危机、1998年俄罗斯金融危机及2001年阿根廷金融危机。

❷詹姆斯·H·米尔特曼：《全球化综合征》，刘得手译，新华出版社，2002年，第106页。

❸罗伯特·吉尔平：《全球资本主义的挑战：21世纪的世界经济》，杨宇光等译，上海世纪出版集团，2001年，第169页。

❹斯蒂芬·D·克拉斯纳：《结构冲突：第三世界对抗全球自由主义》，李小华等译，浙江人民出版社，2001年，第175-176页。

❺See Patrick M. Boarman, Hans Schollhammer, Multinational Corporations and Governments, Praeyer Publishers, N. Y., Washington, London, 1975, p. 133; R. D. McKinlay, R. Little, Global Problems and World Order, Frances Printer, London, 1986, p. 133.

才能而不是身份论功行赏。[1]

另一方面，发达国家的民族主义也是不容忽视的一支力量。有的学者甚至指出，目前反全球化和贸易、投资自由化的主要势力不是来自正在遭受全球化的边缘化的和边际化影响的发展中国家成员方，而是源自发达成员内部的劳联、产联、行业工会以及右翼保守势力(其中非政府组织也扮演了主要角色)。无论是从1999年西雅图的WTO第三次部长会议的失败，同年达沃斯经济论坛的尴尬，还是从2000年的世界银行和IMF布拉格年会以及达沃斯墨尔本亚洲峰会出现的骚乱来分析，均可证明。[2] 在他们看来，跨国公司“代表了全球资本主义”，而世界银行、国际货币基金组织、世贸组织都是“跨国公司的工具”，都应该反对。当然，发达国家的工会和环保组织的主张中带有某些保护主义的色彩，但他们反对全球性的分配不均，反对跨国公司的经济掠夺和生态破坏，“在很大程度上反映了当今世界的主要矛盾……在迫使跨国公司调整其劳工标准及环保行为规范等方面，仍发挥积极的影响。”[3]

(四)新殖民主义与跨国合作主义

按照美国学者米约西的理解，所谓“新殖民主义”是二战后殖民主义瓦解到80年代后“跨国合作主义”兴起期间，美国在经济、政治方面的政策。这种政策的核心就是进行战争和加强战争机器，以便遏制共产主义和刺激美国及其盟友的经济发展。米约西认为，正是美国的新殖民主义政策为经济的全球化打下了广泛而有效的社会基础。他将新殖民主义看作是“殖民主义到跨国合作主义的过度。”战争直接促进了二战后资本主义的高速发展，甚至很小的战争，都常常对资本主义有帮助。美国对希腊和土耳其的干涉，朝鲜战争、越南战争期间，经济都在“传奇般地”增长。同时，美国还将自己的资本、技术、管理观念等输入到战争的发生地，为本国及其盟友的大公司在这些战争的发生地开拓了市场，而跨国合作主义也就从此开始了自己的历程。到80年代以后，跨国公司变得更为重要起来。米约西的看法与吉尔平的重商主义有相似之处，都突出了母国保障的作用。前者也看到，在冷战时期，“跨国合作主义”只限于美国及其盟友，那时的经济

---

[1] See Patrick M. Boarman, Hans Schollhammer, Multinational Corporations and Governments, Praeyer Publishers, N. Y., Washington, London, 1975, p. 6.

[2] 参见刘光溪：《多哈会议与WTO首轮谈判》，上海人民出版社，2002年，第18页。

[3] 杨冠群：《全球主义思潮和民族国家意识的碰撞——浅论跨国公司的是与非》，《国际问题研究》，2002年，第5期。

全球化只能称为“半球化”。冷战结束后，全球化进程也并不是在完全平等的社会基础上展开的。跨国公司在其中扮演的角色“既崇高又卑鄙”，为了获取最大的利润，它们是根本不考虑什么人权、公民权、女权或环境保护的。[1]

三、跨国公司引发的若干重要法律问题

（一）跨国公司引发的法律问题及国内法学界研究现状

1. 与跨国公司有关的具体法律问题

由于跨国公司对一国的政治、经济及社会生活具有重要的影响力，所以无论是发展中国家还是发达国家，不论是作为东道国还是母国，都尽量以法律的形式来规范跨国公司的活动。跨国公司从设立到运营，先后要与各地的法律打交道，不仅其生产、经营是全球性的，所适用的法律也是如此。而且，许多区域性组织和国际性组织也正在积极地寻求治理跨国公司的方式。首先，设立跨国公司需要遵循东道国的法律。成立跨国公司属于国际私人直接投资，资本输入国对此种行为往往有一定的法律规定。其次，外方投资者也要符合母国海外直接投资法、税法等法律的规定。资本的输出对一国的经济利益也有很大的影响。投资母国根据自己的经济政策，建立了鼓励、限制或保护本国海外直接投资的法律制定。另外，在东道国内成立的跨国公司往往是母国内大型跨国公司，即母公司的子公司或分公司。母公司是依据其国内的公司法、投资法等法律来对其子公司或分公司的管理和控制的。跨国公司的公司章程被视为企业的“小宪法”。外国投资者有时按照自己国家的法律规定及企业文化来管理。世界各地的劳动者在接受各跨国公司生产、经营等技能的同时，也将不可避免地接受相应的经济、法律文化观念。跨国公司不仅输入了资本、技术，也输入了法律及文化。

治理跨国公司的国内法涉及绝大多数领域，既有实体法又有程序法，还有专门性的涉外立法。各国在治理的过程中，有关部门法的具体领域出现了全球化的现象或必要性：面临的问题大体相同，出于自发或通过双边、多边的合作，所采取的措施也可能是一致或相似的；呈现的问题具有国际色彩，必须通过协作来加以解决。比如，税法中的避免双重征税、处置转移定价等规避税法行为的问题；公司法中对跨国股东投资人的保护；证券法中的跨国融资；竞争法中域外执行和

---

[1] See Masao Miyoshi, On Globalization and Culture, Yale University Press, Connecticut, 1999, p. 337-350; 另可参见许祖华：《全球化与新殖民主义及跨国公司的关系》，《华中师范大学学报》，2000 年 3 月，第 2 期。

跨国垄断；破产法中的跨国破产问题；跨国公司国际关联的特性使那些与其有关，尤其与内部交易有关的法律冲突呈现许多新的特点，等等。相关国家在立法上的差异，不仅造成了难以形成国际通行的规则，也为跨国公司规避法律创造了条件。因此有学者建议，“推动各国法律的协调和趋同也是当务之急。”❶

2. 国内法学界对跨国公司问题的研究现状

目前，对跨国公司的学术关注超出了哲学与经济学的范围。法学界关于跨国公司的研究不仅显示了学术兴趣，也体现出跨国公司给法律带来的一些实际问题。但是应该看到，在国内，相比经济学界，❷ 法学界对跨国公司的研究要少一些，而且都是从国际公法或国际经济法，特别是国际投资法角度去阐述的。就笔者所掌握的材料来看，目前国内法学界对跨国公司问题研究比较深入的作品有：余劲松教授的《跨国公司法律问题研究》(中国政法大学出版社，1989 年版)；王慧博士的《试析跨国公司的几个国际法问题》(1992 年博士论文)；石静遐博士的《跨国破产的法律问题研究》(武汉大学出版社，1999 年版)；李金泽博士的《跨国公司与法律冲突研究》(武汉大学出版社，2001 年版)；陈东博士的《跨国公司治理中的责任承担机制》(厦门大学出版社，2003 年版)。他们从国际经济法和国际公法的角度深入分析了有关跨国公司的几个具体问题，比如，跨国公司的国籍、法律地位、限制性商业惯例、转移定价、母子公司的责任承担、跨国破产等，很有参考、借鉴意义。

本文的研究视角则是力图回应 90 年代初以来理论和实践领域所兴起的全球化浪潮，并反映当下国际社会所普遍关注的主权、人权、环境等重大问题。笔者拟从法理学、比较法的角度，“与时俱进”，在前人的基础上，根据新近的材料，试着讨论几个跨国公司带来的全球法律问题：跨国公司对国家主权的关系、跨国公司与人权(包括劳工权)问题、跨国公司与环境治理的关系、主要国际机构(如联合国、经合组织、世贸组织)对跨国公司的全球治理、跨国公司在我国产生的问题及回应。

(二) 跨国公司与主权、人权、环境问题

跨国公司本质上是追求利润的私人组织，它们给全球带来的影响除了上文提

---

❶刘笋：《跨国投资国际法制的晚近发展》，《法学研究》，2001 年，第 5 期。

❷自美国学者海默在 20 世纪 60 年代提出垄断优势理论以来，经济学界关于跨国公司的理论已经历了 40 年的发展，不断推进，大致可分为三大阶段。关于这些理论的介绍参见杨宇光：《经济全球化中的跨国公司》，上海远东出版社，1999 年，第 14-39 页。

及的几个积极方面外，同时还产生了一些消极问题，尤其是法律方面，需要各国加以关注(相比之下，其他全球化的推动主体，如 EU 和 WTO 在法律方面则有许多建设性的成果)。跨国公司在全球化过程中引发的重大负面问题集中表现在主权、人权和环境领域，这也是本文着重要分析的。之所以选这三个领域，是因为它们系我们(个人与国家)生存的基本要素，或说构成了各个主体活动的“大环境”。反之，无主权，“国将不国”；无人权，斯人非人；无环境，国人皆亡。主权、人权和环境三者之间存在着紧密的联系。许多国际性跨国公司治理准则中都同时包括其中二项或三项因素。如世界发展运动(WDM)提出的 8 条跨国公司基本标准中(8 条标准为：主权与发展；基本人权；工作条件；环境；公平；消费者保护；地方社区；商业惯例)，第 1 条是关于主权，第 4 条是关于环境，第 2、3、5、6 条内容可以归入人权之中，第 7 条可以分解为主权、人权与环境，第 8 条可以理解为经济主权。[1] 联合国人权委员会增进和保护人权小组委员会在《跨国公司和其他工商企业在人权方面的责任准则》确立的 6 条人权准则中也同时包括了主权和环境要求；秘书长安南发起的“全球契约”运动中的三大标准其实就是两大标准，即人权与环境。另外，主权、人权和环境又有各自不同的特点。比如，人权可能与主权、环境都有一定的关系，但只有政治主权中的公民民主权利等少数内容与人权相关；环境事故可能同时会侵犯人权，但环境危害的特点在于受害对象的多重性，通过污染环境、破坏资源而对人的健康、生命及国家的发展造成损害。因此，在坚持三者联系的同时，也有必要分别进行考察。

四、跨国公司的全球治理

(一) 跨国公司管制的特殊性与全球治理的必要性

跨国公司的责任与义务问题并不是一个特别新鲜的话题。只是近来，随着经济的全球化、全球资本主义的扩张及跨国公司力量的不断增强，一些固有的规范和价值受到了挑战，许多领域的规范与价值正在转型、重塑或重新接受审视。OECD 在《跨国公司指南 2001 年报告》序言中指出，“对许多人而言，由跨国公司

---

[1] 成立于 1970 年的世界发展运动(WDM)一直致力于消除发展中国家的贫穷与不公，并向各国政府和相关国际机构提出积极的政策性建议。近来，这一国际民间组织开始关注跨国公司的责任与义务，作了一些前瞻性的工作。世界发展运动认为，跨国公司在其经营的各个环节应当遵守一些基本的标准。此类标准为跨国公司的经营提供了一个稳定的、普遍赞同的国际框架。这些标准能使特定国家及其人民的福利最大化，同时使跨国公司的运营最小化。

进行的国际投资就是全球化的全部内容。由于跨国公司的经营跨越许多国家和不同的文化、法律管制环境，提高此类公司的适当的商业行为就成了一种挑战。”❶跨国公司在世界经济中取得的成功已使得“国际的、区域的或全球的层次上”出现权力失衡。戴尔玛斯-马蒂认为，“多国企业的统治”“可能造成社会运转不良并导致民主和市场的崩溃。正是基于这些考虑，才产生了引入规则的必要性和紧迫性，这种规则不可能由作为市场主体的企业自己提出，而是在它们之外、由区域性的或世界性的公共机构基于公共利益的需要而提出，并且这些规则已在实施之中。”❷

跨国公司在相关领域带来的消极影响之所以引起关注，主要表现在两方面：(1)跨国公司在母国和东道国遵从不同的法律标准，即母国和东道国在劳工或环境保护等领域设定的法律要求不同；(2)在东道国既定的社会和经济发展条件下，由于跨国公司的介入，引发了未曾有过的损害，或与东道国本国企业相比之下，跨国公司所造成的损害规模更大，后果更严重，比如环境事故。在主权、人权、环境等领域内，管制跨国公司无论对国内法，还是国际法都是一项重大课题。在世界经济论坛年会上，联合国秘书长安南曾呼吁大型的跨国公司在经济脆弱的发展中国家运营时，遵从一定的人权、劳工权及环境标准。“市场的扩展速度已经超出了这些国家依靠自身的社会和政治制度调整、指导跨国公司的能力”。❸

跨国公司管制问题的特殊性还在于：它们的内部系统是一种整合的命令控制制度；而其外在表现却是不同的组织形式。母公司、子公司、孙公司以及其他关联公司组成了跨国公司的整个企业集团，每一部分都在不同的国家注册、运营，进而构成一个全球性的体系。跨国公司的决策机制是垂直型的，而跨国公司的各种管制者之间却不是此种结构，或难以达到此种整合程度。因为跨国公司母公司和海外子公司在法律上是明确区分的，它们所服从的监督和管制必然是互不相同、相互独立的法律体系。在大多数情况下，母公司不需要为海外子公司的行为活动负责，两者之间并不负有共同的义务。对子公司的一项有效的法律命令并不

---

❶OECD Guidelines for Multinational Enterprises, Global Instruments for Corporate Responsibility, Annual Report 2001, Foreword.

❷参见米海依尔·戴尔玛斯-马蒂：《世界法的三个挑战》，罗结珍等译，法律出版社，2001年，第113-116页。

❸Anne Swardson, Firms Asked to Keep Standards on Rights, Labor, Environment, Boulder Daily Camera, Feb. 1, 1999, at 8A.

能同样适用于母公司或整个集团中的其他关联公司。

当前，跨国公司的海外影响力已超出了子公司等分支机构。大型跨国公司通过合同关系形成的“商品链”牢牢地控制着海外供应商。国外学者将“商品链”定义为，“一个由劳动和生产过程构成的网络，其最终结果表现为商品”；而“买家主导型的商品链”则是指由大型零售商和贸易公司占据主导地位，在发展中国家完成生产的网络。这类商品链在服装、制鞋、玩具以及家庭用品等劳动密集型的产业中最为常见。[1] 商品链主要是由品牌经营商和大型零售商控制。这些跨国公司在 90 年代以后逐渐减少或不再自己开设工厂。它们直接控制着供应商或中间商，而供应商或中间商大多数又是其他外来资本在东道国设立的企业。这样，跨国公司与外来资本或东道国资本之间形成一种层层控制的金字塔关系。“买家主导型的商品链”中的权力结构是均衡的。跨国公司的权力运作模式是通过商品链来实现的，订单的大小决定了权力的大小。[2] 商品链的形成增加了管制跨国公司的复杂性。

跨国公司的各个部分在不同的主权管辖范围内活动，隶属于不同的法律制度之下。现在还不存在任何一个法院能够超越跨国公司各部分所坐落的国家或地区行使管辖权。跨国公司能够把各个部分紧密地联系在一起运作，但目前跨国公司这个实体并不受任何有效国际法的直接约束，更不受任何单一国家的国内法所调整。全球法律秩序的现实是：虽然跨国公司的每个部分必然要受到某个主权国家调整，但该国家必然不会同时允许其他国家染指同样的管辖问题。跨国公司的母国对海外子公司的活动缺乏管辖权，子公司所在东道国对作出关键决策的母公司也缺乏管辖权。在这种情况下，跨国公司在国家管辖权的空隙之间就为自己找到了相当程度的自治权。

（二）跨国公司的全球治理结构

跨国公司带来的是全球性问题，对其管制也存在着某种特殊性。为回应此种困境，需要出现一种全球性的治理结构。20 世纪 90 年代以来，“治理”一词首先

---

[1] Hopkins, Terence K. and Wallerstein, Immanuel. 1994, “Commodity Chain: Construct and Research”, Commodity Chains and Global Capitalism Gary Gereffi and Miguel, Korzeniewicz (eds.), Greenwood Press, p. 159.

[2] 目前，跨国公司为了维护自己的公众形象，同时在其他外界的压力下，开始借助自己在商品链中的权力推行“生产守则”运动。学者认为，这“可能形成转型中的发展中国家解决社会问题的一个资源”。但一些社会学家经过调研发现，“跨国公司推动的生产守则正以效益递减的结果影响着中国社会。因此，从保护劳工权益的角度看，生产守则方式的作用在目前是有限的。”具体调查报告及分析请参见谭深、刘开明主编：《跨国公司的社会责任与中国社会》，社会科学文献出版社，2003 年。

在经济学和管理学领域流行起来，之后逐渐渗入政治和法学界。公司法学中的“公司治理”仍然依托于经济学或管理学理论(“股东至上主义”“利益相关者理论”等)，主要研究的是公司机关权力的分配，即公司法在规定公司权力和责任分配时如何考虑公正和效率的平衡。[1] 而关于“跨国公司治理”问题，经有的学者考证，国内外学者研究的并不是很多。[2]

跨国公司的治理可以分为管理性治理和规制性治理。管理性治理即是经济学和管理学的概念，讨论的是公司内部治理结构，重心在于解决公司管理层对公司股东的“代理问题”。规制性治理强调的是一种管制和约束方式，也是本文所使用的“治理”之含义。就笔者所掌握的文献来看，国内法学界就“跨国公司治理”问题作出深入研究的有余劲松教授的《跨国公司法律问题研究》(虽然并没有直接使用“治理”的概念)和陈东博士的《跨国公司治理中的责任承担机制》，但后者也是从管理性治理的角度进行研究的。[3]

研究全球化的学者大大丰富了“治理”一词的内涵。治理理论的代表人物罗茨列举了六种关于“治理”的不同定义。其中，有两个定义与“公司治理”相关。第二种定义就是管理性治理，即“作为公司管理的治理，它指的是指导、控制和监督企业运行的组织体制”；第五种定义就是规制性治理，即“作为社会——控制体系的治理，它指的是政府与民间、公共部门与私人部门之间的合作与互动。”[4]约瑟夫·奈也在规制性意义上论述了治理问题，“对‘治理’下的定义是：正式和非正式的指导并限制一个团体集体行动的程序和机制。”[5]虽然学界关于“全球治理”尚无统一的、权威的定义，但“大体上，所谓全球治理，指的是通过具有约束力的国际规制解决全球性的冲突、生态、人权、移民、毒品、走私、传

[1]关于管理性公司治理方面的论述参见刘连煜：《公司治理与公司社会责任》，中国政治大学出版社，2001 年，以及刘俊海：《公司的社会责任》，法律出版社，1999 年。

[2]参见陈东：《跨国公司治理中的责任承担机制》，厦门大学出版社，2003 年，第 54-55 页。

[3]陈东博士将自己的研究范围界定为，狭义地讲，是指有关跨国公司母公司及子公司管理层的功能、结构、股东的权力等方面的制度安排；广义地讲，是指有关控制权和剩余索取权在跨国公司各成员公司内部、各成员公司之间分配的一整套法律、文化和制度性安排，这些安排决定了跨国公司的整体目标，谁在什么状态下实施控制、如何控制、风险和收益如何在成员公司内部以及各成员公司之间分配等一些问题。参见陈东：《跨国公司治理中的责任承担机制》，厦门大学出版社，2003 年，第 2、56 页。

[4]罗茨：《新治理：没有政府的管理》，《政治研究》，1996 年，第 154 期，转引自俞可平主编：《全球化：全球治理》，社会科学文献出版社，2003 年，第 4 页。

[5]约瑟夫·奈、约翰·唐纳胡主编：《全球化世界的治理》，王勇等译，世界知识出版社，2003 年，第 10 页。

染病等问题，以维持正常的国际政治经济秩序。”[1]

全球治理的最大特点就是治理或管制主体的多元性和治理规范的多层次性。约瑟夫·奈曾以矩阵的形式描绘出当前全球治理的格局(见下表)：

全球治理活动与作用的变化

	私人部门	政府部门	第三部门
跨国家层次	跨国公司	政府间组织	非政府组织
国家层次	国家公司	20世纪模板 中央政府	国内非营利组织
次国家层次	地方企业	地方政府	地方团体

资料来源：根据约瑟夫·奈、约翰·唐纳胡主编：《全球化世界的治理》第11、87页改编。

本文就是在全球治理理论的一般性框架下，具体阐述跨国公司在主权、人权和环境领域的全球治理结构，并以跨国公司为例说明全球治理模式的特点。全球治理模式主要有五大要素构成：全球治理的目标或价值、规制或规范、主体、对象或客体、结果，分别回答的是为什么治理？依靠什么治理或如何治理？谁治理？治理什么？治理得怎样？[2] 笔者认为，跨国公司全球治理的目标是维护主权、人权、环境三大价值。治理规范与治理主体紧密相联，规范必然是一定主体的规范。这两方面是治理模式的重点，也是本文主要阐述的内容。治理对象自然是跨国公司或说其在三大领域内的行为(有的学者将治理价值视为治理对象，笔者认为不应混淆)。至于跨国公司全球治理的结果，有成效也有不足，有些方面还有待实践来证明。

跨国公司在一般性的全球治理模式中，既有可能成为治理主体，也有可能成为治理客体。在上表中，跨国公司作为跨国家层次的私人部门，属于治理主体。本文则主要是把跨国公司作为治理的客体展开论述。跨国公司要受到跨国家、国家、亚国家三个层次的规制。作为跨国家组织的跨国公司有可能进行自我约束性质的内部治理(不同于前文所说的管理性治理)，这时，它又可以同时成为治理的主体。本文阐述的跨国公司全球治理结构可简要用下图表示：

[1]参见俞可平主编：《全球化：全球治理》，社会科学文献出版社，2003年，第13页。
[2]参见俞可平主编：《全球化：全球治理》，社会科学文献出版社，2003年，第13页。

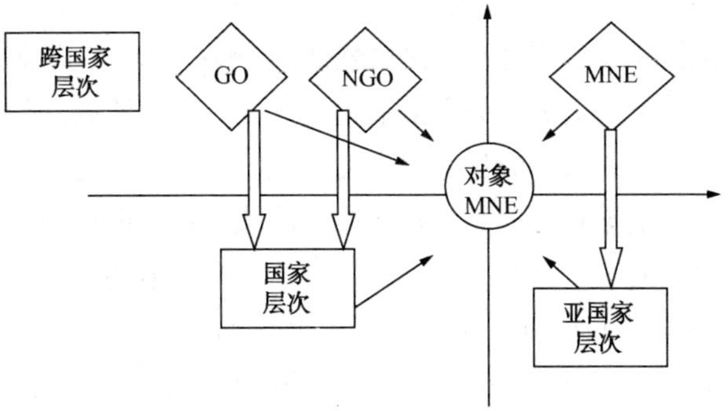

跨国公司全球治理结构坐标图

图例说明：GO 为政府间组织，NGO 为非政府组织，MNE 为跨国公司；

→ 表示直接作用，⇒表示间接作用。

由上图可以直观地看到全球治理模式中复杂的网络结构。纵坐标的箭头表示全球化程度的加深；横坐标的箭头表示“私人部门”自治程度的加强。上图也能反映一种动态的过程。横坐标以上的部分为跨国家层次的治理；纵坐标左侧的部分为外部性治理，右侧部分为内部性治理。跨国公司的管制可以分为外部管制和内部管制两种。❶ 全球化和“私人部门”自治的发展分别从纵横两方面剥离、降低或改变着国家的管理权威。全球化和自治程度都比较高的表现形式就是上图中跨国公司所占据的第一象限。全球治理强调的是正式规则与非正式规则（或称“软法”）、政府机制与非政府机制的结合。在全球治理中，虽然国家权威仍然发挥着重要作用，但已不是唯一的模式。许多非国家的治理主体也获得自己的“权威空间”。需要指出的是，跨国家层次的治理规范中存在着许多“软法”。“软法”尽管没有国家法（或称“硬法”）那样的法律强制力，但也有自己独立的优势。“软法”更具灵活性，能够平衡冲突，避免了“硬法”的一些成本。因此，全球治理中的软法制化经常比硬法制化更容易实现。

对跨国公司的管制早期是作为建立“国际经济新秩序”的一部分而开始的，经历了 70、80 年代的探索阶段及 90 年代初期的高潮期。之后，国际管制的努力开始转型，现在应是朝着三个方向发展：(1) 国际组织（特别是非政治性的专门组织）的“软法”继续深入下去；(2) 与国际直接投资谈判联系起来，同时强调母公司的责任

❶外部管制借助的是国内法律（比如外资法、外贸法及税法等）及一些国际标准；内部管制依靠的是管理规章，体现于公司章程等内部文件。通常两种管制方式是容易区分的。但对于跨国公司来说，有些方面如股东、董事或汇款政策等问题就很难分清属于内部的还是外部的。跨国公司的内部举动会波及遍布海外的整个公司网络。这时，相关的国内法、国际法或其他国际性规范就可能要加以调整。

和母国的管辖；(3)东道国通过自身的发展，逐步提高对跨国公司的管理水平和人权、环境方面的保护水平。自愿性质的“软法”能够极大地促进良好的跨国公司行为，然而跨国公司严重的消极行为只能通过国家法、国际法或其他有约束力的规则予以解决。或者说，有约束力的规则确保的是最低标准，自愿规则提倡的是更高标准。不可否认，目前全球管理体制存在一些问题或不足，但这说明国内法和国际法或其他规则还有很大的发展空间。管制跨国公司任重而道远。

应当看到，在全球并没有一个专门的、全面的管制跨国公司义务的机制。本文只是在纷繁复杂的现行国际机构或条约中缕出与跨国公司相关的人权、环境义务规则及其管制体系，并探讨各种管制方式的有效性。虽然有些机构或条约与跨国公司并无必然联系，甚至有些还没有管制的先例，但并不表明随着全球化的深入进展，这些方案在将来不具有可行性。

在分析和认证过程中，本文力求突出实证和比较的特点，避免抽象和纯形式的思辨，注重反映最新的材料(特别是 21 世纪以来的)；而且本文注重提供一些观念、思路、方向、原则，因此提出的问题可能要多于所解决的问题，希望能达抛砖引玉之功效。

下表是本文主要内容的概括：

跨国公司全球治理的相关内容

<table>
<tr><th colspan="2">治理领域
治理层次</th><th>主权</th><th>人权</th><th>环境</th></tr>
<tr><td colspan="2">跨国家层次(联合国、OECD 和 WTO 单独阐述)</td><td>国际层次对东道国主权的肯定</td><td>国际人权条约及有关人权法庭；国际刑事法院；区域(投资)协议；非政府组织(如国际劳工组织、SA8000 认证)；对具体行业的管理</td><td>与投资有关的国际环境条约；国际投资协议中的环境规则；与跨国公司有关的环境标准与指南</td></tr>
<tr><td rowspan="2">国家层次</td><td>东道国</td><td>以东道国管制为主</td><td>发展战略与人权标准的选择与协调</td><td>发展战略与环境标准的选择与协调</td></tr>
<tr><td>母国</td><td></td><td>国内法律的域外效力及跨境诉讼</td><td>国内法律的域外效力及跨境诉讼</td></tr>
<tr><td colspan="2">跨国公司以及亚国家层次*</td><td></td><td>商业伦理与公司行为守则</td><td>商业伦理与公司行为守则</td></tr>
</table>

*跨国公司在整体上属于跨国家层次，但在亚国家层次上，又通过子公司等分支机构以及由合同关系约束的海外产品链企业发挥作用。

第二章

跨国公司与主权国家的管制

一、国家主权与跨国公司的辩证分析

（一）跨国公司与国家主权问题的提出及特殊性

主权是国家的身份证，两者都是历史发展到一定阶段的产物。虽然学者们对主权有着多种定义，但基本上都承认主权的国家属性、权威性、权力性和独立自主性。国家主权原则是进行国际交往，维持世界经济、政治秩序的基石。然而，正像国家时常面临侵略与竞争的威胁一样，当今的“主权”无时无刻不在经受着全球化浪潮的冲击。形式主义、建构主义和结构主义诸理论都对国家主权时下的命运作出了自己的解释。虽然观点有所不同，但它们都看到了一点，即在全球化背景下，无论是出于主动还是被动的原因，国家主权的行使发生了某种程度的变化，甚至在某些情形下受到了限制。❶ 如果说国家主权是一系列权力的集合的话，经济全球化则要求所有融入全球化潮流中的国家考虑这个集合中的元素内容及其序列。作为全球化的主力军，跨国公司对国家主权的影响首当其冲。

应当看到，跨国公司与欧盟、世贸组织等跨国家组织影响国家主权的方式是不同的。民族国家接受 WTO 等国际组织的规则，或者像欧盟成员那样转让部分立法权、放弃货币等，这些主权的让渡是建立在国家自愿基础上的。国家可以选择不加入，或必要时退出某一国际组织。当然，一国允许跨国公司进入领土也是基于自愿，也是行使主权的结果。但这时国家主权并未当然地受到影响。跨国公司对主权的侵蚀主要体现在其在经营过程中对东道国经济（甚至政治）的控制力。

---

❶关于全球化与国家主权之间互动关系的深入分析参见程琥：《全球化与国家主权——比较分析》，清华大学出版社，2003 年。

这种控制力的形成是一种动态的过程，是与东道国民族经济竞争的结果。跨国公司自下而上影响着国家主权赖以存在的基础，即国民经济。当今任何一个国际组织，包括联合国都未能吸收全球所有的国家（如瑞士），但恐怕全球没有一个国家不存在外资的。

国家主权之概念既有质的内容，也有量的内容。从质的方面讲，主权是国家身份的象征，无主权则不称其为国，因此国家主权原则不容动摇，不能无端干涉他国之主权。从量的内容上讲，主权不是空洞的，是可度量的，可以一定程度上反映一国的实力、形象甚至等级。"主权平等"指的是质的方面。在这方面，国家之间并无优劣之分，好比人之基本人权。但从量的方面来说，并不是所有的国家或一个国家在任何时候都能从容地管辖国内经济、政治与文化事务，从容地面对国际事端。主权质的方面是一种法律上的权力，或说形式上的权力，而量的方面则是一种事实上的权力。跨国公司引发的主权问题及其调整与人权问题、环境问题有明显的不同。人权、环境通常要受到绝对的保护，任何侵犯人权与环境之行为都是违法行为或不合法行为。而主权问题则不然。跨国公司的合法行为或正当行为亦能引起国家主权的削弱。跨国公司对国家主权的影响主要体现在后者量的方面。

在全球化时代，任何国家都不能抱着形式主权而高枕无忧。一个国家既然选择了参与国际竞争，就要承受其他主体冲击自己事实主权的风险。跨国公司的直接投资是把双刃剑，它既可以给东道国带来资金与技术，也可能蚕食东道国的主权。多数情况下，跨国公司的积极和消极影响并存。东道国的门户既已开放，下一步就是学会如何"在斗争中壮大自己"，取我所需，抑我不欲，提高国家的综合实力，实现主权形式与事实合一。就跨国公司引发的主权问题而言，国际层面上的努力不可能做得太多，效果也不可能明显。因此重心必然落在各个国家自己肩上。[1]

（二）"经济主权"的含义

1. 经济主权的具体内容

作为新自由主义国家理论的主要代表人物，英国的霍布豪斯较早地提出了

---

[1] 另一方面，我们也应该看到，虽然跨国公司对民族国家构成一定的冲击和威胁，而且自身还被有些学者称之为"私人政府"，但两者在根本属性、权力性质、功能、制度结构等方面有着根本的不同。（参见陈国安：《论经济全球化中的跨国公司及其对民族国家的挑战》，《南京师大学报（社会科学版）》，2000 年，第 5 期。）跨国公司无法在根本上取代民族国家的地位。民族国家的消亡只能等到马克思主义所预言的共产主义理想社会形态的出现。

“经济主权”的概念。他把国家干预经济的权力称为“经济主权”，认为国家干预社会经济生活是国家责任的题中应有之事。他说，“国家具有一种超越一切经济企业之上的监督权力，可称之为‘经济主权’原则。它使国家有权把社会财富的剩余部分，根据社会的公共需要服务于社会的目的。”❶

二战以前，主权主要集中在政治方面。战后，发展中国家为了摆脱帝国主义和殖民主义的政治压迫和经济剥削，在维护民族独立的斗争中极力倡导主权原则。60年代后，发展中国家更多地从经济自主的意义来阐发主权概念，争取经济主权。发展中国家试图在世界经济体制中行使主权，掌握开发资源、参与经济活动的权力，摆脱外国资本的控制。1974年联合国大会第六届特别代表大会上，经过第三世界的努力，大会通过了《关于建立新的国际经济秩序的宣言》。宣言确认，“每个国家都有权对其自然资源和国内一切经济活动行使永久主权。”联合国大会通过的《各国经济权利与义务宪章》第二章第二条规定，“每个国家对其全部财富、自然资源和经济活动享有充分主权，包括所有权、使用权和处置权在内，并得自由行使这一主权。”从内容上讲，经济主权主要表现为经济上的独立，具有对本国经济的最高支配权，有权制定经济和社会发展的政策，开发、利用和处置自己的天然财富和资源，不允许任何外国、跨国公司或国际组织进行非法干预或破坏，不允许他们享有非法经济特权。

进入八九十年代以来，“国家经济安全”越来越受到重视，并被认为是经济主权的重要内容。这一概念指的是一国经济整体上的安全性，即在主动地参与国际化发展的前提下，一国在经济发展过程中具备抗拒内外风险和冲击的能力，经济能够保持持续、快速、健康发展的一种态势，强调的是应对能力。国家经济安全具体包括以下内容：(1)国家经济竞争力，即国民经济发展基础和金融体系是否比较稳固，产业结构是否合理，本国企业是否具有较强的国际竞争力❷；(2)国家经济系统抵御国内外各种干扰、冲击、侵袭和破坏的能力，及中央政府有效的调控能力；(3)国民经济可持续发展的潜在与实际能力，各种所需战略资

---

❶参见霍布豪斯：《社会正义论》，第205页，转引自邹永贤等著：《现代西方国家学说》，福建人民出版社，1993年，第155页。

❷经济学者深入阐述了产业竞争力的具体指标及其来源，参见裴长洪：《利用外资与产业竞争力》，社会科学出版社，1998年，第60-111页。另外，该书还定量分析了20世纪90年代我国一些行业的国际竞争力及与外资之间的正负关系。

源的保障及供给能力。❶

2. 经济主权的重要性

跨国公司与国家主权的关系一直是个非常重要的课题。从理论上讲，国家主权是一个完整的概念。但另一方面主权又是具体的，它体现在国家管理的各个领域，相应地可以细分出经济主权、政治主权和文化主权。因此，应该着重分析跨国公司对国家管理各个具体领域带来的影响。这些影响既有经济方面的，也有政治方面的。经济主权与政治主权的关系十分紧密。政治主权是经济主权的前提，而经济主权又是政治主权的保障。就跨国公司与国家主权的关系而言，笔者主张将重点放在经济主权上。跨国公司染指一国政治主权，其目的是为了能左右该国的经济主权；跨国公司给一国文化主权带来的影响又是其作用于经济主权所产生的后果。相对而言，政治主权与文化主权比较抽象，不易通过法律来加以调整。

从政治上讲，跨国公司对投资母国和东道国都有影响。比如，美国的大型跨国公司对美国政府的外交政策、对外经贸政策，甚至国内经济政策发挥着举足轻重的作用。另一方面，跨国公司可能成为特定政治行为的工具或代理人，或出于自身的经济利益而直接与特定国家产生政治瓜葛。20 世纪六七十年代美国一些大型跨国公司就直接或间接地干涉他国内政。此外，母公司也可以利用海外的从属公司实施贸易抵制等经济制裁。❷

随着世界各民族国家的独立和壮大，以及国际上民主与法治的浪潮，跨国公司已不可能或不太容易对他国的政治主权造成实质性的影响。当今各国都把注意力放到发展经济上，而跨国公司本身就是个经济体，所以跨国公司与国家主权的关系现在已主要集中在经济主权上，即跨国公司对主权国家的经济影响，以及外资管理与国家经济发展政策。外资准入、履行要求、外资待遇、征收与国有化、国家契约等问题都与主权的行使相关联。跨国公司为了攫取高额利润，凭借其雄厚的实力，唯利是图，往往与东道国的民族利益相冲突。有些跨国公司在石油、橡胶、热带作物生产国控制着其国民经济的命脉，甚至形成了所谓的“国中之国”。

几十年来，与跨国公司有关的国际投资与贸易法制的发展也说明了这一点。虽然双边及多边的投资协议都是国家与国家之间缔结的条约，但反映的主题都是

❶参见国务院发展研究中心国际技术经济研究所课题组：《国际直接投资对国家经济安全影响的比较研究》，《国际技术经济研究》，2001 年，第 4 卷，第 1 期。

❷关于跨国公司政治行为的深入分析参见唐勇：《跨国公司行为的政治维度》，立信会计出版社，1999 年，特别是第九章。

跨国公司的投资问题。资本输出国政府直接代表着本国跨国公司的利益，努力为它们在海外的扩张提供有利的国际经济与法律环境；而资本输入国则尽量使强大的外来投资者势力服从自己主权的管辖，趋利避害，最终使跨国公司能在总体上、客观上服务于本国的经济和社会发展。但跨国公司与主权之关系涉及的利益如此之复杂、如此之重要，以至于现在国际上关于这一问题还没有大体上统一的框架。斗争、谈判和妥协仍在继续。我们有必要密切关注、参与这一进程，并制定出符合我国社会主义市场经济发展的外资管理法律和政策。

近来的全球经济发展实践显示，对经济主权的关注已经超出发达国家与发展中国家、资本输出国与资本输入国这些传统的分析范畴。发达国家之间对经济主权表现得非常敏感。2020 年 9 月，美国英伟达公司并购英国 ARM 公司的消息在业界引发巨震。两家都是全球芯片行业的巨头，所在国也是老牌发达国家，并购案依然受到强烈抵制。ARM 联合创始人赫尔曼·豪泽(Hermann Hauser)在给英国首相鲍里斯·约翰逊(Boris Johnson)的公开信中，要求英国政府"救救"ARM。他认为这笔交易可能使英国成为美国附庸。"当总部迁往美国时，将不可避免地导致英国失业，正如卡夫收购吉百利那样。"豪泽认为更深层次的问题是英国国家经济主权问题。"ARM 是英国仅存的技术领先公司，在手机微处理器方面占据主导地位，市场份额超过 95%。"他指出，由于美国总统特朗普在与中国的贸易冲突中，将技术优势"武器化"，因此除非英国拥有自己的讨价还价武器，否则英国将成为附带受害者。一旦该公司被美国实体收购，ARM 未来的任何销售将受到美国出口法规的约束。"英国电子行业有数百家公司，雇用数以万计的人在其产品中使用 ARM。其中许多产品出口到包括中国在内的全球主要市场，那意味着他们都必须遵守美国外国投资委员会(CFIUS)的规定。""这使英国处于令人难以置信的立场，即关于允许 ARM 出售给谁的决定将在白宫而不是唐宁街做出，"他写道，"**主权曾经主要是一个地理问题，但是现在经济主权同样重要。**向美国交出英国最强大的贸易武器正在使英国成为美国的附庸国。"❶

---

❶黑体字为原文标注。英国影子商业部长埃德·米利班德(Ed Miliband)在一份声明中说，"英国政府需要考虑"对公司总部所在地以及依赖它的英国成千上万个工作岗位可能产生的影响。"米利班德还警告了垄断的风险。他说："我们也知道主导地位的趋势是科技领域的一个特殊问题，政府必须对此更加警惕。"对此，英国政府发言人在回应中说，他们密切监视诸如此类的交易，在他们认为收购对英国构成威胁的情况下，他们会进一步调查。参见一鸣，《ARM 联合创始人向首相求救：事关经济主权》，观察者网，2020 年 9 月 15 日。关于该并购案的详细了解也可参见《软银集团 400 亿美元"割肉"ARM》，《证券日报》，转新浪财经，2020 年 9 月 21 日。

二、跨国公司对东道国经济主权的具体影响

新自由主义国家理论的主要代表霍布豪斯较早地把“经济主权”定义为国家干预经济的权力；福利经济学也认为政府的主要职能是通过干预经济，以纠正市场失灵，并增进社会福利。然而，贸易和资本移动的全球化“将冲击民主政府或国家实施的，影响他们国民的，有效控制经济、社会环境的政策的能力。”那种认为投资与贸易自由化必然为东道国及全球的经济及福利水平带来增长的观点也是一种幻想。民族国家调整经济的能力受到影响，而现在又不存在一个世界性政府，“那么在全球自由贸易区内，人类便无法使用民主手段重新把财富从富人手里分给穷人，保护环境，保护公众利益或者减少经济增长所付出的社会成本。全球自由贸易和自由资本移动在一定程度上拓展了消费者的选择和自由。但也威胁着那些无任何资本或技术的人，这些人将被剥夺对未来生活的发言权。”❶效率与公平是政府干预经济的两大目标，也是经济主权的特别体现。下表是英国学者将跨国公司的特征与受影响的东道国目标进行的对比：

跨国公司特征对东道国目标的影响

跨国公司的特征	东道国的问题	受影响的东道国目标
大型、多样化	垄断行为	效率、公平
多国性	绕过东道国政策	公平、主权
作为外国企业	丧失自主权	主权
作为西方的私人企业	造成有效的资本主义组织形式	效率、主权、公平
先进技术	造成技术依赖	效率、主权
流动性	就业水平的不稳定性	主权、公平、效率

资料来源：尼尔·胡德、斯蒂芬·扬：《跨国企业经济学》，经济科学出版社，叶刚等译，1990年，第206页。

下文将以产业(市场)控制、技术依赖、争夺和垄断重要经济资源、影响东道国国际收支平衡、转移定价等限制性商业惯例等方面为例具体分析跨国公司对东道国经济主权的影响。

(一) 产业(市场)控制

跨国公司对东道国的产业控制是一种过程性控制。它们为了获得长远的收

❶理查德·布隆克：《质疑自由市场经济》，林季红译，江苏人民出版社，2001年，第239、240页。

益，往往将集中在发展中国家有发展前景的部门和行业，特别是一些至少对东道国来说是新兴的产业。为此，跨国公司就收购或兼并各行业中有影响的大企业。它们凭借其强大的竞争力和渗透力遏制发展中国家的民族工业。跨国公司一般具有雄厚的资金，先进的技术和长期积累的营销经验。因此，它们在与东道国的企业竞争时，往往容易取胜，使当地的民族经济面临生存和发展的困境。

拉美国家与外国资本的历史纠葛具有典型的分析价值。❶ 巴西通过引进外资曾经创造了南美的经济奇迹，但同时也使其有些民族工业成了巨石下的小草，遭到外来者的排挤，致使巴西经济严重依赖外国的跨国公司。巴西全国最大的 10 家制药公司，最大的 4 家橡胶公司全由外资控制；34 家最大的机器制造公司中有 20 家为外资控制；17 家最大的电力公司中，外资控制的有 14 家；汽车工业全部由跨国公司控制。❷ 发达国家的跨国公司还经常利用有些发展中国家暂时处于经济困境的时机，乘虚而入。东南亚经济危机后，美国和欧洲的跨国公司进一步巩固了对东南亚经济的控制。近年来，美、欧跨国公司运用 2000 亿美元购买了泰国、印尼等国的企业，将这些企业直接置于其控制之下。此外，法国的跨国公司还斥资 140 亿美元购买了非洲一些国家的企业，使法国重新控制了非洲多国的经济，一定程度上恢复了自己传统的势力范围。❸

发达资本主义国家之间仍是外来直接投资最主要的流向。因此，某些跨国公司凭借自身的竞争优势在发达国家的一些行业也具有了垄断地位，使得部分发达国家对跨国公司也产生了经济上的依赖性。例如，美国的母公司在加拿大设立的子公司的制造业总值相当于加拿大全国制造业总产值的 60%。另外，美国在加拿大的子公司还控制了当地的石油和天然气生产、煤炭生产以及金融和银行业。❹ 意大利轴承工业的 100% 和法国轴承工业的 80% 均由外国的跨国公司控制。外国投资者控制英国和法国炭黑工业的比例分别为 75% 和 95%。更早些时候，在 20 世纪 60 年代，法国合成橡胶生产的 90%，农业机械设备生产的 70%，电讯设备

❶关于“外国资本在拉丁美洲国家的活动状况及其对它们社会、经济、政治乃至文化的影响，……国家主权、民族意识对外国资本、跨国公司的调控、指导作用”，参见郝名玮等著：《外国资本与拉丁美洲国家的发展——历史沿革的考察》，东方出版社，1998 年。

❷数据来源参见邹木兰、冯益谦：《跨国公司对发展中国家的双重影响》，《国际经贸探索》，1996 年，第 6 期。

❸数据来源参见刘建伟、张思锋：《西方跨国公司对发展中国家主权的削弱》，《西安电子科技大学学报》，2002 年 9 月，第 12 卷，第 3 期。

❹参见加拿大工业结构研究组织，《加拿大工业结构与外国所有权》，第 122-131 页，转引自王贵国：《国际投资法》，北京大学出版社，2001 年，第 267 页。

生产的65%，电灯、办公用具、轮胎、水泵等工业设施生产的50%就都由外来的跨国公司所控制。❶

强大的跨国资本势力还时常击败东道国脆弱的经济管理政策。道格拉斯·C·贝莱特和K·E·夏普在研究拉美汽车工业的发展时发现：在拉美的几个最大国家内，几家跨国公司获准建立生产工厂，其条件是它们按照东道国所规定的市场销售额百分比进行生产，并保证达到产品价值总额中规定的附加价值所占的比重。当生产能力迅速扩大时，就形成了类似于发达国家的一系列小型的复制型生产结构，而不享受汽车工业所需要的规模经济效果。于是，高成本、高价格的工业结构依赖高度的国内保护水平而苟延残喘，无力向国际市场进行出口竞争。相反，跨国公司却可以利用其全球生产和供应网络，从不同的国家获得零部件，取得成本差异的收益。这样就为东道国带来国产化的成本惩罚、技术惩罚和规模惩罚，同时还加剧了东道国国际收支上的压力。❷

(二) 技术依赖

跨国公司在对外投资时所转让或提供使用的技术，可以在一定时期内为东道国的经济发展带来活力。但是东道国不容过于乐观，跨国公司的技术转移也存在着消极作用的一面。跨国公司在研究与开发(R&D)方面往往有巨大的投入，它们必须对关键性技术进行控制。而绝大多数发展中国家在研发上的投入存在资金与人才上的限制，国内企业缺乏研发的传统。R·O·詹金斯认为，在与跨国公司合作的制度安排中，东道国的产业始终处于一种“依赖性工业化”，要么不追求国产化，以纯粹商业销售的方式与跨国公司合作，要么追求国产化，但元器件的国产化仅是一种复制过程，完全依赖跨国公司的技术规程和路径。❸

跨国公司对东道国的技术转让是非常有限的。它们不会把最先进的技术投到发展中国家，只要所投入的技术优于东道国当前的水平，就能保证跨国公司的竞争优势。跨国公司一般实行严格的技术保密。例如，作为东南亚最大的投资国日本来说，它对发展中国家一直采用的是封闭式的组织战略。母公司长期以来一直控制东南亚的子公司，多数子公司需要从日本国内进口大量的核心部件。能够使

---

❶参见国际劳工组织，《跨国公司与社会政策》，第16页，转引自王贵国：《国际投资法》，北京大学出版社，2001年，第267页。

❷道格拉斯·C·贝莱特、K·E·夏普：《世界汽车工业及其对拉美发展中国家的含义》，载理查德·S·纽法默主编：《国家寡占与发展》，联合国跨国公司中心，1983年。

❸Rhys Owen Jenkins：Dependent Industrialization in Latin American：The Automotive Industry in Argentina，Chile and Mexico，Praeger Publisher，Inc，1977.

用到一些先进的生产技术的也只限于日本母公司全资控制的分公司内部范围。日本在向发展中国家和地区的直接投资过程中严格控制高新技术的外流，产业转移的主要是劳动密集型，甚至是污染严重的产业。除了韩国和新加坡等少数国家的产业结构得到相应的调整和升级以外，多数国家已成为日本产品的组装和加工产地，产品结构十分落后，不适应国际市场产业结构和市场化，属于淘汰产业，对东道国的产业发展并没有太大的好处。❶

(三) 争夺和垄断重要经济资源

经济资源泛指一个国家经济发展所需要的各种生产要素的静态和动态的储备，包括自然资源、人力资源和技术资源。跨国公司在早期的全球对外投资中，往往看重的是东道国丰富的自然资源，而且通常也不在当地对自然资源性产品进行深加工。它们为了攫取最大的利润，尽可能地获得原材料，“涸泽而渔”，过度开采发展中国家的自然资源。这显然不利于东道国经济的健康成长。

在知识经济时代，人才无疑成了最重要的资源。“跨国公司经济竞争的战线也相应转移，竞争的焦点从生产活动的最终产品转向知识成果及其创造者，竞争的战线提前到产品的研究开发及至知识的创新阶段”。❷ 当前，对发展中国家经济影响最大的已成为人才的流失。跨国公司凭借其雄厚的经济实力、良好的科研环境、高效的技术转化能力，成为东道国人才的最有力竞争者。近些年，跨国公司出现了所谓研发全球化现象。一些世界大型跨国公司如 IBM、微软、摩托罗拉、丰田等相继在发展中国家设立研究与开发机构，争夺发展中国家的高科技人才。他们通过与东道国的一些基金会、学术团体、高等院校进行学术交流等方式，聘用一些科技精英甚至政要担任公司顾问，以壮大其实力和扩大在发展中国家的影响，更有甚者以高薪、给子女解决外国入学等条件为诱饵，或通过挑拨民族企业管理层与技术人员的关系等卑鄙手段挖走民族企业的科技管理骨干，对发展中国家的民族企业实行“釜底抽薪”的战略，削弱了发展中国家民族工业的竞争力，严重影响了一些国家经济的长远发展。

(四) 影响东道国国际收支平衡

通常的观点认为，跨国公司能为东道国带来经济发展所需要的资金。一般说来，外来的直接投资对解决东道国资金短缺有一定的积极作用，特别是在合作初

---

❶参见张永清：《论跨国公司对发展中国家东道国的影响》，《经济师》，2001 年，第 10 期。

❷李琮：《世界经济学新编》，经济科学出版社，2000 年，第 424 页。

期，外资的投入在一定程度上弥补了东道国投资的结构性失衡。但是这种作用是有条件和范围的。试图依靠跨国公司直接投资、依靠合资(或合作)企业达到改善国际收支平衡状况的想法和做法都是不切实际的。大量的事实说明了这一点。70年代，跨国公司在东道国所投入的资本(包括股金、长期贷款和利润再投资)平均不超过销售额的5%，牙买加为1%，印度为3.3%，伊朗为3.4%，哥伦比亚为5%，马来西亚为5.3%。进入80年代后，这一比例并没有明显的提高。此外，跨国公司收取的许可证使用费及投资回收利润比例都非常高，一般能达到10%左右，大大高于投入资本与销售额的比重。跨国公司汇回利润时，也需要兑换外汇，进而影响东道国的外汇储备。

东道国与跨国公司合作的外汇收入一般来自两大方面：(1)合作企业的产品出口收入中东道国的分成部分；(2)合作企业的进口替代功能对外汇支出的节约。前者是显性的，后者是隐性的。外资企业的外汇支出项目也可以分为两类：(1)刚性支出，包括设备进口、技术转让费用、许可证、商标等使用费、跨国公司派驻人员的薪金支出等。(2)弹性支出，包括跨国公司的利润分成、原材料和零配件的进口、国际运输、广告、通信等经营费用。

有的学者经研究认为，总的判断，跨国公司对发展中国家国际收支的影响是消极的。跨国公司在发展中国家的子公司绝大多数属供应当地市场的类型，或是建立新市场，或是进口代替，而属于出口导向型公司数量较少。同时，跨国公司的进口额比东道国的本国企业的进口额高得多。例如，某国跨国公司在泰国经营的制造企业中，其使用的机器90%以上是进口的，其中从它们各自来源国进口的就超过了50%。这个比例要比泰国本国企业高很多，显然对泰国外贸收支造成不利影响。❶ 另据I·米尼安的统计，80年代初，墨西哥经过跨国公司的进口总额超过其本国出口额的3倍，其结果是由跨国公司造成的贸易收支逆差比整个国民经济的赤字还要大。❷ 如果东道国对外资企业取消了自行解决外汇平衡的要求，东道国政府外汇管理部门就应当负责保证外资企业的用汇。另一方面，跨国公司全球经营的特点，决定了其不会单独考虑一个附属公司的盈亏，同样也不会单独考虑一个附属公司的外汇收支平衡。跨国公司将这个自己不视为问题的问题甩给了东道国政府。

---

❶参见邹木兰、冯益谦：《跨国公司对发展中国家的双重影响》，《国际经贸探索》，1996年，第6期。

❷本部分的数据还参见秦海：《跨国公司与东道国的经济发展》，《战略与管理》，1997年，第1期。

（五）转移定价等限制性商业惯例

跨国公司在全球经营过程中，还时常凭借自己的经济实力和全球网络，运用各种限制性商业惯例，规避东道国的管制，垄断市场，排挤东道国的民族工业，损害所在国的经济利益。联合国大会1980年通过的《管制限制性商业惯例的一套多边协议的公平原则和规则》将"限制性商业惯例"定义为，通过滥用市场力量的支配地位，限制进入市场，或以其他方式不适当地限制竞争，对国际贸易，特别是对发展中国家的国际贸易，以及对这些国家的经济发展，具有或可能具有不利影响的企业的行为或协议。常见的限制性商业惯例有卡特尔协议、技术转让中的限制性做法、利用转移定价限制竞争、通过合并、接收、合营等垄断市场。❶ 其中，转移定价是跨国公司最常用的限制性商业惯例。转移定价又称转移价格、调拨价格、内部价格等，指跨国公司内部母公司与子公司、子公司与子公司之间进行商品、技术、劳务、资金等内部交易时相互约定价格。此价格并非根据国际市场或东道国、母国的国内市场上的供求情况而制定，而是根据跨国公司的全球战略和整体利益而人为制定的。跨国公司利用国际税收差异以及其他政策差异，以此手段来转移资金、逃避税收、弱化外汇管制，谋求全球利润最大化。

三、主权国家调整外来资本的政策与措施

（一）东道国外资制度的立法取向与规制权

1. 东道国外资制度的双重目的

目前，绝大多数国家的外资法律与政策都同时兼有鼓励与限制两方面的措施。当然不可否认，当今各国都想借助外国直接投资实现增长和发展。国家政策的吸引是外来投资获得更大益处的关键。许多政府加速放开外国直接投资制度。政府政策越来越开放，奖励措施越来越多，投资促进措施越来越有针对性。2002年，在70个国家对本国法规所作的248处修订中，236处修订有利于外国直接投资（见下表）：

---

❶对跨国公司限制性商业惯例的详细分析请参见余劲松：《跨国公司法律问题研究》，中国政法大学出版社，1989年，第76-118页。

1991—2002 年对本国外国直接投资法规所作的修订

项目	1991	1992	1993	1994	1995	1996	1997	1998	1999	2000	2001	2002
修订本国投资制度的国家数目	35	43	57	49	64	65	76	60	63	69	71	70
法规修订数目 其中:	82	79	102	110	112	114	151	145	140	150	208	248
更有利于外国直接投资	80	79	101	108	106	98	135	136	131	147	194	236
不太有利于外国直接投资	2	—	1	2	6	16	16	9	9	3	14	12

资料来源：UNCTAD，WORLD INVESTMENT REPORT 2003，TABLE I. 8，p. 21.

我国所处的亚洲是自由化速度最为迅猛的资本输入区域之一。包括拉丁美洲和加勒比国家在内，越来越多的国家不仅放开了外国投资，而且还实行了更有针对性和更有选择性的投资目标战略和投资促进战略。随着竞争的加剧，各方竞相投标和采取财务奖励措施招徕大型外国直接投资项目。投资促进机构近年来也跟上形势，越来越重视吸引新兴投资者，并越来越重视为现有投资者提供售后服务。❶ 但有的材料表明，外资激励措施对资本流向地的影响并不大。跨国公司更看重的是东道国的宏观经济环境，例如经济稳定、低通货膨胀率及相对自由的经营环境。❷ 几十年来，东道国(特别是发展中国家)对跨国公司态度正在转变。然而，有些发展中国家为了发展经济，把希望押在了吸引外资上。在缺乏强有力的民族经济支撑的情况下，这种慌不择路的做法就会使自己越来越被动。另一方面，尽管各国都在争投资，但面对跨国公司带来的负面影响或威胁，包括发达国家在内的东道国也并没有放弃或根本放松对外来投资的管制。从下文关于管制措施的分析中可以清楚地看到这一点。虽然 2002 年，70 个国家的法律共计有 200 多处有利于外资的修订，但每个国家平均也仅 3 处而已。而且，联合国贸发会议统计的只是相关国家(仅 70 个国家而已)的外资法律制度。❸ 从下文的分析中，

❶关于东道国对外来投资的激励政策的比较分析参见田贵明：《跨国公司对外直接投资与东道国激励政策竞争》，中国经济出版社，2003 年。

❷具体请参见 Organization for Economic Co-operation and Development，The OECD Declaration and Decision on International Investment and Multinational Enterprises：1991 Review（OECD，Paris，1992），p. 85-86.

❸经济学者甚至提出，在当前贸易投资一体化条件下，许多国家的产业保护政策正发生“从贸易保护到投资保护”的转变。参见吴进红、张为付：《从贸易保护到投资保护》，《南京社会科学》，2003 年，第 5 期。

我们还可以看出，其他法律或一些非法律的措施对外来投资也起着重要的调控作用。

2. 东道国对外来资本的规制权

东道国的外资法律与政策有两个方向，鼓励与限制。诚然，几乎世界上所有的国家都承认外来直接投资的益处，尤其是对经济发展的促进。甚至当前各国还展开了吸引外来投资的激烈竞争。但在引资的同时，很少有东道国不对跨国公司的投资进行管制的。东道国之所以支持对外开放，甚或竞争引资，是因为他们认识到外来投资的积极作用要大于其带来的潜在风险。此类风险如果不预防、化解，势必会抵减引资的益处，甚至久而久之会改变外资作用的根本性质。因此，外资管制是必要的。管制本质上是东道国根据国家主权对外来直接投资的驾驭，趋利避害，反映了一国或地区运用外资的能力。不仅国家之间存在着吸引外资方面的竞争，而且东道国与跨国公司的外来资本也存在着较量，因为两者的利益出发点是不一样的。❶ 外资管制并非从根本上否定跨国公司的积极作用，而是降低东道国的引资成本（根本消除是不可能的）。关于吸引外资益处的论证及建议已有很多，本文将集中于外资的消极作用及其相关管制，以期对东道国的全面外资政策有所参考。

对外来资本的管制是东道国国家主权的合理运用。这一权能已得到许多国际组织及国际协议的承认，比如：

WTO《服务贸易总协定》(GATS)在序言中表示，“承认成员国的规制权，对于其领土内所提供的服务可以通过新的法律规则，以符合国家政策目标。这是由于各个国家对服务进行法律调整的发达程度存在不对称，以及发展中国家运用这一权利的特殊需要。”❷

WTO《多哈部长级宣言》声明，“任何法律框架都应该以平衡的方式反映母国和东道国的利益，合理考虑东道国政府的发展政策和目标，以及其为公共利益所行使的规制权。”❸

OECD《多边投资协议》(MAI)草案第三条规定，“为了确保投资活动合理关注健康、安全及环境问题，缔约方可以采取、维持或实施相应的措施，只要类似

---

❶跨国公司对东道国的影响与后者对前者的管制是紧密相联的，这个过程是典型的博弈。一些经济学者用博弈论的思想方法细致分析了跨国公司与东道国之间的这种讨价还价关系。如朱锦：《东道国对跨国公司管制的非零和博弈分析》，《前沿》，2001 年，第 4 期。

❷The GATS Preamble, also see UNCTAD 1996b, I, p. 287.

❸WTO Doha Ministerial Declaration, paragraph 22, WTO 2001b, p. 5.

措施不违背本协议。”❶

联合国贸发会议(UNCTAD)投资、技术及相关金融问题委员会承认，“许多代表强调政策必须反映一个国家占主要地位的特殊环境，这些政策只能随着时间而演化。在这种情况下，许多代表主张为了实现国家的政策目标，必须确保足够的政策空间，并强调了规制权的重要性。此外还特别提及在各种国际协议中欠发达国家需要得到不同的特别待遇。……规制权是必要的，特别是为了公共利益，为了实现与安全、健康、道德等方面的目标。例外也是重要的，尤其是那些与收支平衡有关的保障措施。”❷

而且，在实践中我们也可以看到，即便是经济一体化程度最高的欧盟，其成员国仍有权对外资进行管制。虽然1993年的《马斯特里赫特条约》规定，欧盟有义务实现资本自由流动，并取消对欧盟成员国之间以及成员国与第三国之间资本流动的控制，但是在1993年12月31日时，一些成员国就已经使用的限制措施至今仍然存在，只是欧盟的法律在法理上可以替代它们罢了。关于新设权(外资的进入)问题，特别是关于第三国的新设权问题，是欧盟及其成员国所分享的一项管理权能。由于欧盟并未在所有具体领域制定立法，欧盟与各成员国对这一权能做了不同的界定。例如，各个成员国仍有权批准并管理非欧盟金融服务机构的直接分支机构。欧盟成员国就本国投资保护和税收条约问题有权各自展开谈判，并保留投资管理体制的相关职责，直到被欧盟法律所取代。目前，欧盟还通过法律限制某些行业的外资进入，将运营权利保留给欧盟国民占有大部分股份并控制的公司，如欧盟内部的航空运输服务及海运服务。以法国为例，虽然其没有对外国投资实行普遍筛选及事先批准的要求，但如果来自欧盟或非欧盟国家的外国投资对法国的国防、公共安全或公共健康有影响，法国政府就要求其进行公告。政府也有能力通过所谓的“黄金股份”条款对跨国公司在内的私营公司施加影响。

下文将从外来资本在东道国设业前(即进入)与设业后两个环节，具体讨论东道国可供选择的对外来资本的调整措施。应当看到，对外资调控的这两个环节可能分别与东道国在国际协议中承诺的最惠国待遇与国民待遇义务相关。东道国所采取的措施当然不能根本违背其承诺的此类义务。但是从晚近国际投资协议的发展来看，国际投资领域中的最惠国待遇与国民待遇都是有限定范围的。从对欧盟及WTO(见第五章)的分析中也可以看出，此类义务并不是普遍的，而且其履

---

❶OECD 1998a, p. 14. 其文本内容包含于主席所提的关于劳工与环境问题的一揽子建议中。

❷UNCTAD2003J, p. 14 and 16.

行方式也灵活多样。国际投资谈判中始终伴随着主权国家之间的讨价还价，纯粹的最惠国待遇与国民待遇只能是一种幻想，意味着东道国自动放弃主权的管辖。

（二）外资进入或设业阶段的限制措施

一个主权国家本质上有权力决定是否允许外来个人或企业进入本国领土，也有权力控制外来因素收购本国的财产及其他相关权力。这种不受置疑的主权性权力适用于跨国公司。尽管作为经济组织形态的公司也具有与自然人相似的许多基本权利，但当试图进入外国领土时，公司总是会遇到比自然人、货物及借贷资本更多的限制。准入规则与程序被视为是“主权国家拥有的规制跨国公司的首要法律手段，借此可以对外国投资者予以排斥或设置条件。”❶虽然各个国家在外资准入的范围上有所不同，但没有一个国家的外资立法对此环节不作任何限制，而允许外资自由进入。

在详细阐述《外来投资的法律待遇》（即《世界银行指南》）的初期研究中，世界银行集团发现在工业发达国家中有关外来直接投资的法律的侧重点即是对外资的“控制与监管”。❷ 世行的研究还显示，进入或设立规则是对外来投资的关键控制点，也是上述法律的唯一焦点。传统上，法律环境比较开放，对外资准入较少限制的国家是美国、英国及德国。然而，即使是“最自由的政体”也会利用某些法律技术手段来调整外资的流动，特别是当其认为有必要保护那些涉及经济安全的敏感部门。包括美国在内的发达国家也感到不得不审视一下以往那种过于自由的外资准入政策。❸ 每个国家都有自己特殊的经历和特别的偏好，都是按照自身具体的国家政策、法律与文化环境来选择外资准入的调整方式。

1. 完全排斥

完全否定外资的进入权，是主权国家行使禁止性权力对抗跨国公司的最充分形式。作为一种控制手段，完全排斥是国家主权的合法运用，但是此种简单作法有时可能在现实中等于没有控制。完全排斥不符合当今经济发展的大气候，特别是自由贸易区、双边投资协定及其他互惠协议的实践。任何现代化的工业国家都

---

❶See Geist, “Toward a General Agreement on the Regulation of Foreign Direct Investment”, 26 Law and Policy in International Business (1995), at 677.

❷See Shihata, Legal Treament of Foreign Investment: “The World Bank Guidelines”, Drodrecht: Martinus Nijhoff, 1993, and Foreign Investment Law Journal (1992), as “Guideline on the Treatment of Foreign Direct Investment”, p. 297.

❸See church, “The Multinational Enterprise” (Foreword), 11 San Diego Law Review (1973), at iv.

不会以极端的形式行使这一权力。

日本在过去被认为是最习惯运用这一限制性手段的国家。二战后至20世纪60年代中期，日本实行了高度限制性的外资政策。日本当时是惧怕外国(主要是美国)的跨国公司对本国经济的控制。然而，日本后来也认识到这种立场对经济的负面作用，以及其他国家对其的联合抑制。由于来自经济和政治的压力，特别是加入经合组织的愿望，日本逐步有限地放松了外资政策。经合组织要求其成员接受并遵从《OECD关于资本自由流动的守则》。❶ 该守则不允许对外来直接投资实行完全的、毫无理由的排斥。由于日本对外直接投资非常活跃，如果自己再继续抑制其他外国资本进入本国市场，本国在海外的投资将无法保持或深化。

30年前，有学者既已指出，“对于不想与西方商业与金融世界完全割断联系的任何国家来说，完全排斥方式并不是可行的选择。即使那些对跨国公司最为敏感的国家现在也出现松动了。放弃‘禁止’这种最极端的管制方式，东道国已开始发展自己的调整机制，以最积极地满足自身具体的需要。”❷几十年来相关国家的经济实践证明了这一转变的正确性。

2. 排除关键领域

在某些关键领域禁止外资的进入，这是各国所广泛采用并被国际上所接受的调整方式。东道国一般对于那些对国家利益至关重要的领域禁止外资进入或限制股权比例。这些“关键领域”通常包括国防与国家安全，矿藏，电力，金融，与保持文化统一性相关的行业等。OECD许可关键领域排除外资进入的做法，对《关于资本自由流动的守则》做出保留。❸ 保护与“国家利益”相关的关键行业是国家主权的正常运用。这要比那些排外主义的政治行为或司法行为更加名正言顺。由于国家政治经济情势的变更，或者每届政府注意力的不同，既定国家所保护的关键行业随着时间是会发生变化的。不过，在大多数国家，关键领域的调整相对来说是可以预期的。经合组织国家要在自己对《关于资本自由流动的守则》的保留范围内行事。

---

❶经济发展与合作组织，《OECD关于资本自由流动的守则》，OECD/C(61)96，1961年12月2日由理事会通过，定期修改。

❷Vagts, “The Host country Faces the Multinational Enterprise”, 53 Boston University Law Review (1973), at 271.

❸经合组织理事会1990年10月23日通过的修正案(OECD/C(90)122FINAL)中包含了影响外来直接投资的少量保留。具体地还可参考OECD各国于1997年1月1日作出的保留，见《OECD关于资本自由流动的守则》，附录B。

更广泛的政治、经济后果。”[1]自由裁量方式不像前三种措施有明确的标准，在整个外资审查与批准制度中是较模糊的，也最能反映一国调控外资的能力和实际运用外资的效果。“实行外资的审批制度，根本目的在于使所引入的外资与本国的经济利益之间达到最佳协调，同时排除对本国经济成长的健康发展有不利影响的外资。”[2]这就对相关机构及其人员的素质提出了较高的要求，以便能灵活贯彻上述法律原则。

5. 其他法律的实际效果

东道国的有些法律最初的立法宗旨可能与外来资本无关，但在客观上起到了限制外资进入的作用。比如税负较高的税法、严格的并购法律、繁琐的注册登记等。此外，环境法也是较为明显的例子。许多发达国家的环境保护标准比较高，不仅发展中国家的资本难以进行相关产业的投资，发达国家之间时常也会感到事实上的阻碍。特别是有些发达国家的地方法的环保要求比国家层次的标准还要高，例如美国的州，加拿大的省以及德国的邦。[3] 值得注意的是，环境方面的这些“投资壁垒”得到许多国际投资协议的认可。《北美自由贸易协定》(NAFTA)第1114条规定，“[关于投资的第11章中的]任何部分都不能解释为禁止成员方在与本章规定相符的前提下，采取、维持或实施其认为适当的任何措施，以确保其领土内的投资活动对环境给予了足够的关注。”《欧洲经济区协议》第75条也规定，“[与关于环境的第3章其他两条[4]]相关的保护措施并不妨碍缔约方在与本协议相符的前提下，维持或采取更为严格的保护措施。”《能源宪章条约》第18条肯定了东道国关于能源资源的主权，“每个国家仍具有特定权力决定在其国土内哪些区域的能源资源可以开采，最佳地进行利用……也有权对环境与安全方面进行管理。”

由此，我们也可以看出主权与环境的紧密关系。东道国进行环境立法，管制环境问题是主权的体现，有学者称之为“环境主权”。可以说，环境也是主权表现的一个具体领域。另一方面，环境措施通过调整、引导外来资本也能巩固本国

---

[1]See Andrews, “An Evaluation of the Need for Further Statutory Controls on Foreign Direct Investment in the United States”, 8 Vanderbilt Journal of Transnational Law (1974), at 170.

[2]姚梅镇主编、余劲松副主编：《比较投资法》，武汉大学出版社，1993年，第518页。

[3]我国则正好相反，许多地方政府为了吸引外资提供的政策比国家政策更为宽松，降低环保要求就是其中之一。

[4]其他两条即第73和74条。前者规定的是缔约方采取与环境相关的措施的目标；后者列举了可以适用的具体措施。

主权。一些国际协议的“例外规定”进一步使这种“与投资有关的环境措施”合法化。这里分析的是国际协议如何允许成员国利用国内法采取环境措施，进而对外来投资进行管理。在第四章，本文将从另一个侧面分析国际协议又如何通过管制外来投资而应对环境问题的。此外，还需要指出的是，本部分所指的环保法、并购法等其他法律既是在外资进入环节对其起到调控效果的因素，同时也是在设业后对外来投资进行管制的有效措施。

6. 非法律因素

除以上几种法律措施外，一些非法律的因素在实践中也能起到抑制外资进入的作用，比如政府的拖延、当地企业的排斥及一些文化壁垒。有些国家的政府(如法国和日本)对于不支持的投资申请采取毫无理由地拖延策略。这样做可以避免公开地破坏与跨国公司母国互相妥协的政治、经济关系，还可以规避相关国际条约的义务。跨国公司也很少因此针对东道国政府动用自己“法律上的权利”。它们担心东道国政府可能采取报复措施，并对自己将来其他的投资计划产生偏见。在申请过程中投入的时间和费用往往会使跨国公司改弦更张。面对外来投资的渗入，当地企业还通过各种经营上的策略进行抵制，如利用消费者民族心理等本土化优势。而且，不同行业的国内企业也容易形成联合的力量。在德国，金融界在保护民族工业方面发挥了重要作用。20 世纪 70 年代中期，德国政府与国内银行体系达成共识，以防止外国跨国公司收购敏感的或主要的国内企业。这是一种“君子协定”，一方是银行与企业联盟，另一方是联邦政府。外国跨国公司或在国内持股的外资企业收购民族企业时，银行要向政府通报，非经政府同意，各方不能使该并购完成。德国政府非常偏爱这种非法律机制，至今已运用过多次，相反，对于外资并购，几乎从来没有因为国内经济的原因而正式地诉诸法律上的权力。[1]

在文化因素的排外作用方面，日本可以说是典型例子。日本虽是当今世界第三大经济体，但在对待外资的态度方面总体上是排外的，其吸收的外国直接投资与国内生产总值的比率在 OECD 中是最小的。1999 年度，日本吸引的外来直接投资 215 亿美元，却仅占其国内生产总值的 0.5%。与巨大的对外投资规模相比，日本吸收的外资数量相形见绌。1990 至 1996 年间，日本对外投资与吸收的外资的年均比率为 11∶1。只是近来迫于国际的压力及其他国内经济因素，日本吸收

---

[1] See Niggemann, “The Acquisition of Companies in Germany”, (1989) International Business Law Journal, p. 667.

的外来直接投资规模正在上升，2000 年上半年比 1999 年同期增长了 42%以上。[1]尽管日本已经取消了针对外国直接投资的最直接的法律限制(目前的外汇管理法仅要求在大多数情况下对拟定的投资进行事后通报)，但由于日本特有的文化，即“岛国心理”与危机意识，其整个社会的各个层面都以正式或非正式的形式对跨国公司的投资进行抵制。政府官员在行使自由裁量权时所作出的政府行政裁定绝大多数不利于外国资本。除与政府相关的障碍外，日本吸收外国直接投资的低水平还反映了其排外性的商业行为和高昂的市场进入成本。日本企业界与政府部门的联系十分紧密，日本的会计和财务信息披露缺乏透明，株式会社(keiretsu)成员企业间大量相互持股，公开交易的普通股在许多公司总资产中仅占很小的比例，公司普遍缺乏外部的独立董事。[2]

(三)外资设业后阶段的管理措施

1. 设业后阶段管理措施的特点与概况

在外来投资进入环节，东道国可以充分行使主权，决定是否允许其进入本国领域。一旦外来资本合法地流入了境内，并设立了相应的企业实体，按照国内法或国际法的要求，东道国政府就要承担一些义务，给予外资企业一定的法律权利。东道国政府此时的国内法义务源于其外资法律制度，国际法义务源于其加入的双边、多边等国际协议及一般的国际法义务。特别值得注意的是，即便东道国没有参加相关国际协议，也要对进入的外来企业负有一定的义务。国际法院在 Barcelona Traction 一案中指出，“当一国允许外来投资或外籍国民进入其领土时……它就有义务给予他们一定的法律保护。”[3]因此相比设业前阶段，东道国此时对外来资本的调整不及前者那样自由，权力要受到某些限制。但这并不意味着东道国在这一阶段就没有管理权或者可进行管理的手段。只不过这时对东道国法律

---

[1]参见《美国关于对外贸易壁垒的国别评估报告》第 16 期及《欧盟关于美国贸易投资壁垒报告》第 17 版，载(原)外经贸部进出口公平贸易局、国际贸易经济合作研究院编:《世界主要国家和地区贸易投资壁垒报告》，2001 年 12 月。

[2]美国的投资者对日本的这些投资障碍十分关注。2000 年 3 月，美国和日本在日本就外国直接投资和并购问题联合举行了一次会议，出席会议的有两国政府和企业界的代表。会议集中讨论了日本政府解决相关问题的必要性，如增加公司治理(在日本目前的公司治理结构下，企业高层管理人员将对企业的忠诚凌驾于股民回报之上，这会导致决策层过早地拒绝并购提议)和立法透明度，便利国内和国外投资而改善会计和信息披露标准，提高固定资产和劳动力的流动性。

[3]See Case Concerning the Barcelona Traction, Light and Power Co. Ltd. (Belgium v. Spain), [1970] I. C. J. Report, p. 3, at 231-233.

体系的完备程度和运用水平提出了更高的要求。有时，东道国在外资设业前后的管理措施是紧密相联的，很难纯粹地归为某一个阶段。如前文提到的"附条件进入"方式和环保法的实际效果，外资企业设立后，依然要符合进入时承诺的条件，遵循环保法要求。

外来资本在东道国要遵守所有相关的法律(即便是跨国公司设立的办事处或代表机构也不例外。甚至有些国家，如法国和日本把这些机构也视为外来直接投资进行管理。)。东道国根据法律的空间效力可以对外来资本行使属地管辖权。尽管如前文所述跨国公司的经济实力已可与民族国家相匹敌，并给国家主权带来负面影响或冲击，但在法律上或形式上还是要服从于主权的管辖。虽然在进入环节，东道国已对外资行使了审查、批准等管理权，但此后的管理更为重要。商品在进口环节进行检验后一定时期内可以保证质量。可是，资本与商品有根本的不同，它投入生产经营后就有了创造力，对东道国的利与弊也充满了变数。因此，如何使外来投资能为我所用，这是各个资本输入国都在关心的问题。东道国都在管制的收益与成本之间进行权衡，并探索适合本国实际情况的外资管制方式。如果管制过松，就放任了外来资本对本国经济与社会的冲击，甚至导致被其反控制；如果管制过严，可能会限制外资的积极作用，吸引不了更多的外资，使本国的经济丧失活力。

发达国家的政府在调控、引导外资时，注意将法律手段与非法律手段结合起来，通常更为倾向使用交流或说服等一些方式，尽量避免适用刚性的法律。对外资企业专门适用严格的法律措施，东道国政府有时可能被指责实行歧视待遇。非法律的调控方式经常是以具体的激励或抑制措施来支持的。比如，东道国想引导外来资本投向不发达地区时，就以低息贷款、提供厂地、政府补贴等优惠作为诱饵。同样，政府也可以通过直接或间接为当地产业提供补贴、无息或低息贷款、或优惠价格采购产品等方式而使本地企业获得竞争优势，从而形成对外资事实上的排斥。此外，对外来投资者的管制措施虽然有时比较具体，但一定要着眼于宏观方面，比如是否对国家经济安全、产业竞争力及公众利益造成不利影响。东道国政府的视野不能陷入跨国公司的日常经营，否则会引起双方的关系紧张，甚至东道国自己的海外跨国公司可能将遭到跨国公司母国的报复。可以说，东道国根据本国的实际情况对外来资本的调控方式是多种多样的，下文将集中介绍分析披露制度、竞争法及取消或改变外来投资的方式三个方面的内容。

2. 跨国公司的披露义务

鉴于跨国公司结构与经营的复杂性，要求其履行适当的披露义务对东道国政府的管制是十分重要的。然而，联合国跨国公司委员会信息调查中心 1976 年在进行信息采集时却发现，当时很少的国家(无论是东道国还是母国)立法规定了跨国公司的披露义务。❶ 20 世纪 70 年代末以来，随着跨国公司在国际商务中涉及贿赂、非法支付等事件的曝光以及外来资本在东道国经济中的地位上升，各国及相关国际组织对跨国公司的披露义务逐渐重视起来。跨国公司履行披露义务的方式，即披露的对象有多种，比如东道国或母国的相关政府机构、市场、自己的雇员以及有关的司法机构。其中，向东道国相关的政府机构报告是最重要的方式。

美国最早在国内法中确立了信息披露制度，并得到不少国家的仿效。1933 和 1934 年的联邦证券法律及纽约证券交易所规则都规定了披露要求。之后，1974 年的《外来投资研究法》和 1976 年的《国际投资监测法》提出了对外来投资的监管。1977 年的《国内与外来投资改进披露法》进一步修订了 30 年代的证券交易法。该法规定不论是国内投资还是外来投资，也不论是直接投资还是间接投资，都必须履行披露义务，还要求持有美国企业股份 5%以上者必须向证券交易委员会报告。传统上，美国证券法的立法宗旨是保护投资者。而 1977 年的《改进披露法》在每次提到“保护投资者”一词的同时都加上了“公众利益”；此外，还增加了披露的内容，如购买者的住所、国籍，购买的目的是否为了获得控制权，等等。因此该法拓宽了披露制度的功能。从实践中看，除投资者外，最常用到所披露信息的主体还有反垄断机构以及工会组织等。美国严格的信息披露制度并不是想要限制外来投资进入，而是为了加强管理，因为国内投资与外来投资所负担的义务是相同的。因此，在有的学者看来，披露制度不仅关系到美国的主权，还涉及证券交易委员会(SEC)的管理能力。❷

跨国公司的披露义务当然不仅限于在东道国的持股比例。东道国可以根据实际需要规定具体的披露内容。在国际层面上，一些国际机构更加关注的是前述跨国公司的腐化行为及限制性商业惯例。跨国公司贿赂东道国政府官员也被视为对其主权的侵蚀，因为这种经济犯罪侵害了一国正常的经济管理秩序。某些知名的

---

❶See United Nations, Economic and Social Council, Commission on Transnational. Corporations, Report on the Second Session (March 1-12, 1976), U. N. ECOSOC Document NO. E/5728, E/C10/16, New York, May 1976.

❷See Fedders, “Policing Internationalized U. S. Capital Markets: Methods to Obtain Evidence Abroad”, 18 International Lawyer (1984), p. 92.

跨国公司不断被揭发出此类丑闻。2004 年，IBM 被控卷入韩国有史以来最大的外资腐败案。[1] 使跨国公司承担披露义务的前提是东道国政府自身未被腐化，不要与外来资本沦为一丘之貉。大多数情况下，跨国公司的披露制度是与东道国政府的透明度紧密相联的。比如安哥拉大量的石油财富并没有使国家富强，而是流向了海外和战争。非政府组织“公布你的支付”阵线刺激许多公司宣布他们给予政府多少金钱开采石油和矿物，要求世界最富的股票市场的管制者，如证券交易委员会迫使石油公司宣布对像安哥拉这样的国家的年度净支出。“对腐败政府的被迫的透明度将增加对领导人的压力……并可促使公民抛弃他们所了解的贼。”2002 年，时任英国首相布莱尔曾号召所有参与石油和矿物开采的公司自愿宣布他们支付了多少钱。许多石油生产国却憎恨这一思想。而石油公司也害怕会失去几十亿美元而让位于将闭嘴的竞争者。当 BP 2001 年宣布将公布它在安哥拉的支出时，安哥拉政府威胁将剥夺该公司的经营。[2]

20 世纪 70 年代，国际商会(ICC)[3]经过调查发现只有少数国家通过国内法来对抗跨国公司腐化行为，而且执行的效果也不同。于是，国际商会在 1977 年发布了《关于商业交易中敲诈与贿赂的报告》，并在 1996 年进行了修订(将“商业交易”更名为“国际商业交易”，强调了针对性)。国际商会建议国家政府在预防措施中采纳披露程序，以对抗跨国公司的贿赂、非法支付等腐化行为。虽然国际商会的报告及建议不具有直接的法律效果，但其反映了什么才是国际社会认可的“良好商业惯例”。1977 年，联合国经社理事会关于国际商业交易中腐化问题的政府间特殊工作组在报告中也主张每个国家应当通过国内法对报告与披露要求作出规定。[4] OECD 在 1997 年的《反对在国际商业交易中贿赂外国官员的公约》中以国际条约的形式提出了披露的问题。在关于限制性商业惯例方面，OECD 也早在 1978 年的一份理事会建议中提到披露，并在 1995 年进行了修订。此外，上文提

---

[1] 2004 年 1 月 4 日，韩国检察官宣布，美国 IT 业巨头 IBM 在韩国的分公司卷入一宗腐败案，目前已有包括该公司高层管理人员在内的 48 人因涉嫌行贿和其他违法行为而被起诉。这是韩国有史以来最大一宗涉及外资企业的公司腐败案。检察机关说，IBM 韩国公司及其两个兄弟公司——LG IBM 公司和 Winsol 公司的管理人员向韩国官员行贿，并与其他公司合谋，以确保获得政府方面价值 660 亿韩元(约合 5500 万美元)的合同。IBM 从 1967 年起就在韩国投资，是在韩投资的跨国公司中经营最成功的公司之一。具有讽刺意味的是，该公司 2003 年还被评为最受尊敬的外国公司。参见《430 亿！IBM 分公司卷入韩有史以来最大外资腐败案》，《京华时报》，2004 年 1 月 5 日。

[2]《被迫的透明度》，《纽约时报》，2002 年 12 月 15 日，参见朱景文教授的译文，中国法理网 http://www.jus.cn/include/shownews.asp? key=&newsid=373。

[3] 国际商会的具体介绍参见第四章。

[4] U. N. ECOSOC document E/6006, July 5, 1977 Part A, Ⅲ.

及联合国大会曾通过了《管制限制性商业惯例的一套多边协议的公平原则和规则》。该文件在谈到限制性商业惯例时，也有一些关于披露的规定。特别是D(2)部分规定企业应当向相关政府机构提供所要求的信息，“包括那些可能置于国外的信息”；E(6)还提醒各国制定或改进从跨国公司获得信息的程序。同时，协议也要求各国政府保护这些信息中所包含的合法商业秘密。

3. 竞争法的调控作用

跨国公司在当今世界的实力已毋庸置疑，它们从纵横两方面把全球的经济力量集中起来。任何一个国家都对此高度警惕。防范或打破经济力量的过度集中其主要目的就是维持正常竞争。竞争法一般被视为“市场经济的宪章”。而防止跨国公司的垄断对东道国还有一层含义，即维护国家经济安全及产业竞争力。因此，有学者提醒，“如果我们希望审视一下政府控制跨国公司的主要工具，那就必须看看其调整垄断行为与限制性商业惯例的一般立法。”❶

纵观各国能够影响到跨国公司的竞争法(无论是制定法，还是判例法)，可以发现尽管由于各自特殊的政治经济与历史传统而使法律的具体条文有所不同，但总的趋势是降低了垄断行为的构成标准，对反竞争行为进行更为严格的控制。欧洲早先的“垄断”观念是指市场支配地位的实际滥用；现在，创造、存在或提高此种支配地位都将构成垄断。修改后的德国法律甚至认为，即便是创造或增加市场支配地位的预期行为也是受限制的。澳大利亚的竞争法规定，仅仅具有支配市场能力的可能性也视为“滥用”。相比较之下，美国的反垄断法更为严格，将对垄断的限制提前到合并、收购等行为的初始阶段。即使上述行为没有创造或增强市场支配地位，如果导致削弱了竞争，就足以成为反垄断的对象。发达国家的竞争法发挥的是预防性功能，而非对垄断危害的补救。跨国公司对发展中国家的经济最容易形成控制，而这些国家在竞争法方面或者没有制定，或者并不健全，或者没有充足的经验。这应当引起相关国家高度重视。

当然，绝大多数国家的竞争法首要目的是维持正常竞争，在适用时一般并不区分本国投资者和外来投资者。“但由于反托拉斯法对外国企业进入当地市场的方式、方法等加以严格的规范，其对外国企业，特别是那些力图对产品和服务保持控制权的企业，有制约作用。”❷许多国家的竞争法实际上与本国的产业政策有

---

❶Schmitthoff, “The Role of the Multinational Enterprise in an Enlarged European Community”, in Bathurst, et al., ed., Legal Problems of an Enlarged European Community (London: Stevens & Sons, 1972), p. 217.

❷王贵国:《国际投资法》，北京大学出版社，2001年，第292页。

紧密的联系，执行着保护功能。在欧洲，尽管有人反对政府在反垄断中考虑产业政策，❶ 但产业政策依然是欧共体(及现在的欧盟)竞争法的“第二目标”。欧盟的《并购控制规则》明确体现了这一点。《单一市场法》赋予欧委会在产业政策方面一定的权力，并写入《罗马条约》的第130条中的A-E和F-Q部分。《马斯特里赫特条约》进一步支持欧委会采取产业政策方面的措施，体现在《罗马条约》修改后的第130条。只是欧盟具体在反垄断的裁决中尽量回避产业政策等用语，考虑更多的是如何在竞争政策与产业政策之间实现平衡。总体上，欧洲的“竞争”概念融入了社会与政治经济方面的价值。❷

此外，在反垄断实践中(如法国、德国、加拿大、日本等)还存在着“国际竞争力例外”，即为了保持或促进本国企业的世界竞争力，有些行为可以不受反垄断的限制。加拿大法律明确将竞争法视为整个经济与产业政策框架的重要组成部分，目的就是要提高国内产业的国际竞争力。加最高法院在里程碑式的PANS案判决中指出，加拿大的竞争法是“本国经济政策既已确立的主要特征”。❸ 而有些国家，如日本在将竞争政策与产业政策的结合上就显得更为隐蔽一些。总之，尽管各国在竞争法的执行上可能具有不同的特点，但竞争法“已被实践证明，是东道国手中用来调控跨国公司外来投资进入与运行的特殊工具。”❹

4. 取消或改变外来投资的方式

针对跨国公司给东道国经济与社会带来的负面影响，为了维护国家经济与公众利益，东道国政府在一定情况下可以取消或改变跨国公司的外来投资。其中主要的措施包括征收或国有化、逐步接管及重新谈判。由于征收或国有化容易引起东道国与跨国公司之间的争议，而且各国在赔偿原则上也无一致标准，因而，东道国一般不轻易采取这种极端措施。虽然征收或国有化不能视为东道国管制跨国公司的惯常手段，但却是在个别情况下主权的最终体现或保障。在实践中，东道国经常采取后两种措施，使跨国公司“自愿的”取消或改变投资。

---

❶Mestmacher, Merger Control in the Common Market: Between Competition Policy and Industrial Policy, (1988) Annual Proceedings of the Fordham Corporate Law Institute: European/American Antitrust and Trade Law, p. 20-l.

❷See Hawk, The Proposed Revisions to the Justice Department's Antitrust Guidelines for International Operations and Recent Development in EEC Competition Law, 57 Antitrust Law Journal (1988), p. 306-307.

❸Lall, Canadian Competition Policy: A Century of Experience, Asia Business Law Review (Otc. 1996), p. 62.

❹Cynthia Day Wallace, The Multinational Enterprise and Legal Control, Kluwer Law International, 2002, p. 586.

逐步接管是指跨国公司与东道国政府约定，其外来投资企业的股权或资产按照合同约定的时间和方式逐步转归东道国所有或控制。严格地说，该措施在外来投资的进入、运营及终止三个环节都发生作用，特别是可以作为“附条件进入”措施在外来投资的初始阶段就进行调控。逐步接管措施也同时具有“自愿”和“非自愿”两种属性，但侧重于自愿性质。在进入环节，外资是自愿考虑是否接受附加条件，但一旦进入开始运营后，股权或资产的所有权转移就是强制性要求了。可以说，“逐步接管”是跨国公司与东道国达成的妥协。发展中国家要比发达国家更偏爱这一措施，而且在世纪之交，仍有不少中东欧国家采取。“逐步接管”对东道国的好处是合法、不需要赔偿。但是东道国在行使这一项控制措施时也要警惕其消极作用。由于跨国公司知道在固定的时间内不得不放弃自己的投资，就可能采取掠夺式经营方式(特别是在一些资源性投资项目上)，或者带来其他短期效应。对此，国际商会也很早提醒过东道国，“逐步接管”可能“促使投资者加速回收投资，减少新技术的投入，这两种现象都不符合东道国的最佳利益。”[1]而且，有时这种措施还有利于跨国公司。在评估某个投资项目时，时间越长，风险越难以度量。这样，跨国公司就能保证在赚取到一定利润后，把将来的投资风险留给了东道国。

东道国与跨国公司之间实际上构成了一种讨价还价的博弈模型。跨国公司的资金和技术与东道国的投资环境形成均衡时，东道国就会允许跨国公司进入并经营，而这时东道国可能放弃了部分利益。但是随着时间的推移，双方谈判力量的改变会打破这种均衡，致使重新开始要价。跨国公司在东道国投资往往要花费大量的财力、时间等资源，以筹办企业、开拓市场及训练当地员工等。除非东道国重新提出的条件过于苛刻，使得其无法获利或产生其他重大困难，跨国公司一般是不会轻易转移资本的。此外，跨国公司在经营过程中在客观上将技术、管理经验等逐渐传授给当地雇员或东道国合作方，可能不知不觉为自己培养了市场竞争的对手。这进一步削弱了跨国公司在新一轮谈判中的力量。如果母公司为了增加竞争力加大在东道国的投资力度，有时反而使更多的资产成为“东道国政府的人质”。另一方面，随着东道国政治与经济的发展(特别是整体经济环境的改善，外来投资总体存量上升)，以及对国家发展战略、环境、资源等问题的深入认识(信息不对称的改变也易于打破均衡)，可能无法进一步容忍外来投资带来的负面影响。这时，东道国政府就可以利用自己提升的谈判力量取消“过时的交易”，

[1] Winquist, “Multinationals”, ICC Information, July-August 1974, at 1.

重新与跨国公司讨价还价。❶ 东道国提出的理由是"情势发生根本变更"，需要重新建立双方互利的平衡。有的学者指出，甚至欧委会也有这种做法，"在双方缔结协议多年过后，当相应的谈判力量发生变化时，就要求他们对协议做些变更。"❷

下面以国际石油投资领域的案例对"重新谈判"措施进行说明。20 世纪六七十年代，海湾国家要求与国际石油跨国公司重新谈判特许合同。起初，跨国石油巨头们并没有立即同意，但最终还是都接受那些"事实上等同于国有化"的条款。运用"重新谈判"措施的并不仅限于发展中国家。70 年代中期，英国获得北海石油的控制权就是典型。鉴于早期开采石油的风险，英国政府鼓励外来投资，并自由发放许可证。而 10 年过后，北海已成为财源滚滚的油田。当时，油田的 60% 股份归外国公司所有。于是，英国政府开始计划重新与外国石油公司谈判投资协议。1974 年，工党上台后颁布了《石油与海底管道法》，要求成立英国国家石油公司(BNOC)，并获得北海石油 51%的股权。该法不仅对将来的协议作出限制，而且还溯及既往，影响到现有的投资协议。该法还允许 BNOC 动用国家石油账户去实施国家控制石油的计划。尽管有关方面指责该计划有"征收"或"国有化"之嫌，但英国政府一直强调外国公司自愿参与计划，坚持在技术上划清"重新谈判"措施与"国有化"政策的区分。最终，BNOC 获得了北海石油 51%的股权，英国政府如愿以偿。❸

---

❶See LaPolombara, International Firms and National Governments: Some Dilemmas, 17 The Washington Quarterly (1994), p. 93-94; Penrose and Stevens, Nationalisation of Foreign-owned Property for a Public Purpose: An Economic Perspective on Appropriate Compensation, 55 The Modern Law Review (1992), p. 356.

❷Korah, An Introductory Guide to EEC Law & Practice (London: Sweet & Maxwell, 6th edn., 1997), s. 12. 2. 5.

❸See Cynthia Day Wallace, The Multinational Enterprise and Legal Control, Kluwer Law International, 2002, p. 966-970.

第三章

跨国公司与人权保障

一、跨国公司侵犯人权的实况及案例

（一）跨国公司侵犯人权的概况

马克思曾说，资本来到世间，每个毛孔都滴着血和肮脏的东西。而实际上，资本在成长的历程中，永远断绝不了那些“肮脏的东西”。跨国公司自诞生之日起就在人类人权史上留下不光彩的记录。荷兰和英国的东印度公司在亚洲、非洲和美洲曾大量使用奴隶、生产毒品、干涉地方事务。❶ 尽管如此，在传统上，国际人权法针对的对象只是国家政府而已。然而，随着近来跨国公司不断卷入侵犯人权的指控，国际人权法正在扩大适用范围。

二战以来，除专制国家以外，资本在其本国很难赤裸裸地践踏人权。不过，在资本向国际扩张的过程中，还是能找到自己为所欲为的空间。人权组织经常批评跨国公司对人权、道德、社会风俗等漠不关心，为了追求利润而与那些压制人权的政府合作，向它们出售物资，特别是供其侵犯人权之用的武器设备，提供贷款。另一方面，跨国公司也可能沦为某些西方国家推行人权政策的工具，凭借自己的经济实力，对东道国的人权问题指手画脚。

一些资料显示，二战期间，IBM 曾向纳粹德国出售一种数据管理系统。这种

❶对东印度公司在殖民地罪恶的揭露参见 Teemu Ruskola, Conceptualizing Corporations and Kinship: Comparative Law and Development Theory in a Chinese Perspective, 52 Stan. L. Rev. 1599, 1677(2000); Antony Anghie, Finding the Peripheries: Sovereignty and Colonialism in Nineteenth-century International Law, 40 Harv. Int'l L. J. 1, 37 (1999); Bruce P. Frohnen & Charles J. Reid, Jr., Diversity in Western Constitutionalism: Chartered Rights, Federated Structure, and Natural-law Reasoning in Burke's Theory of Empire, 29 McGeorge L. Rev. 27, 34-46 (1997)。

技术使纳粹能够有效地控制了上千万人的信息，便利了集中营的管理。由此，IBM被指责与大屠杀(Holocaust)有牵连。这一事件引发了人们对跨国公司与人权之关系的思考。[1] 银行和保险公司等金融机构无偿占有了许多被纳粹杀害之人的财产。还有资料显示，福特(Ford)、西门子(Siemens)、大众(Volkswagen)、戴姆勒-奔驰(Daimler-Benz)及宝马(BMW)使用了纳粹提供的苦工。

跨国公司在当代有时还侵犯人们的生存权、健康权、劳工权。一些核心的劳工权也属于人权范畴而受到国际保护。这些权利包括禁止强制劳动、禁止使用童工、组织工会权、集体谈判权等。跨国公司为了降低生产成本，把生产基地经常设在工资不高、劳保要求低的国家。调查显示，包括迪斯尼(Disney)、耐克(Nike)和李维斯(Levi Strauss)在内的一些世界知名品牌在海外的这些工厂，工作条件恶劣，工资低于法定要求，还伴有不计酬的超长加班。[2]

当跨国公司的投资所在地是一专制、腐败的政府时，如果其不侵犯人权的话，可能就无法正常运营。Enron公司勾结印度警方镇压了反对某一能源项目的当地居民。在缅甸，Unocal公司雇用军方人士为其石油项目提供保障。军方强迫村民为其工作，为了项目的利益还强制整村的人搬迁。受害人已在美国加州地方法院起诉。该案受到广泛关注。因为其提出了跨国公司侵犯人权的国际赔偿问题。

（二）几个案例

1. 维娃诉荷兰皇家石油公司

1995年11月10日，尼日利亚当地居民发起了抗议荷兰皇家石油公司和壳牌运输与贸易公司的运动。欧根尼人民生存运动(MOSOP)组织的两位领导人因此被绞死。壳牌公司为了铺设输油管道而铲平了一位当地人的庄稼地。壳牌公司召来了尼日利亚军队并用枪击伤了和平抗议的群众。欧文斯·维娃还被拷打和拘禁。美国宪法权利中心(CCR)和几位律师主动代理原告，根据《外籍人侵权法》(ATCA)和《不正当腐化组织法》(RICO)向纽约南区法院提起诉讼。

被告反驳道，根据“不方便管辖”原则，在本案中既缺乏对荷兰皇家壳牌公司的属人管辖权，也缺乏属地管辖权；ATCA法并不适用于公司主体；此外，政

---

[1] See Edwin Black, IBM and the Holocaust: The Strategic Alliance between Nazi Germany and America's Most Powerful Corporation (2001).

[2] See Generally No Sweat: Fashion, Free Trade, and the Rights of Garment Workers (Andrew Ross ed., 1997); Clean Clothes Campaign, at www.cleanclothes.org.

治原因、国家行为及尼日利亚对公司责任的法律都不支持原告的诉求。被告进而主张，案件可以在荷兰或英国审理。1998 年 9 月，金伯·伍德法官裁定，纽约的属人管辖是适当的，但是根据不方便原则，在英国审理是最便利的。原告申请重新审议，结果被第二巡回法院驳回。[1]

2. 卡伯罗诉伊斯门-柯达

柯达公司的雇员卡伯罗在玻利维亚受到错误的刑事指控和近 10 天的非法拘禁。卡伯罗声称，柯达的子公司参与了此事。于是，他对 Casa Kavlin 及其一名管理人员提起诉讼。被告认为，根据不方便原则，美国不具有属人管辖权，根据玻利维亚法律，原告的控告也不成立。佛罗里达州地方法院未采纳被告的意见，在对非法逮捕和拘禁具体分析后裁定，与国家机构共谋者对国家行为也要负责。该案的原告得到了满意的解决方案。但具体内容未公布。[2]

3. 大屠杀案件

1996 年以来涌现了一系列案件，要求瑞士、澳大利亚和德国的银行归还属于大屠杀受害者的财物[3]；欧洲的保险公司支付受害者购买的保险。[4] 案件还针对了德国和美国公司在二战期间使用奴隶劳工。[5] 纽约东区地方法院受理了三起控告瑞士银行的案件。1998 年 8 月中旬，双方达成了一项和解协议，赔偿金额达到 12 亿美元。1998 年 11 月，被告向指定的信托账户支付了首笔款项。赔款的发放将由法院任命的特别主管人负责。

1998 年 3 月，一项根据 ATCA 法提起的集团诉讼矛头指向了福特汽车公司。原告代表成千上万名受害人诉称：1941 至 1945 年期间，福特公司位于德国的子公司 Ford Werke，A. G. 强迫他们在非人道的条件下劳动，福特公司因此不正当地获利。被告辩称：根据德国法律，原告的主张不能成立；根据美国的州法（密歇根、特拉华或新泽西），原告的诉求已过时效。

---

[1] Wiwa v. Royal Dutch Petroleum Co., 96 Civ. 08386 (S. D. N. Y. 1998).

[2] Eastman Kodak v. Kavlin, 978 F. Supp. 1078 (S. D. Fla. 1997).

[3] 如 1998 年 6 月提起的 Watman v. Deutsch Bank, et al. (No. 98 Civ. 3938) (S. D. N. Y.) 和 10 月提起的 Duveen v. Deutsch Bank (No. 98 CV 06620) (E. D. N. Y.)。

[4] 如 1997 年 3 月提起的 Drucker Cornell v. Assicurazionie Generali S. P. A. (97 CV 02262) (S. D. N. Y.) 和 1998 年 12 月提起的 Winters v. Assicurazionie Generali S. P. A. (98 CV 9186) (S. D. N. Y.)。

[5] 关于大屠杀案件的详细介绍和分析请参见 Michael Bazyler, "Litigating the Holocaust", University of Richmond Law Rev. (1999)，以及 Anita Ramasastry, "Secrets and Lies? Swiss Banks and International Human Rrights", 31Vand. J. Transnat'l L. Rev, (1998)。

1999年，德国化工和制药巨人拜耳公司也遭到集团诉讼的指控。拜耳公司曾为纳粹集中营的试验提供过化学制品和微生物，以使集中营的囚犯感染。同时，拜耳又为已受感染的囚犯提供正在研制的药物，之后，利用这些试验结果进一步开发、销售新产品。本案的原告称在奥斯威辛集中营就遭受过此类试验。一些特别文件还揭示出集中营的医生与拜耳的高级职员在实验上的联系；拜耳与集中营指挥官的通信还讨论了拜耳将购买150名集中营在押女犯。本案的这些行为违反了《日内瓦对待非战斗人员公约》。

(三) 旅游业投资与人权问题：具体行业的考察

随着人们生活水平的提高，出国休闲度假已成为一种时尚，进而带来旅游观光行业的蓬勃发展。❶ 许多国际资本投向了这一发展迅速、利润丰厚的产业。旅游观光业是一个集合性产业，它包括了许多具体的行业，如航空、酒店、餐饮、旅行中介及当地自然与人文景观的游览业。

大量的人员流动及服务的提供造成旅游地的一些人权和环境问题。旅游业无疑能促进发展中国家当地经济的发展，带来外汇与工作机会。但相比国际资本的巨额回报，东道国所分得的收益只是很小的一部分。据世界银行统计，旅游地的收入只占整个旅游观光业收益的10%。❷ 为了降低价格，吸引游客，旅游观光服务的运营商推出团体旅游及一条龙服务。各大型国际旅游服务提供者往往连锁经

---

❶联合国贸发会议曾向154个国家进行过问卷调查，要求预测一下本国未来外来直接投资的行业分布，并列出三个已有外来资本投入，而且可能接受最多投资的行业。结果显示，旅游业、电信业、农牧业位列前三，如下图所示（数值为百分比）：

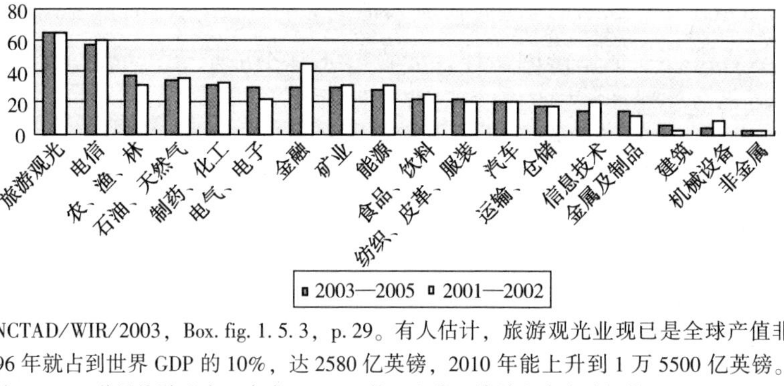

参见UNCTAD/WIR/2003，Box. fig. 1.5.3，p. 29。有人估计，旅游观光业现已是全球产值非常高的一个行业，1996年就占到世界GDP的10%，达2580亿英镑，2010年能上升到1万5500亿英镑。该行业年平均增长率为3.5%。世界旅游观光理事会（WTTC）甚至宣称，旅游业为全球提供了最多的就业机会。

❷转引自Michael K. Addo, edited, Human Rights Standards and the Responsibility of Transnational Corporations, Kluwer Law International, 1999, p. 124。

营或彼此结成合作伙伴，当地的企业通常很难介入。跨国公司有资金、市场和运营技能，[1] 而且旅游观光者多来自发达国家，跨国公司牢牢抓住了市场和客源，因此在该行业分得的蛋糕就是大块。发展中国家在旅游业中所提供的还多是“资源性商品”。[2]

这种状况不仅导致分配的某种不公，也无法根本提高当地居民的生活质量。旅游业的发展使许多当地人走向相对贫穷化，他们有时不得不放弃或改变传统的生计方式。泰国部分地区的农民不得不将水稻收成由每年三季减到两季。在印度西南部的果阿，渔夫也不再允许进入以前的捕鱼区，因为那里现成了旅游海滩。虽然伴随着旅游业的发展，一些国际资本投向了基础设施，比如交通、电力和水利等，这在一定程度上可能也会方便当地居民，但这些设施主要是为游客们而建，要保证他们优先使用。因此，有时当地人的生活情况会更糟。

在发展中国家，许多高级星级宾馆都是由跨国公司所建，很少考虑到对当地居民生活的影响。1 万 5 千立方米的水只能供豪华酒店 100 名房客使用 55 天，却能维持发展中国家 100 个家庭生活 3 年。酒店的用水量是巨大的，在游泳池、洗浴、花园及高尔夫球场等方面都要用到。水在许多发展中国家都是稀缺资源。如果外来的游客用尽了大量的水，不仅影响到当地人基本生活所需，他们的灌溉农田用水也可能减少。英国的一家资产投资公司，东非发展公司，计划在坦桑尼亚东北部的桑给巴尔投资一个 40 亿美元的旅游项目。该公司期望把桑给巴尔开发成东非最大的休闲旅游胜地，包括 14 个豪华酒店、几百座别墅、一个游艇港口、三个锦标赛级高尔夫球场及一个世界贸易中心。如此庞大的投资项目竟然没有考虑如何安排已在当地生活着的 2 万名居民，以及如何分配当地宝贵的水资源。

发展旅游业有时还会牵涉到强制劳动和强制搬迁的问题。有许多实例显示出，当地居民被迫离开传统的居住地，只有很少的赔偿，有时竟根本没有。缅甸为了给国际旅游资本开路，侵害了部分地区人民的基本人权。缅甸军方强迫居民修建道路和旅店，没有任何报酬。1990 年 4 月，5200 名当地人（Pagan）被迫离开宝塔林立的历史名城，搬到 7 公里之外的荒地，任何抗议者都将被投进监狱。缅甸政府所建的这些酒店许多是属于来自日本、中国香港、韩国及新加坡等国或地区的跨国公司。在印度，Taj 酒店集团虽因注重生态而受到奖励，但其旗下的某

[1] 许多大公司控制了与旅游相关的行业。近来，有些旅游资本走向集中。例如，英国最大的旅游运营商汤姆森（Thomsons）拥有自己的航空公司 Britannia，该航空公司还是英国最大的包机服务提供商。

[2] 旅游地的经济表现出对外来资本和游客强烈的依赖性。旅游观光的组织者看重的是旅游地当前的经济价值，而非长远发展。如果组织者出于自身利益转移出游客资源，当地的旅游业就显现出波动。

个酒店项目可能要迁移居民。在该地居民请求下，印度高等法院裁定取消拟建酒店项目。❶

旅游业侵犯人权的事例还包括剥削女工和童工；强制改变文化与生活方式；限制行动自由，有些海滩、山林等区域不再允许当地人像以往那样自由出入；不尊重当地人的隐私权，在有些旅游项目中，不经住户的许可，游客就参观、造访当地人的家园。

二、跨国公司人权义务的性质

"享有充分人权，是长期以来人类追求的理想。"❷人权法奠基于公平与正义的观念之上，保护的是所有潜在的受害对象，人权法律关系是一种绝对法律关系，它为所有的法律主体都设定了相应的人权义务。跨国公司的人权责任也包括在广义的人权法律框架之内。建立跨国公司人权责任制度在解决某些问题时，要比运用普通的刑法或民法制度更加意味深长。一般的部门法解决的只是具体的、个别的问题，范围比较狭窄。而人权法体系则是在一个理想目标的指引下，跨越多个部门法的领域，调动了几乎所有可能的实体或程序规范。可以说，人权法的命令是"发散性"的。这正适应了跨国公司的经营特点。虽然跨国公司的管理整体上是集中性的，但在经营及其分布上却同样是发散性的。另一方面，人权法更具有"号召性"。几乎所有的国家政府、国际机构、非政府组织和跨国公司都声称支持人权事业。因此，建立人权责任制度或人权标准的阻力应该不是很大，至少这些阻力不是那么公开。

二战以前，"人权问题基本上是被当作纯粹的国内管辖事务来对待的。"❸而在战后，人权法逐渐走出国界，出现了国际人权法。人权国际法与一般国际法有自身不同的特点：更多强调的是对人(与集体)的基本权利和自由的保护。虽然国际人权法的主体仍然是以国家为主，但与传统国际法不同的是，人权法所保障的是个人、团体或种族等这些国家之外的对象；相应地，一些非国家主体也可以

---

❶本部分的一些实际案例请参见 Jayne Forbes, Human Rights and the Regulation of Tourism, Michael K. Addo, edited, Human Rights Standards and the Responsibility of Transnational Corporations, Kluwer Law International, 1999, p. 123-130。

❷国务院新闻办公室,《中国人权状况》, 中央文献出版社, 1991 年, 第 1 页。

❸白桂梅、龚刃韧、李鸣等,《国际法上的人权》, 北京大学出版社, 1996 年, 第 2 页。

成为人权法上的(权利)义务主体。❶ 国家固然可以动用警察或军事力量侵犯人权，国家之外的法律主体也可能运用自身的力量对人权构成威胁。跨国公司就是其中的典型。人权法上的义务呈现出“三位一体”的特点。国家不仅要尊重人权，自己不得直接行使有悖于人权的国家权力，同时还要保障人权不被其他主体所侵犯。目前，许多人权义务并不是直接设置于非国家主体，而是通过国家机构的义务而间接影响到跨国公司等“私的法律主体”。许多国际人权公约都明确表示了这一点。❷

国内学者大多不赞同跨国公司是国际法或国际经济法上的主体。但笔者认为，跨国公司至少能成为国际人权法法律关系的义务主体。二战以来，人权领域的理论与实践都在一定程度上突破了“唯国家主体”论的观点。1946 年的纽伦堡国际战犯法庭和 1948 年东京国际战犯法庭对法西斯战犯的审判和执行，就开创了当代国际法对个人罪责施加管辖权的国际先例。纽伦堡法庭章程第 6 条明确规定，依据国际法，对法西斯罪犯追究“个人责任”。其判决书同时宣布，“国际法的罪行不仅是被抽象的实体所犯下的，也可以由具体的个人所犯下的。只有惩治有罪的个人，国际法才能得以执行。”❸

一些国际法的经典著作也改变了对人权保护在国际法中地位的论述。西方国际法权威奥本海默在 20 世纪 30 年代曾提出，人权“不仅不会，而且也不能享受国际法的保护。因为国家法仅仅涉及国家间的关系，而不能赋予个人以权利。”❹而著名国际法学者劳特帕特在 1955 年修订后的《奥本海国际法》中却提出，“没有任何国际法规则阻止个人或国家以外的团体在国际习惯法或国际条约法下直接取得权利或负担义务而成为国际法的主体。”❺杰宁斯和沃茨在 1992 年修订后的《奥本海国际法》中更是明确提出，“国际法承认个人与国家都可以成为合法

---

❶已有一些学者的理论及具体实例承认了“法人人权”，将法人视为人权法上的权利主体。关于“法人人权”的介绍与分析参见曲相霏:《人权主体论》，载徐显明主编，《人权研究》第 1 卷，山东人民出版社，2001 年。但相比较之下，将法人视为人权法上的义务主体可能更符合人权的本意及实践发展的真正需要。

❷例如《公民权和政治权国际公约》第 22 条和《欧洲人权公约》第 11 条都要求国家禁止公民剥夺雇员加入工会的权利。

❸International Military Tribunal (Nuremberg), 1946: Judgment of Nuremberg Tribunal, American Journal of International Law, Vol. 41, 1947, p. 172.

❹《奥本海默国际法》，商务印书馆，1979 年，第 231 页。

❺H. Lauterpacht, ed., Oppenheim's International Law, 5th edition, London, Longman Group, 1955, p. 34.

主体。”❶

当然，个人在国际人权法中的主体地位在现有法律框架下是非常有限的，正处于发展之中。虽然在西方国际法学界，对个人是否具备主体资格仍存在广泛争论，但又普遍认为，个人开始进入国际法的主体领域是战后国际法不可忽视的重大发展。个人在国际人权法中所享有的主体地位，可以视为当代国际法的一项突出变化。在这个意义上，个人“或许可以归结为国际法的有限主体。”❷如果个人能够成为国际法有限主体的话，跨国公司具备的条件就更充分了。因为当今跨国公司的力量甚至超越了部分国家，它们对人权造成的损害或能够作出的贡献要远胜于个人。

三、跨国公司人权义务的内容

许多国际规范性文件规定了跨国公司的人权义务，如国际劳工组织的《跨国公司原则宣言》及其他主体制定的各种行为守则。相比较之下，联合国人权委员会下的增进和保护人权小组委员会于2003年通过的《跨国公司人权准则》更为全面，涉及了一般人权法、国际劳工法、消费者法规、国际环境法以及反贪污法的内容(详见第五章介绍)。本文所言的跨国公司人权义务并不是说在一般人权法之外创设了新的人权内容，为跨国公司设置了新的负担，而是将现存的一般人权法命令具体运用到跨国公司这个特殊的主体而随之显现出的责任要求。这些义务可以归纳为以下三类：

(一) 尊重他人的权利

人权的有效保护关键是那些力量强大的主体在释放自己能量的同时不得影响他人权利。尊重他人的权利并不单单是针对政府及其官员的义务。私人主体之间的关系也会涉及人权状况。因此，所有的主体都有法律上的义务尊重他人的权利。这一义务的具体要求要视特定法律关系中的事实与环境。就公司而言，法律关系可能包括两个或更多的公司，或者是公司与个人(比如，雇员、消费者)之间的关系，也可能是公司与整个社会之间的关系。

尊重他人权利的义务几乎贯穿了人权的各个领域，包括公民与政治权利，经济、社会与文化权利以及代际平等的权利。毫无疑问，人权法的各个部门已经设

---

❶Robert Jnnigngs and Arthur Watts, Oppenheim's International Law, 9th edition, London, Longman Group, 1992, Vol. 1, p.4.

❷Scott Davidson, Human Rights, Philadelphia: Open University Press, 1993, p. 50.

定了不同的具体义务。但是尊重他人权利作为一项概括的义务，随着跨国公司的各个经营环节而扩散，从而使人权法的命令更具针对性。例如，生存权本意是禁止任意剥夺或威胁他人生命。具体到跨国公司，这一义务便意味着，跨国公司要确保工作环境是安全可靠的，产品和服务对消费者的生命和健康以及整个社会不构成威胁。又如，禁止虐待的义务要求避免或终止可能使他人遭受痛苦和折磨的政策、决定或行为。传统人权法对禁止虐待的理解通常是与政府官员在特定范围内(如监狱、警察局)的滥用职权相联。在现代国际人权法看来，人权法关注的是受害人的状况，而不论他是在哪里遭受的虐待，以及是由谁实施的虐待。因此政府官员滥用职权绝不是虐待的唯一形式。跨国公司在企业内部对员工进行的体罚也应被认为是人权法所禁止的虐待行为。甚至有的呼声要求限制跨国公司生产、销售可供拷打、折磨他人的工具和设备。将不成熟的危险商品过早地投入市场也可能给他人带来痛苦，也是对他人权利的不尊重。

除上述例子外，尊重他人权利的义务还会涉及其他许多领域，比如禁止使用奴隶和其他强制劳工，尊重隐私，尊重言论自由，不得歧视。经济、社会与文化权利相比较之下就复杂一些，因为该类权利的充分享有与否要视特定国家的具体国情。但这并不妨碍在该领域设定一些广为接受的最低标准。[1] 国际劳工组织为工作权设定了最低标准，但这些标准也并不是要求为所有的人提供工作机会，而是要求跨国公司确保安全、健康的工作环境，及时足额支付报酬，并保障年休假。社会保障权要求跨国公司交纳养老保险金，在妇女怀孕、产育期间也要支付报酬。此外，跨国公司人权义务还包括居住、教育等方面的内容。

当然，相当多的跨国公司在决策和具体行动中体现出了对他人权利的尊重。然而，法律并不因为有人，即使是多数人，遵守就没有存在的必要。事实上，即便是那些没有侵犯人权劣迹的跨国公司也并没有都从人权的高度来审视自己的政策和行为。人权法的义务将促使跨国公司分布在世界各地的附属公司的行为趋向标准化。从人权法的角度看，良好操守的标准化已不仅仅是例外的道德要求，而已成为一项法律义务。

（二）不得妨碍人权的保护

尊重他人权利这项义务同时包含有积极的义务和消极的义务，而不得妨碍人权的保护就纯粹是一项消极型义务了。为了实现充分、有效保障人权之目的，这

[1] 在这个问题上，参见 Michael K. Addo, “Justifiability Re-examined”, in Ralph Beddard and Dilys Hill (eds), Economic, Social and Cultural Rights. Progress and Achievement (Macmillan 1992), p. 93.

两项义务都是必要的。只有在人权法若干原则的指引下，跨国公司才能合理预测出自己行为的预期结果，在相互冲突的主张中作出合适的决策。对于跨国公司来说，不得妨碍人权的保护这项义务主要体现于跨国公司与政府机构及其官员的关系上。根据国际人权法的规定，政府有义务确保人人享有基本人权，并对有可能侵犯人权的主体行使监管职责。[1] 这就要求政府采取必要的措施，如通过立法或建立相应的机构，以便于保护人权。政府的此项职责不容侵蚀。由于跨国公司在现代社会中的影响力范围如此广泛，力量如此巨大，作用如此明显，不得妨碍人权保护这项义务便要求跨国公司具有比其他主体更强的克制力，不得游说、抵制或侵蚀一国的人权政策。

（三）促进人权发展

尊重他人权利同时包括跨国公司作为和不作为之义务；不得妨碍人权保护强调的是跨国公司不作为的义务；而促进人权发展突出的是跨国公司作为的义务。促进人权发展是国际人权法对跨国公司的更高要求。履行这一义务的基础是前两项义务，即跨国公司首先要尊重他人的权利，不得妨碍人权的保护。进而，这一义务要求跨国公司主动地提高人权标准，促进人权事业的发展。跨国公司不仅自己要洁身自好，遵守人权法规定，还要鼓励、敦促自己的关联方、合作伙伴尊重他人的权利，不得妨碍人权的保护。跨国公司应当要求自己在海外的子公司等分支机构遵从国际人权法规定，还应当与东道国或打交道的其他国家政府在人权领域进行积极的对话、合作。

“法律是最低的道德要求”。“促进人权发展”是否应为跨国公司的国际人权法义务，这在国际上并没有一致的看法。有的观点认为这只是对跨国公司的道德命令，不应上升为法律要求。但从有效保障人权的角度分析，多数学者支持将促进人权发展归入国际人权法的内容。通过良好的商业实践能够彰显人权标准。鉴于跨国公司的关联方、合作伙伴遍布世界各地，这一义务就显得格外重要。

跨国公司母国的人权保护水平一般要高于东道国。虽然跨国公司带来了一些人权问题（主要集中于生产性企业），但不能否认跨国公司的工作待遇总体上要比东道国当地企业优越（不过还是低于其母国的水平）。行为良好的跨国公司还能向东道国当地居民展现发达国家的人权保护，改变当地人的人权观念。因此，在“促进人权发展”方面，跨国公司应该起到应有的作用。如果跨国公司的人权

---

[1] 请参见《欧洲人权公约》（1950）第1条，《公民与政治权利国际公约》（1966）第2条（1），《美洲人权公约》（1969）第1条及《非洲人权宪章》（1981）第1条。

义务仅仅局限于母国之内，尊重他人权利和不得妨碍人权保护这两项义务也就无法根本保证。缩小跨国公司人权义务的范围还将诱使其在不同国家适用不同的人权标准，这是人权法断然无法接受的。促进人权发展这项义务正是要求跨国公司无论何时、何地都应当运用自身的影响力来促使商业或政府合作伙伴提高人权标准。

四、东道国实施跨国公司人权义务规范的问题

明确了跨国公司人权义务的内容之后，相关人权规范的实施就成了关键问题。虽然根据国际人权法的规定，跨国公司遵从的人权标准是跨越国界的，但这些标准的实施还是要依赖主权国家按照国际人权条约的规定通过履行监管的职责来实现。政府的这种中介作用有时可能会降低整个国际人权法的有效性。因为并不是所有的政府都热切地关注人权保护，并且要求包括跨国公司在内的私人主体遵守各自的义务。

跨国公司具有庞大的经济实力及由此转化而来的政治力量，期望通过作为东道国的发展中国家的管制而产生出跨国公司实际的人权义务往往是不现实的。发展中国家管制的失效有客观和主观两方面的原因：有时是由于技术上的原因；有时是由于缺乏相应的法律设计或法律资源；有的政府官员出于个人的私利而有意地不严格履行职责；还有相当多的政府担心失去跨国公司的直接投资而放弃过高的人权标准。

虽然有些东道国政府在人权领域没有针对跨国公司施加强有力的约束，但跨国公司仍然具有相应的人权义务。跨国公司与东道国政府各自的人权义务是不同的。东道国政府在人权监管上的失职并不能为跨国公司侵犯人权免责。当某国政府指责未能保障人权时，如果该人权事件的始作俑者是跨国公司，政府就可能将公众的注意力转移到相关的跨国公司，并催促该公司要么限期改正，要么动用自身的资源进行有力的辩护。跨国公司为了挽回受损的声誉，就与政府一道向国际人权监管机构辩护，往往要花费很大的代价。这种代价有助于加强公司人权义务的宣传，并促进良好人权实践的发展。人权事件也能为东道国政府带来教训。不良的人权记录可能证明这个国家并不具有适宜的商业环境，此种情形也可能“吓跑”已有的外国直接投资，或令将来可能的投资望而却步。而这显然与东道国政府当初的“低标准，引外资”的政策背道而驰。

在人权领域对跨国公司进行管制，其困难之处还在于跨国公司与东道国公司以及当地政府的联系或勾结。有时，跨国公司必须适应当地的“国情”“地情”才

能正常经营。在这种情况下，跨国公司当然也没有能力去影响当地政府的政策及活动。跨国公司必须采取一些变通的方法才能盈利。此时，个人就成了最大的受害者，特别是那些跨国公司的雇员。虽然他们的权益受到侵害，但他们同时更希望保有跨国公司给自己提供的就业机会。

在跨国公司的人权义务上，有学者主张仍应发挥国家的作用，同时负担一定的义务。在某一国家注册登记或受其管辖的企业如果有侵犯人权的行为，则该国家也有承担责任。国家也可以授权国际机构在国际协议的范围内监管跨国公司。但是，发展中国家内部对这种方式也有不同看法。因为过去的经验显示，发达国家经常利用自己的影响通过国际协议来打开发展中国家的市场，同时，利用一些新型的标准实行保护主义。例如，一些发展中国家就明显反对在WTO框架内增加所谓的“社会条款”。他们担心发达国家可能利用这些“社会条款”来合法地禁止自己国家产品的出口，进一步还可能侵蚀自己国家的主权。[1]

五、跨国公司人权义务的全球管制

跨国公司在全球经营过程中所引发人权问题是全球性的，因而也需要在全球范围内对其进行监督与管制。以劳工权利为例，有学者认为跨国公司注重劳工标准是“经济全球化的一种后果”；[2] 而有的学者得出的结论却是“自上世纪后半期以来，经济的全球化与劳工权利的全球化遵循着不同的路径。”[3]后者实际上强调的是经济全球化与劳工权利全球化的发展并不是平行的，即经济水平的提高并不必然同时带来劳工权利保障水平的提高。然而，它们的影响范围却几乎是吻合的。因此，就人权的整体保障而言，必须站在全球的高度对跨国公司进行管制才能收到较好的效果。从目前的实践来看，对跨国公司人权义务进行管制的方式大致有以下几种：国际人权条约及其人权法庭、国际法庭(国际刑事法院)、国际投资协议、非政府组织、行业管理、社会监督、自我约束及国内法管辖。

---

[1] Michael K. Addo edited, Human Rights Standards and the Responsibility of Transnational Corporations, Kluwer Law International, 1999, p. 134, 135.

[2] 周长征：《跨国公司生产行为守则与中国劳动标准》，《武大国际法评论》第1卷，武汉大学出版社，2003年，第278页。

[3] Elisa Westfield, GLOBALIZATION, GOVERNANCE, AND MULTINATIONAL ENTERPRISE RESPONSIBILITY: CORPORATE CODES OF CONDUCT IN THE 21ST CENTURY, Virginia Journal of International Law, Summer 2002, p. 1076.

（一）国际人权条约及有关人权法庭

前文提到绝大多数国际人权条约的主体都是国家，但并不表示跨国公司等私人组织就不是国际人权法上的义务主体。成员国有义务保护其公民的人权不受非官方主体的侵害，否则政府就应当承担责任。此时，跨国公司作为人权的直接侵害者在国际人权条约框架下承担的是间接国际人权责任。下面以联合国的人权条约机构及《欧洲保护人权和基本自由公约》(简称《欧洲人权公约》)为例具体讨论。

1. 联合国“人权委员会”

联合国一直对国际人权问题高度重视，共有6个机构❶对相关的人权条约的执行情况进行监督。人权委员会是其中最主要的一个机构。2003年8月13日，人权委员会下的增进和保护人权小组委员会历经4年的起草，通过了《跨国公司和其他工商企业在人权方面的责任准则》。其后，人权委员会批准了这一准则。该准则认为，尽管国家具有增进、实现、确保尊重和保护人权的首要责任，跨国公司和其他工商企业，作为社会机构也有责任增进和保障《世界人权宣言》中载明的人权。(另见第五章介绍)。

人权委员会还可以根据《公民权利与政治权利国际公约》等人权文件对跨国公司等私人组织行使间接管辖权。如果上述人权公约中的权利受到侵害，不仅有关政府可以向人权委员会投诉，相关的个人也可以将其政府告到人权委员会。但投诉申请必须满足两个条件：其一，涉及的国家必须是有关人权公约的成员方；其二，个人在投诉之前已用尽了所有的国内救济措施。对投诉的调查一般需要一至两年的时间，但在特殊情况下，委员会可以在作出决定之前要求有关国家采取临时保护的紧急措施。人权委员会最终将对投诉的处理决定写入向联合国大会递交的年度报告之中。

我们可以从对一个具体案例(郝浦及白赛特诉法兰西案❷)中看出国际条约机构对跨国公司等私人组织的间接监督。案件的起因是RIVNAC公司与另一家公司合伙开发一座豪华酒店项目。项目的地点在法国的一个“海外”省份“塔希提”(Tahiti)，准备工作已经就绪。之后，“塔希提”社区居民向联合国人权委员会提交了一份投诉，称该项目侵犯了他们的部落领土，包括一块重要的、反映部落历

---

❶即人权委员会，经济、社会和文化权利委员会，消除种族歧视委员会，反对酷刑委员会，消除对妇女歧视委员会及儿童权利委员会。

❷Hopu and BEssert v. France, UN Doc. CCPR/C/60/D/549/1993. 另请参见李鲁：《跨国公司的非直接国际人权责任及有关案例研究》，《武大国际法评论》第1卷，武汉大学出版社，2003年，第332、333页。

史、文化及生活的古代陵地。他们还说明该块土地包含一片传统的捕鱼场地，周围大约有30户人家在那里以捕鱼为生。他们认为《公民权利与政治权利国际公约》第17条及第23条中规定的隐私权和家庭生活的权利受到法国政府侵犯。人权委员会经审查后裁定，本案中投诉人的隐私权和家庭权受到专断地干涉，❶法国政府没有表明该干涉在当地的环境下是合理的，同样也没有证据表明政府在决定租出该土地建设豪华宾馆适当考虑了陵地对于投诉方的重要性。委员会要求法国政府在90天内采取措施给予受害者以适当补偿。表面上，人权委员会裁定的是法国政府没有充分保障人权，而在实际上就等于认定RIVNAC公司在特定地区建设豪华宾馆是侵犯人权之行为。政府与私人公司在此种情况下承担的是共同责任。

2. 欧洲人权法院

除联合国的各项人权公约外，欧洲、美洲和非洲都有各自的区域性人权条约，即《欧洲保护人权和基本自由公约》《美洲人权公约》和《非洲人权和民族权利宪章》。在每个人权条约下也都设置了人权法庭监督相关成员方对条约的执行情况，分别是欧洲人权法院、美洲国家间人权法院及美洲国家间人权委员会、非洲人权和民族权利委员会。这些区域性人权法庭都接受个人的投诉。以欧洲人权法院为例，在一般情况下，任何成员国或宣称公约某项权利受到侵害的个人都可以直接向法庭投诉(即《欧洲人权公约》第34条)。对于法庭的判决，任何一方如确有理由还可以要求将案件移交大法庭重新审查。最终生效的判决对涉案成员方具有约束力。

同样我们可以进行具体的案例分析，即盖拉诉意大利案❷。在该案中，投诉人生活在距一家化肥厂约1公里路程的小镇内，由于该厂所生产的化肥产生有毒气体，该地区被列为高风险区。在一次事故中，大量的有毒气体泄漏并致人死亡。投诉人宣称：首先，政府没有采取措施避免污染，防止这一重大事故发生，这侵犯了公约第2条赋予的生命权；其次，政府也没有采取适当措施公布这一事故的信息，这侵犯了公约第10条赋予的信息自由权。法庭认定本案中确有侵犯人权之事实，但却不是基于投诉人的理由，即根据公约第2条的生命权和第10

❶值得注意的是，人权委员会在本案中对“家庭”一词作了广义解释，认为其应当包括该社会所理解的一切构成家庭的因素；当具体描述家庭的含义时应当包括该社会的传统文化；当地居民把与祖先的关系作为部落的身份认同的基本因素，并在他们的家庭生活中起到重要作用。

❷Guerra v. Italy, 19/02/1998. 另请参见李鲁：《跨国公司的非直接国际人权责任及有关案例研究》，《武大国际法评论》第1卷，武汉大学出版社，2003年，第336、337页。

条的信息自由权的推理。法庭援引的是公约第 8 条。虽然第 8 条的具体目标是保护个人免受政府的任意干涉，但法庭扩大地解释了该条的含义，认为政府不仅应当避免类似的干涉，在这种消极的义务之外，还要履行尊重隐私和家庭生活的积极义务。法庭强调严重的环境污染会危害人们的私人生活，阻碍他们享受家庭生活，进而影响人们的福利。人权法庭之所以通过广义解释指出成员国负有积极的义务，意在强调成员国政府不仅自身不应侵犯人权，还要加强对跨国公司等私人组织的监督和管理，防止它们对人权构成危害，否则两者就有连带责任。该案另一方面的典型在于法庭把环境与人权紧密联系起来，在人权的框架下解决了环境问题。如果仅仅局限于个别人的生命权，就忽视了环境污染的更广泛的影响。这也为第四章讨论的“环境问题的全球治理”提供了一种新的方式。

（二）国际刑事法院的管辖：跨国公司的国际刑事责任

虽然在跨国公司侵犯人权案件中，民事救济必不可少，但在有些案件中，依据国际刑法产生的刑事责任也是非常重要的。有些侵犯人权行为和战争罪行当前只能依靠国际刑法来解决。国家对某些案件的管辖权也是源自国际刑法条约的规定；国家在刑事诉讼的调查阶段负有法定的职责，这样就减轻了受害人巨大的举证负担。在纯粹的民事诉讼中，受害人通常根本无法对抗实力悬殊的跨国公司；刑事责任可以保障民事赔偿责任的落实。如果法院判定跨国公司确有侵犯人权之行为，跨国公司因不法行为的巨额收益就成为判决执行的对象。而刑事责任方面的经济制裁通常要保证民事侵权之债的优先受偿。这样，受害人的诉求就不至于落空。

如何确保世界各地个人的人权和基本自由得到普遍尊重，如何确保犯罪者不能逍遥法外，如何在当今世界上的冲突之中维护和平、正义和人权，是全球最重要的课题之一。设立一个常设的国际刑事法院，是向前迈进的决定性一步。1998 年 7 月，联合国 120 个会员国在罗马通过一项条约，在世界历史上首次成立一个常设国际刑事法院。许多人觉得这项协议的重要性不亚于《联合国宪章》本身，联合国秘书长科菲·安南将它称为“朝着向普遍人权和法治迈进的巨大一步。”[1]这项条约于 2002 年 4 月生效。

国际刑事法院的任务是审判个人而不是审判国家，并追究他们对国际社会关注的最严惩犯罪——战争罪、危害人类罪和灭绝种族罪，以及最终对侵略罪——

[1]http：//www. un. org/chinese/law/icc/q&a. htm.

所应负的责任。❶ 虽然1998年的罗马会议最终没有采纳法国代表的建议，即国际刑事法院的管辖范围适用于跨国公司在内的“法人犯罪”，但这并不表示该问题不具有现实性和必要性。国际刑事法院是个新生事物，它的许多受案范围、程序和原则还有待补充和完善。例如，现在恐怖主义活动和毒品贩运这两项严重的国际犯罪还不属于国际刑事法院的管辖范围。❷ 针对此类关切，罗马会议通过了一项决议，建议将来的审查会议考虑将这类罪行列入国际刑事法院的管辖权范围。一旦审查会议作出这样的决定，国际刑事法院就能够对恐怖主义和毒品贩运罪行行使管辖权。同样，审查会议也可能将犯罪主体扩大到跨国公司在内的法人组织。

国际刑事法院的整个前提是基于互补性原则，这意味着只有在国家法院本身不能够或不愿意真正行使管辖权时国际刑事法院才能行使管辖权。国际刑事法院完全无意要取代国家法院的权力。但有时一国的法院体制可能会崩溃而停止运作。同样，有些政府可能会宽容或本身参与某种暴行，或者官员们不愿意起诉权势显赫的人。国际刑事法院将会制定向被害人作出赔偿的原则，包括归还、补偿和恢复原状。国际刑事法院有权确定被害人受到的任何损害、损失和伤害的范围和程度，并命令被定罪人作出具体赔偿。可以为被害人及其家属设立信托基金，其来源包括国际刑事法院所判处的罚金和没收的其他财物。

有些国际条约已将跨国公司在内的法人作为责任主体，并将它们的某些行为规定为犯罪。例如，《巴塞尔公约》第2、4和9条(环境问题中的人权内容)。虽然类似的公约本身没有规定独立的执法机制，但缔约国有义务惩罚那些违法的自然人或经济组织。值得注意的是，2003年8月13日，增进和保护人权小组委员会通过了《跨国公司和其他工商企业在人权方面的责任准则》(详见下文介绍)。这是联合国第一次明确地规定了跨国公司在尊重、保护和推动人权方面所应该承担的责任。该准则要求跨国公司遵守联合国各项文件或其他国际文书中普遍公认

---

❶国际刑事法院与国际法院不同。国际法院是联合国的主要司法机关，是联合国六个主要机构之一，它主要处理国家之间的争端，在和平解决国际争端方面起重要作用。在涉及个人刑事责任的事情上，它不具有管辖权。而国际刑事法院是独立于联合国的一个实体，它将能对其管辖权范围内的犯罪采取行动，无须联合国安全理事会特别授权。根据规约，其经费来自缔约国的摊款以及各国政府、国际组织、个人、企业和其他实体的自愿捐助。

❷各国在罗马会议上未能就恐怖主义的定义达成协议。一些国家认为，起诉毒品犯罪涉及调查问题，会花掉国际刑院有限的资源。特别值得注意的是，1989年正是特立尼达和多巴哥提出希望设立一个国际法院来起诉各种贩运毒品的犯罪，最终导致设立国际刑事法院的进程才重新获得动力。但1998年的罗马会议却未采纳特立尼达和多巴哥的最初动议。

的人权义务，其中就包括国际刑事法院的《罗马规约》（序言）部分；执行总则第18条还规定，在确定有关跨国公司"刑事制裁的损失方面和所有其他方面，应由国家法院和/或国际法庭根据国家法律和国际法执行本准则"（着重号为笔者所加）。因此，可以合理预见，国际刑事法院将来在追究跨国公司刑事责任方面应能起到举足轻重的作用。

（三）区域协议：北美自由贸易协定（NAFTA）与北美劳工合作协定（NAALC）

1992年，当美国布什政府与墨西哥卡洛斯政府完成北美自由贸易协定的谈判时，并没有将劳工权正式写入NAFTA（这与该协定对公司权益的详细规定形成鲜明对比，例如第11章对外来投资的保障），只是在一份谅解备忘录中涉及了这一问题。之后，美墨两国建立了专门的咨询委员会，目的是为促进两国劳工权益而提供一个永久的论坛。

在美国，劳工是支持民主党的重要力量。相比布什政府，克林顿政府似乎更加关注跨国公司直接投资与劳工权益之间的关系。克林顿甚至在正式执政之前就表示，"由于越来越多的跨国公司利用自己的能力将资本、管理和生产转移到低工资国家，对像我们这样的高工资国家，更多的贸易所带来的好处至少部分地被收入和工作的丧失而抵消。如今，许多仍留在国内的公司利用转移资本的威胁而压低工资，这同样使我们收入减少。"❶

克林顿主张NAFTA三国之间达成有关劳工权益（和环境保护）方面的附属协议，当每个国家的公民认为自己国家的劳工标准（和环境保护）未得到贯彻时，允许他们在自己国家的法院起诉。1994年1月1日生效的北美劳工合作协议（NAALC）就是这样一种附属协议。NAALC不具有法律约束力，与NAFTA并没有紧密的法律联系，违反该协议也不必然带来投资或贸易方面的影响。缔结NAALC的目的是促进NAFTA各方忠实地实施自身的劳工法律（包括相关宪法规定），以确保核心的劳工权利。如果一国的劳动法律制度未在实际上认可此类权利，就构成了在吸引外来直接投资方面的不当竞争优势。克林顿的本意也是试图缓解美国工人对投资资本的劣势。然而，NAALC很难在实践中发挥应有的作用。

根据NAALC成立了三方部长级理事会，以监督该协议的执行。各国也建立了相应的行政机构。如果一方违反了NAALC协议，任何一方的这些机构对于接受的控告都可以进行调查，并公开报告。这是NAALC监督机制的一个特色。从

❶Bill (Governor) Clinton, Expanding Trade and Creating American Jobs, North Carolina State University, Raleigh, North Carolina, October 4, 1992, p. 3.

理论上讲，如果一方“持久地未能有效实施”本国的劳工法律，比如侵犯了自由结社、集体谈判和罢工等核心权利或有健康与安全、童工或最低工资方面的问题，其他方就有可能对违反义务方适用经济制裁。❶ 但是由于繁琐的程序，事实上的救济方式只能是各方劳工部长级之间的协商。

美国国家行政办公室(USNAO)接到了许多申请，指控墨西哥不认真执行自己的法律。墨西哥为了吸引外来直接投资，改变了以往长期坚持的外资政策，同时放松了劳工法律的执行。CTM 是墨西哥最大且最重要的劳工联合组织，与执政党制度革命党(PRI)有紧密的联系。根据墨西哥宪法第 123 条的规定成立的调解与仲裁三方委员会(即 CAB，由雇主、工会代表和政府成员组成)，其工会代表总是来自 CTM 的附属工会。非 CTM 的工会很难获得登记。

其中一个案件涉及的是 SONY 在墨西哥的一家跨国公司 maquiladora。该公司的工人由于试图成立一个独立于 CTM 的工会而被解雇，而且该工会的登记申请还未获国家 CAB 批准。美国国家行政办公室建议美墨两国劳工部长进行协调，并在报告中总结到，“解雇是 SONY 公司的一种处罚，同时也是对其他工人的警告……墨西哥 CAB 至少有一方的利益是与独立的工会相冲突的。”❷然而，事后 SONY 公司未得到任何制裁。同样的指控还针对了韩国在墨西哥的一家生产拖拉机底盘的公司 Han Young。USNAO 认为，“在工会登记与代表上设置一些随意的、模糊的标准，阻碍工会行使自由结社的权利，根据 NAALC 第三条，这违背了墨西哥有效执行劳工法律的义务。”❸Han Young 案还涉及安全与健康问题。正是由于既有的工会未能有效地解决工作条件，拟成立的独立工会才试图组织起来改变现状，保护自身利益。

美国行政办公室也收到针对在墨西哥的美国跨国公司的问题。USNAO 认定墨西哥城郊外的一家美国公司也未给予工人充分行使结社自由的机会，并同时建议了部长级的协商。❹ NAALC 机制下的监督是双向的，一国的行政机构不仅可以调查海外的本国跨国公司，也可以调查其他成员方境内的其他国家的跨国公司；同样，其他成员方也可以调查本国境内的跨国公司。墨西哥国家行政办公室(Mexican NAO)也调查过美国著名的通讯公司 Sprint。该公司关闭了位于加州的

---

❶参见《北美劳工合作协议》，第 27-41 条。

❷USNAO Report on Ministerial Consultation on NAO Submission # 94003, June 7, 1995, p. 10; USNAO Public Report of Review, Submission # 94003, (MDM de Mexico, Sony), April 11, 1995.

❸USNAO Public Report of Review, Submission # 9702, (Han Young), April 28, 1998, p. 45.

❹详见 USNAO Public Report of Review, Submission # 9703, (Itapsa), July 31, 1998, p. 69。

一个工厂，以防止绝大多数由美籍墨西哥人组成的工人建立工会；1998 年还接到针对华盛顿州苹果种植业的指控。

（四）国际劳工组织（ILO）：基本劳工权的保障

成立于 1919 年的国际劳工组织现已发展为联合国的一个专门机构，旨在促进社会公正和国际公认的人权和劳工权益。在整个联合国系统内，国际劳动组织拥有独特的三方结构，即工人和雇主代表作为与政府平等的伙伴参与本组织的活动。国际劳工组织以公约和建议书的形式制定国际劳工标准，确定基本劳工权益的最低标准，涵盖了规范整个劳工领域工作条件的标准。

国际劳工公约是国际性条约，须经国际劳工组织成员国批准。ILO 认为，8 个公约对于工作中的基本人权至关重要，要求本组织各成员国全部予以批准和实施。这些公约成为国际劳工组织的核心公约。❶ 1998 年，ILO 在第 86 届国际劳工大会上通过了《关于劳工权的基本原则宣言》，将核心公约的内容概括为结社自由、废除强迫劳动、平等和消除童工劳动等四个方面。国际劳工组织的建议书无法律约束力，处理的议题通常与公约是一致的，它制定指导方针，以指导各国的政策制定和行动。到 2002 年 7 月，国际劳工组织共通过了 183 项公约和 193 个建议书，内容涉及广泛。无论是公约还是建议书都旨在给世界各国的工作条件和实践带来切实的影响。❷

---

❶即，第 29 号：《强迫劳动公约》（1930 年）——要求禁止所有形式的强迫或强制劳动。但允许某些例外，如服兵役、受到适当监督的服刑人员的劳动和紧急情况下的劳动，如战争、火灾、地震。第 87 号：《结社自由和保护组织权利公约》（1948 年）——赋予所有工人和雇主无须经事先批准，建立和参加其自己选择的组织的权利，并制定了一系列规定，确保这些组织在不受公共当局的干涉的情况下自由行使其职能。第 98 号：《组织和集体谈判权利公约》（1949 年）——为防止发生排斥工会的歧视，防止工人组织和雇主组织之间相互干涉提供保护，并对促进集体谈判作出了规定。第 100 号：《同工同酬公约》（1951 年）——呼吁对男女工人同等价值的工作给予同等报酬和同等津贴。第 105 号：《废除强迫劳动公约》（1957 年）——禁止使用任何形式的强近或强制劳动作为一种政治强制或政治教育手段，作为对发表政治或意识形态观点的惩罚，作为动员劳动力的手段，作为一种劳动纪律措施，作为参与罢工的惩罚或歧视的手段。第 111 号：《（就业和职业）歧视公约》（1958 年）——呼吁制定一项国家政策，消除在获得就业机会、培训和工作条件方面，任何基于种族、肤色、性别、宗教、政治见解、民族血统或社会出身等原因的歧视，促进机会和待遇平等。第 138 号：《最低就业年龄公约》（1973 年）——旨在消除童工劳动，规定准予就业的最低年龄不得低于完成义务教育的年龄。第 182 号：《最恶劣形式童工劳动公约》（1999 年）——呼吁立即采取有效措施确保禁止和消除最恶劣形式的童工劳动，它包括奴役制和类似的做法，强迫征募儿童参与武装冲突，使用儿童卖淫和从事色情服务，任何非法活动，以及可能危害儿童的健康、安全和道德的工作。

❷此外，一年一度的国际劳工大会和国际劳工组织的其他机构还常常就法律地位不及公约和建议书的其他文书达成共识，这类文书包括行为准则和决议。这些文书旨在产生规范性影响，但并不构成国际劳工标准体系的内容。

无疑国际劳工组织直接保障了劳工领域的基本人权，但是并不能否认其经济方面的考虑。由于改善工作条件不可避免地对生产成本带来影响，任何进行社会改良的行业或国家可能会发现自己被置于与竞争对手不利的地位。《国际劳工组织章程》序言指出，“任何一国不采用合乎人道的劳动条件，会成为其他国家愿意改善其本国状况者的障碍。”ILO不希望劳工的人权成为一个国家吸引外来直接投资或出口贸易增长的牺牲品。特别是当跨国公司试图利用发展中国家劳工法制在立法或执法上的缺陷而在经营中实行双重标准时，ILO的国际劳动标准无论对东道国还是对跨国公司都能起到警示的作用。

1977年，ILO还直接制定了《关于跨国公司与社会政策之原则的三方宣言》(以下简称《跨国公司原则宣言》)。ILO的《跨国公司原则宣言》及《关于劳工权的基本原则宣言》(1998)构成了国际劳工权利的基石，之后许多相关的国际文件或运动，比如，联合国的“全球契约”都体现了其基本内容。在《跨国公司原则宣言》中，ILO首先承认了跨国公司对于世界经济的巨大作用。跨国公司的直接投资促进资本、技术和劳工的有效利用，给母国和东道国都能带来实质收益。在东道国政府发展政策的框架下，跨国公司能够促进经济和社会福利的发展，提高生活水平、创造就业机会，从而直接或间接地有利于人们享有基本的人权。但是，ILO同时强调，跨国公司有时会滥用集中起来的经济权力，并与相关国家的政策目标及劳工的权益相冲突。而且，跨国公司组织结构与运行模式的复杂性使得其无论是在母国还是东道国都引起极大关注。在联合国倡导建立国际经济新秩序的大环境下，《跨国公司原则宣言》的目标是鼓励跨国公司的积极作用，减少或解决其带来的一些问题。这一目标的实现要求ILO的三方合作，即政府、雇主、劳工分别通过自己的法律与政策、措施与行动来促进。ILO并没有抛开国家主权来谈论劳工权益的保障。宣言要求跨国公司尊重国家主权，遵守国家法律法规，充分考虑地方的实际。跨国公司还应当顾及东道国确立的一般政策目标，其经营活动要与东道国的发展优先性、社会目标及结构相协调。跨国公司的母国在实践中应该尊重东道国的法律及相关的国际标准。出现问题时，母国与东道国的政府应当进行协商。❶ 宣言并没有给跨国公司下一个精确的定义，意在表明其适用范围之广，不论跨国公司的所有权性质(公有、私有或混合经济)，也不论所在地或组织结构(母公司、子公司或跨国公司的整体)。宣言所列原则是对东道国、母

---

❶See ILO Tripartite Declaration of Principles Concerning Multinational Enterprises and Social Policy, para. 8, 10, 12.

国政府，雇主、劳工组织，以及跨国公司的建议，虽是基于自愿遵守，但其却有广泛的国际影响力。

总体上，ILO 要求跨国公司遵守《世界人权宣言》及联合国大会通过的其他国际人权公约。《跨国公司原则宣言》的具体内容大致可以分为就业、工作与生活条件、劳资关系三大部分：

(1) 就业。在就业促进方面，跨国公司，特别是在发展中国家经营时应当尽力增加就业机会。在开始经营之前，跨国公司最好与东道国主管当局、全国的雇主及劳工组织协商，以使自己的员工计划符合当地的社会与发展政策。跨国公司在发展中国家投资时，注意使用能够促进就业的技术，在条件允许的情况下，使技术适应东道国的实际需要。❶ 跨国公司还应尽量在当地采购设备及原材料。在机会与待遇平等方面，跨国公司不能进行种族、性别、宗教、政治观点等方面的歧视，是否聘用及待遇高低只能取决于资格、技术及经验等其他方面。在就业保障方面，跨国公司应尽力为雇员提供稳定的就业，并遵守经自由谈判达成的雇佣义务。如果跨国公司由于并购、减产等经营环境发生变化需要改变员工计划时，应当合理地通知相关政府机构、劳工及其组织，特别是当企业关闭将导致集体失业时尤其重要。在培训方面，跨国公司应当为东道国各个层次的雇员提供培训机会，给予职业指导。对于东道国组织的项目，跨国公司应该让其富有技术的人员予以帮助。此外，跨国公司还应当拓宽当地人参与管理的机会。❷

(2) 工作与生活条件。在工资、福利及工作条件方面，跨国公司的标准不得低于东道国可相比较的企业。当跨国公司在发展中国家经营时，如果可相比较的企业不存在，则应当在东道国政府政策的框架内尽可能提供最好的工资、福利及工作条件。当然这些要求是与企业的经济地位相关的，但至少跨国公司应满足劳工及其家庭的基本需要。在安全与健康方面，跨国公司应当维持最高的标准，因为它们具备相关的经验及对特殊危害的知识。跨国公司还应当使劳工代表、相关政府部门能够获得它们在其他国家经营时所遵循的安全与健康方面的标准，即保障相关方面的知情权。跨国公司应当与国际组织合作，酝酿、推行国际安全与健

---

❶从这里可以看出，有时东道国在引进外来直接投资时，促进就业与提高技术这两个目标是矛盾的。先进的技术能够提高生产效率，必然要淘汰部分工人；而为了保持就业水平，就要容忍落后的技术阻碍经济的发展。

❷See ILO Tripartite Declaration of Principles Concerning Multinational Enterprises and Social Policy, para. 17, 19, 20, 22, 25, 26, 30-32.

康标准。[1]

(3) 劳资关系。跨国公司所遵循的劳资关系标准不得低于东道国可相比较的企业。跨国公司里的劳工有权不经事先的授权，组建、加入自己选择的组织。他们的结社自由不应受到歧视。跨国公司还应当保障劳工的集体谈判权利，也不得利用转移整个或部分营业单位进行威胁，以不正当地影响谈判。跨国公司应当为劳工代表提供营业机构的信息，以使其对该营业机构或整个跨国公司的实绩有真实和公平的见解，便利谈判的进行。劳工有权利不受歧视地按照一定的程序提出自己的不满或冤情。当东道国不遵守 ILO 相关原则时，跨国公司的保障更为重要。此外，劳资双方应在协议中规定协商的条款，以解决相关争议。[2]

(五) 对具体行业的管理：旅游观光业的人权关注

前文在介绍跨国公司侵犯人权实况时举例说明了旅游观光业的情况。现在再从具体行业的角度分析一下人权保护。旅游观光业人权保护之发展前景不容乐观。目前，行业内的管理绝大部分集中在环境问题，很少涉及人权内容。尽管环境问题可能影响到居民的生存与健康权，有些环境问题也可归入人权范畴，但在旅游观光业中其他领域的人权问题无疑更为重要。

旅游业内的商家及其组织之所以关注环境问题很大程度上是因为旅游地的环境是其提供服务的基础，招揽生意的源泉。世界旅游组织(the World Tourism Organization，简称 WTO)在 1980 的《马尼拉宣言》中就曾表示："人类环境各部分的保护和提高是旅游业和谐发展的基本条件。同样，对旅游业的合理管理将在很大程度上促进物质环境及文化遗产的保护和发展……"[3]世界旅游观光理事会(WTTC)还制定了《环境指南》，并发起了"绿色地球"活动。[4] 一些国际旅游业大公司，如希尔顿国际[5]，也制定了自己的环境政策。

其他非政府组织也开始注意到旅游业这个具体问题。世界自然基金(WWF)与"旅游关注"(Tourism Concern)组织一道拟定了《可持续旅游原则》。其中阐明

---

[1] See ILO Tripartite Declaration of Principles Concerning Multinational Enterprises and Social Policy, para. 33, 34, 37, 38.

[2] See ILO Tripartite Declaration of Principles Concerning Multinational Enterprises and Social Policy, para. 40, 41, 52, 56, 57.

[3] Environmental Codes for Tourism (UNEP. IE 1995), p. 3.

[4] Environmental Codes for Tourism (UNEP. IE 1995), p. 6.

[5] Best Operating Practices for the Environment (Hilton International) 1993.

的不仅有环境问题，还涉及地方社区。[1] 它们主张支持旅游地的经济发展。“旅游关注”还发表了《旅游业与人权》，不仅概要地介绍了旅游业的发展，特别是在发展中国家，带来的种种侵犯人权的事例，还建议政府如何最佳地利用旅游这个工具来求得发展。这些呼声得到一些国家的积极回应。英国旅游委员会(ETB)在一系列环境准则中指出(虽然内容非常少)，“和谐必须兼顾游客、旅游地及东道国社区之间的需求。”《加拿大旅游业伦理准则与指南》也提出要“尊重东道国社区的价值与期望。”[2]

作为全球最大的相关组织，世界旅游组织在保障全球旅游业健康发展，保护东道国社区及居民的人权方面的作用仍有发挥的空间。其实，在1975年1月生效的《世界旅游组织章程》第三条第一款中，WTO就表示“在促进世界旅游业发展的同时，……要尊重所有人的人权和基本自由，而不论其种族、性别、语言及宗教之差别。”为了实现这一目标，第二款还规定，WTO还将“特别关注发展中国家在旅游业中的利益。”[3]只是世界旅游组织一直未在具体行动中重视东道国的人权。1985年，WTO颁布了一份自愿遵守的守则《旅游业权利法案与旅游者守则》。虽曰“权利法案”，该文件说的都是游客的权利及相关政府的义务，只有很少部分提及对东道国社区的影响，只字未谈东道国居民的权利。

近来，WTO在管理行业方面又作出了积极的努力。1999年10月，该组织通过了《全球旅游业伦理守则》。该守则在序言中表示，旅游业的发展要考虑到对旅游来源国和接受国的环境、经济和社会带来的巨大影响，包括积极和负面的影响，要考虑到东道国的地方社区及其居民。[4] 正文第一条还要求旅游活动要与东道国的文化与传统相协调，尊重当地的法律和习惯。[5] 只是有些规定还需要进一步细化。东道国人权的保护与旅游业的管理关键在于各个管制方放弃“经营者本位”或“游客本体”，真正实现“经营者、游客和东道国居民”三位一体的机制。

(六) 社会监督与自我约束：商业伦理与公司行为守则

广义上，依据制定主体的不同，跨国公司的行为守则分为外部的和内部的两大类。外部性守则又可以具体分为国际的、非政府组织(以行业协会为主)的及

---

[1] Beyond the Green Horizon (Tourism Concern/WWF) 1992.

[2] Environmental Codes for Tourism (UNEP. IE 1995), p. 15, 12.

[3] 章程的文本请参见 http://www.world-tourism.org/business/eng/activities/statuts.pdf。

[4] http://www.world-tourism.org/projects/ethics/principles.html.

[5] http://www.world-tourism.org/projects/ethics/preamble.html.

政府的三种。国际性的跨国公司守则以联合国的《跨国公司行为守则》(详见第五章分析)和国际劳工组织的《关于跨国公司与社会政策原则的三方宣言》(详见本章分析)为典型。这里简单介绍非政府组织的、政府的及跨国公司内部的三类守则。

1. 非政府组织制定的行为守则：SA8000 认证

20 世纪 90 年代中期以后，一些行业协会及其他非政府组织出于贸易保护主义的动机，或者对劳工问题的殷切关注，纷纷制定了跨国公司行为守则。“这种透过私人团体(private parties)来推动及督促国际规范(international norms)之做法，也逐渐成为国际法之一新兴领域。”[1]例如，国际自由工会联盟(ICFTU)的《基本守则》、欧洲洁净衣服运动(CCC)的《成衣业公平贸易约章》、英国的《道德贸易基本守则》、美国国际社会责任组织(SAI)的《社会责任(SA)8000 认证》及美国公平劳工协会(FLA)的《工作场所生产守则》等。其中，SAI 的 SA8000 认证的在国际和国内都较有影响。

1997 年，总部设在美国的国际社会责任组织发起并联合欧美跨国公司和美国“经济优先领域鉴定代理委员会”(CEPAA)等国际组织，制定了 SA8000 标准。SA8000 标准主要源于国际劳工组织公约、世界人权宣言和联合国儿童权利公约，它是随着 20 世纪末期的西方企业社会责任运动而发展起来的。该标准通过对公司劳工保护等达标认证来推进公司劳工人权的保证，并要求公司拒绝进口那些没有达标的供应商产品。CEPPA 在 2001 年制定了第一个修订版《SA8000：2001》。目前，要加入跨国公司的全球产业链，一般要通过 SA8000 进行的社会责任审核。

SA8000 以一致的标准制定了下列领域内的最低要求：(1)公司不应使用或支持使用童工；(2)公司不得使用或支持使用强迫性劳动；(3)公司应提供安全、健康的工作环境；(4)公司应尊重结社自由和集体谈判权；(5)公司不得从事或支持歧视；(6)公司不得从事或支持惩戒性措施；(7)公司应遵守工作时间的规定；(8)公司应保证达到最低工资标准；(9)公司应制定社会责任和劳动条件的政策。对于 SA8000 与国内法的冲突，SA8000“不优先适用国内法，也不优先适用 SA8000，而要采用最严格的标准”。SA8000 与 ISO9000 质量管理系统及 ISO14000 环境管理系统国际标准一样，是一套可被第三方认证机构独立审核、认证的国际标准。SA8000 标准的采用由企业自愿申请，经过考察合格后才予认

---

[1]焦兴铠：《非政府组织与核心国际劳动基准关系之研究——以多国籍公司行为准则之建构为例》，载范丽珠主编：《全球化下的社会变迁与非政府组织(NGO)》，上海人民出版社，2003 年，第 551 页。

证。认证后，有定期检查，也有随机检查，一旦不符合，可以取消认证。截至2003年底，广东和东莞的出口鞋厂和服装厂已经有30余家通过SA8000认证，我国共有42家企业通过了SA8000认证。❶

2. 政府推行的行为守则

有些国家的政府积极支持推行企业行为守则。虽然这些政府倡导的行为守则还没有上升为国家法律，但向社会传达了政府的关注和倾向性，也具有一定的影响。1994年，美国克林顿政府发布了《模范商业原则》。该原则鼓励美国控制的一些企业自行实施行为守则。克林顿政府建议美国的跨国公司在自己的行为守则中包括下列劳工标准：工作场所保持健康与安全；雇佣要体现公平，禁止使用童工，禁止强迫劳动，禁止基于种族、性别、原籍、宗教信仰的歧视，尊重组织工会和集体谈判的权利；注重环境保护；遵守美国和东道国促进良好商业实践的法律，包括禁止非法支付和保障公平竞争的法律；保持尊重言论自由的企业文化，不与高压政治妥协，鼓励良好的企业公民，为东道国作出积极的贡献。

克林顿政府的《模范商业原则》缺陷是没有规定实施规则。《模范商业原则》的实施只体现在商务部的"最好的全球实践"方案中。这一方案将对那些承认并实现《模范商业原则》的一项或多项目标的美国公司给予奖励；建立公司行为守则的电子档案，以为其他企业提供范本；列出那些可供咨询有关社会责任与最好商业实践问题的非政府组织的联系方式。1997年，美国总统克林顿又批准了《工作场所行为守则》。❷ 该守则是服装业与人权团体达成的一个协议，针对那些为美国市场制造鞋类与服装的工厂规定了工作场所的最低标准。由于缺乏相应的执行机制，这一协议被一些人称为"纸老虎"。

3. 跨国公司内部守则

面对消费者运动的压力，20世纪90年代，全球出现了一股跨国公司制定行为守则的潮流。这些守则的性质是自愿遵守，规定了尊重人权的一些最低标准。1997年，商业伦理协会(Institute of Business Ethics)曾对英国最大的500家公司进

---

❶近年来，各国对SA8000认证越来越重视，德国进口商协会已经制定了《社会行为准则》，要求德国进口商必须通过SA8000协会授权，对其供应商(出口商)的社会行为进行审查。美国、法国、意大利等传统中国轻工业产品进口国的贸易组织正在讨论一项协议，要求所有纺织、成衣、玩具、鞋等产品的企业必须事先经过SA8000等公认标准的认可，否则要联合抵制其进口。参见《沃尔玛们：把劳工权利与订单挂钩》，《21世纪经济报道》，2003年12月15日。

❷See Tim Shorrock, Workplace Agreement Gets White House Nod, J. Com. Apr. 15, 1997, at 5A. See also Bob Herbert, In America: A Good Start, N. Y. Times, Apr. 14, 1997, at A17.

行过调查，结果显示57%的公司采纳了自己的行为守则，而1987年这个比例只有18%，1995年就达到47%。❶在众多的跨国公司内部行为守则中，服装与制鞋行业数量较多，效果也较为明显。李维斯(Levi-Strauss)的《全球采购与经营指南》与锐步(Reebok)的《人权生产标准》是其中的两个典型。

1991年，美国的著名品牌李维斯在被公众指责其产品是在"血汗工厂"生产的后，在全球第一个制定了跨国公司内部的行为守则，即《全球采购与经营指南》。指南规定了以下方面的劳工权利，如工资与福利，工作时间，童工问题，禁锢或强迫劳动，歧视，培训等。李维斯还对指南的实施进行广泛的监督，如详细的调查问卷，突然的现场察看。如果供应商违反了承诺的条款，李维斯将视情况分别处理：如果商业伙伴不愿意改善劳工条件，将终止合同关系；如果有可能改善，就责令限期解决问题；如果基本上符合，但没有充分地履行，将与其继续合作，并使其成为模范伙伴。❷ 锐步的《人权生产标准》源于公司的一份报告："在全世界范围内致力于人权事业是我们公司文化的特点。作为经济全球化中的企业，我们不能对全球商业伙伴的标准漠不关心。"❸锐步的行为守则涵盖了以下7种劳工权利：非歧视，工作时间，强制劳动，工资，童工，结社自由及安全健康的工作环境。

4. 总结与评价

据统计，截至2000年，全球共有行为守则246个，制定者的组织类型分布见下图：

行为守则制定者的组织类型分布图

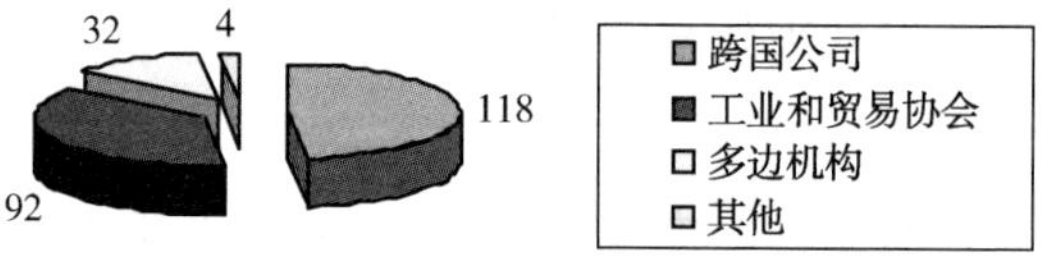

数据来源：根据 Ingeborg Wick：Worker' s tool or PR ploy, p. 19-20 整理而成。

可以看出，将近一半的行为守则是跨国公司自行制定的，这类守则是一种自我约束；其他非政府组织等制定的守则强调的是社会监督，但其性质上虽为外部

❶Institute of Business Ethics, Report on Business Ethics Codes 1998 (1998).

❷See Levi Strauss & Co. Global Sourcing & Operating Guidelines, at http://www.itcilo.it/english/actrav/telearn/global/ilo/code/levi.htm.

❸See Reebok Human Rights Production Standards, at http://www.reebok.com/Reebok/US/human_rights/standards.html.

的监督，并不是所有的此类守则都有具体的监督措施。在全部 246 个守则中，有 163 个守则要求对实施的情况进行监督，其中 137 个守则实行跨国公司自行负责的内部审核，只有 26 个守则规定采取具体的外部监督措施。因此，跨国公司的行为守则总体上还是要依赖于商业伦理规范，社会监督与自我约束的力量是失衡的。如果缺乏有力的贯彻或外界的监督，这些守则的实际效果就值得怀疑。此外，如下图所示，我们可以看出海外跨国公司数量多的国家，行为守则也比较多。

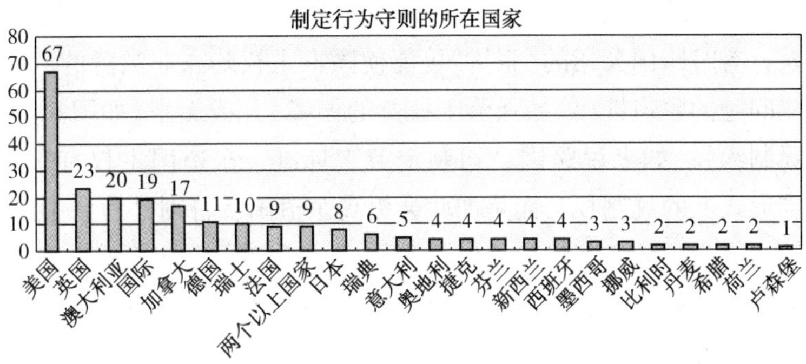

数据来源：根据 Ingeborg Wick：Worker's tool or PR ploy, p. 19-20 整理而成。

跨国公司制定或接受的这些行为守则主要迫于消费者、非政府组织等社会公众的压力，或出于公共关系的宣传策略。但是应当看到，尽管跨国公司不是纯粹地热衷于人权事业，行为守则的治理方式在实践中还是起到了一定的实际作用。在这背后其实是市场的驱动力。问题在于，相当多的跨国公司并不制定或接受某些行为守则。特别是当自己的产品或服务不是直接与消费者接触时，跨国公司就不会过于担心媒体的报道及公众的压力。另一方面，跨国公司及其海外工厂、供应商本质上都是追求盈利，市场的力量也可能使它们共同在守则的执行上作表面文章。因此，行为守则的有效性一直“是其所面临的质疑与批评的焦点。”[1]

从性质上分析，跨国公司制定的行为守则是一种内部规章，其接受行为守则也只是一种商业伦理规范。外界对跨国公司的遵循情况只能进行道德判断。但是对于那些跨国公司向外承诺的行为规范，相关国家的政府可以有选择地按照一定

[1] 谭深、刘开明主编：《跨国公司的社会责任与中国社会》，社会科学文献出版社，2003 年，第 13 页。

程序将其上升为法律。[1] 这样或许能增强行为守则的执行力度及实施效果。[2] 有的学者主张，劳动标准本属于国内问题，在法律上是强制性规范。跨国公司制定行为守则，要求海外工厂及供货商遵照执行，这有可能损害发展中国家的主权。[3] 笔者认为此种观点值得商榷。各国劳动法的立法宗旨都是保护劳工权益，这与跨国公司行为守则劳工标准的出发点并无二义。如果该劳动标准低于立法要求(很少是这种情况)，则是对有关企业劳工状况的一种警示；如果高于立法要求，则是倡导更充分的权利保障。即便跨国公司在这方面发挥的作用类似于主权职能，也不能简单地归结为对主权的损害或侵蚀。跨国公司与主权的关系不仅仅是对立关系，有时跨国公司的"张扬"可能使国家主权陷入非敌意的一种"窘境"，凸现出某些问题的紧迫性(如加强劳工权益的保障)，或无奈(如国家经济与社会发展的实际制约)。如果说跨国公司制定劳工标准，东道国主权有所丧失的话，那也不在于形式上的规制权，而是如此会提高东道国，特别是发展中国家生产的成本，降低出口产品的竞争优势。但是我们应该看到，真正借劳工问题推行"贸易保护主义"的不是跨国公司，而是其母国内的劳工组织或一些人权非政府组织。跨国公司当然是希望在全球范围生产或采购最廉价的商品，而且它们并不是行为守则的始作俑者(尽管有些是自己制定的)。多数情况下，跨国公司只是附和一下高涨的人权呼声而已。

(七)国内法的域外效力

与跨国公司内部的治理方式相比较，投资母国通过法律来调整跨国公司的人权问题，应该能得到更为理想的效果。法律为跨国公司设定的是统一的人权义务。这样，如果多数投资母国都通过了相关立法，投资东道国就不能再利用降低劳工标准来吸引外来投资；海外供应商也无法再去寻找那些不制定或不苛求劳工标准的跨国公司；各个跨国公司也不用担心自己付出额外的成本遵循行为守则，使自己处于竞争劣势。遗憾的是，投资母国出于国家经济利益，跨国公司考虑到

---

[1] 例如，近来，一些非政府组织通过美国《联邦贸易委员会法》及相关行政规章，对公布公司行为守则的跨国公司以"广告诈骗"为由提起诉讼。

[2] 这里我们可以比较一下会计规范与审计制度。在许多国家(包括发达国家)，会计与审计规范是由相关行业协会制定的行业规则，并不是由国家颁布的法律。国家只是在证券法等法律中要求某些企业(如上市公司)必须接受审计，至于如何审，审什么，法律并不过问。这种"正规"规则与"非正规"规则的有机结合模式，也许能为跨国公司行为守则的实施问题提供一些有益的经验。

[3] 周长征：《跨国公司生产行为守则与中国劳动标准》，《武大国际法评论》第1卷，武汉大学出版社，2003年，第278、286页。

自身的投资收益而进行的游说，使得这方面的国家立法不是很多。美国是世界上跨国公司最多，行为守则也最多的国家，它的一些立法实践很有研究意义。

1. 美国80年代的相关立法及特定时期的劳工三原则

美国国会曾在20世纪80年代以片面的单边行为先后通过了有关劳工权利的国际经贸法律，并且提出了三个有名的劳工原则。美国希望借此迫使贸易对手国或接受其关税优惠的发展中国家能够根据国际劳工准则来保障基本劳工权益。这些法律包括：1983年《加勒比海盆地经济复兴法》、1984年《一般优惠关税制度更新法》、1985年修正《海外私人投资保险公司法》、1986年《综合反对种族隔离法》及1988年《综合贸易及竞争能力法》等。❶ 虽然它们都有特定的历史烙印，甚至很强的政治色彩，但在通过国内法保障域外劳工权利方面，却有法制创新的作用。

1977年，12个在南非经营的美国公司提出了被称为“苏利文原则”(Sullivan Principles)的守则，承诺在劳工领域实行非歧视待遇，公开反对南非的种族隔离政策。不到10年，该原则就有150个公司加入，还实行了外部审核的程序。1986年，美国国会不顾总统的反对，在《反南非种族隔离法》中采纳了“苏利文原则”。雇员达到25名以上的美国公司都要受其约束。该法案要求美国公司不得采取种族隔离措施，为所有的雇员提供平等的机会，而不论他们的种族出身，保障那些在种族隔离体制中处于不利地位的人的基本权利。❷ 虽然《反南非种族隔离法》适用的地域范围仅限于南非，但劳工法域外适用的效果也是明显的，要求或支持美国公司反对种族隔离。

“麦克布莱德原则”(MacBride Principles)1984年也是以行为守则的形式提出来的。该原则要求在北爱尔兰经营的美国公司对那些新教徒控制的社区中的天主教工人给予非歧视的保障。1987年，美国国会将麦克布莱德原则纳入立法动议。该原则的主旨是取消雇佣过程中的宗教信仰歧视，如给予宗教少数派别充分的平等机会，禁止在工作场所布设宗教徽章等。❸ 美国国会多次将麦克布莱德原则引入立法议案。但当1997年该原则作为《对外关系授权法》的修正案被再次提起时，

---

❶关于美国法律这方面的具体介绍、分析参见焦兴铠：《美国几项重要贸易及投资法律中有关劳工权利条款之研究》，载《劳工法与劳工权利之保障：美国劳工法论文集》(1)，月旦出版公司，1995年，第455-471页。

❷See Jorge F. Perez-Lopez, Promoting International Respect for Workers Rights through Business Codes of Conduct, 17 Fordham Int'l L. J. 6, 7 (1993).

❸Northern Ireland Fair Employment Practices Act, H. R. 725, 101st Cong. §5 (1989).

当时的克林顿总统行使了否决权。❶

1989 年，美国国会又提出了“史拉佩克”(Slepak Principles)原则议案(以一位苏联人权主义流亡者的名字命名)。该法案要求在(前)苏联和波罗的海投资或有合作项目的美国企业遵守史拉佩克原则，即不得使用通过强制劳动生产的产品；为苏联雇员提供人权保障；拒绝参与动用宗教设施的项目；不得为苏联雇员造成危害；国务卿每年要向国会提交这方面的报告。❷ 然而，众参两院最终未能将该议案上升为法律。

2. 当前的立法与司法现状

90 年代以后，美国国会并没有放弃进行域外劳工立法的尝试。1997 年的《良好企业公民与联邦激励法案》就是很好的例子。该法案鼓励企业实行行为守则的治理方式，要求联邦政府在提供对外贸易与投资方面的资助时，优先考虑那些采纳并实施行为守则的企业。各企业的行为守则应当包括以下原则：安全与健康的工作场所；公平雇佣，禁止童工和强制劳动，禁止各种歧视；组织与集体谈判的权利；最低工资保障；负责任的环境保护；良好的商业惯例；言论自由；排除工作场所的政治高压；道德操守要为所有员工认可、评价；对商业伙伴、供应商或转包商同样的要求；特定的实施与监督程序。❸

2001 年，美国参议员麦金利提出了《企业行为守则法案》。该法案规定对遵循其原则的跨国公司，在政府合同方面给予优先权，否则将撤回财政资助，甚至在美国法院追求其法律责任。法案的第三节要求跨国公司在制定行为守则时要达到以下最低标准:❹ 禁止对雇员进行怀孕检查，强制控制生育，解雇或歧视怀孕雇员；禁止报复为相关政府提供信息的雇员；保障国际上认可的劳工权利或核心劳工标准；对特定的信息进行公开披露。法案的第四节规定了给予遵循守则的跨国公司的优先权内容：联邦机构要优先与此类公司订立合同；商务部长在国外要优先介绍此类公司得到合同；海外私人投资公司和贸易与发展局要按照 1961 年

---

❶克林顿在竞选时曾支持麦克布莱德原则所体现的目标，他行使否决权主要出于非相关的经济考虑，按照该法案，美国政府每年要为爱尔兰国际基金支付 2000 万美元。See Conor O'Clery, Irish American Groups Attack Clinton Decisions, The Irish Times, Apr. 25, 1997, at 7.

❷Slepak Principles Act, S. 1018, 101st Congress (1989).

❸Good Corporate Citizenship and Federal Procurement Incentives Act, H. R. 2071, 105th Cong. (1st Sess. 1997).

❹法案中与《良好企业公民与联邦激励法案》相似的内容从略，需要指出的是该法案也要求跨国公司采取负责任的环境保护标准。

的《对外援助法》优先为此类公司提供投资保险或资助；进出口银行优先为此类公司提供担保及信用证。[1] 该法案不仅涉及的内容非常全面，而且适用范围也比较广泛，凡在东道国雇佣20人以上的跨国公司都要受法案约束，投资的形式不论是子公司、合资、合同供应关系还是特许经营。可惜该法案在2001年提出时只得到25名参议员的支持。可见，在投资母国试图通过国内立法来规制跨国公司的海外行为，其阻力和困难是巨大的。但这至少表明跨国公司已成为美国部分立法者关注的对象。

上述生效及未通过的法案都是直接针对跨国公司海外人权行为的。此外，在司法实践中，一些海外的被侵权人还根据跨国公司母国的国内法，如美国的《外籍人侵权法》(ATCA)在母国提起了诉讼。前文在讲述跨国公司侵犯人权的案例时已有介绍。其中，有些案件已经审结，有些正在进行；有些案件投诉人胜诉，有些则未能如愿。需要指出的是，从管制跨国公司的能力上讲，母国的管理是最可行的或说最有力的。为了使侵犯人权的案件能够在母国审理，母国的法院必须放松对受理标准的审查，特别不再对“不方便原则”进行严格适用。比如，英国相关法院在恩格卡波等人诉托尔化工控股公司、拉比等人诉凯普股份公司等案中的判决中认为，如果能够证明跨国公司的母公司对其子公司提供了足够的技术支持或在决策方面起到足够的作用，那么它应当对其海外子公司的侵犯人权行为负责。[2]

---

[1] See Cynthia McKinney, Introduction of the Landmark Corporate Code of Conduct Act: No More Corporate Welfare for Corporate Citizens, at http: // www. house. gov/mckinney/news/pr6700. htm. 麦金利参议员在国际人权领域比较活跃。她批评过WTO，也反对美国给予我国永久性的正常贸易关系。

[2] See Ngcobo & Others v. Thor Chemicals Holdings Ltd., Lubbe & Others v. Cape PLC (2000) 4 ALL ER 268.

第四章

跨国公司与环境问题的全球治理

一、跨国公司引发的环境问题

环境被认为是当今世界五大问题之一。“目前，生态环境问题已超越了国界而成为各国无法回避的共同问题。”[1]近几十年来，环境资源问题不时凸现。[2] 对于全球生态环境的不断恶化，跨国公司的影响显而易见。据统计，跨国公司实际上是臭氧层破坏物质氯氟烃(CFCs)及其相关物质的唯一生产和控制部门；跨国公司产生的温室气体占全球温室气体排放的一半以上；10家大型跨国公司占了全世界杀虫剂销售量的85%；世界市场上大多数的氯是由跨国公司生产的；跨国公司控制着与破坏森林、水和矿产资源有关的产品的市场。[3]

资本的跨境流动加剧了环境问题的复杂性。一般而言，绝大多数产业的发展对空气质量、水质、土地、矿物、生物群、人类健康安全及其他资源都有着不同程度的影响。发达国家的跨国公司为了降低成本，攫取高额利润，利用第三世界国家环保要求低的条件，把许多污染严重的夕阳产业转移到发展中国家，从而把跨国公司经济增长的环境成本转嫁到这些国家。从事化工、石油、制药、采掘业

---

❶周珂：《生态环境法论》，法律出版社，2001年，第18页。

❷环境问题与人权有密切的关系。1970年，国际社会科学评议会在东京召开了“公害问题国际座谈会”，发表的《东京宣言》提出了“环境权是一种基本人权”的观点。有的学者在人权的框架下讨论了环境问题。比如，环境污染可能导致当地人们生活质量的降低，进而危及人们的健康权和生存权。有的学者认为，环境权同时具备“私权”和“社会权”的性质。参见郑少华：《生态主义法哲学》，法律出版社，2002年，第86-95页。徐显明教授将环境权列为十大人权内容之一(参见徐显明：《人权建设三愿》，载徐显明主编，《人权研究·第二卷》，山东人民出版社，2002年，第5页)。但环境污染还可能直接造成人身伤害和财产损失，从而构成侵权行为，而且有些环境事件的受害者可能是社区甚或国家，无法用人权话语进行分析。故而有必要专门对环境问题深入探讨。

❸参见王葆青：《跨国公司对全球生态环境与可持续发展的影响》，《理论前沿》，2002年，第17期。

的跨国公司对东道国的环境造成了不同程度的破坏，已遭到当地政府、居民、各种社团的广泛批评，有些已演变成法律纠纷。

面对世界日益减少的自然资源，跨国公司利用自身的技术和资金优势纷纷在资源相对丰富的发展中国家投资于勘探业、采掘业，加上当地劳动力廉价的便利条件，跨国公司把东道国的木材、矿产和石油等源源不断地运回母国。这为发展中国家的资源危机埋下了隐患。环境的污染、资源的掠夺，这一切都深深影响了第三世界国家的可持续发展。可以说，发展中国家吸引外资的代价是巨大的。

以跨国公司为主体的外国直接投资近来的迅猛增长给全球环境带来许多重大的法律问题。有的学者将其归纳为五个方面：(1)地方控制到全球治理的转变；(2)全球经济的规模与速度；(3)危险的和不适当的技术；(4)双重标准与公平；(5)引资的竞争与最低程度的协调。❶

可持续发展要求地方的参与和控制，并且具有发展模式的选择权，而市场经济的全球化和跨国公司的扩张至少在理念上是与可持续发展相违背的。在全球经济体制下，从环境损害受益的人通常并不居住或邻近受害地点。对于掌握政治与经济实际权力的主体来说，如果他们的身体或经济利益皆远离环境损害，那么就只有很少的环保措施将付诸实施。另一方面，如果一个国家加入了某一国际投资协议，那么它就等于放弃了针对跨国公司所带来的环境影响所行使的管理权，而环境管理权也是主权的一种体现。

跨国公司的产品通常要经历从实验阶段到大规模生产，再投放到全球市场这一过程。现在，这一过程的各环节的转变速度明显加快了。而另一方面，我们的知识更新却并不总是能够及时察觉到这些新产品对环境可能造成的危害。例如，氟氯化碳(CFCs)在很久之后才被发现对臭氧层有破坏作用。又过了22年后，国际社会才开始限制氟氯化碳的排放。随着全球经济规模与速度的增长，有潜在危害的产品及其生产技术的大范围生产和使用之前，必须审查其对环境的影响。

有时，跨国公司所造成的环境污染危害是巨大的，如1984年的印度博帕尔案。❷ 当东道国缺乏相应的环境法律体制或环境基础技术，此类事故的后患更是

---

❶David Hunter and Stephen Porter, International Environmental Law and Foreign Direct Investment, Daniel D. Bradlow and Alfred Escher (ed), Legal Aspect of Foreign Direct Investment, Kluwer Law International 1999, p. 162-165.

❷这是一个关于跨国公司环境问题引用频率非常高的著名案例。具体介绍和分析见姚梅镇、余劲松：《国际经济法成案研究》，武汉大学出版社，1995年，第1-39页。关于此案的最新进展，请参考图江涌：《博帕尔灾难凸显公害危机》，《中国经营报》，2003年11月28日。

无穷。因此，在必要的法律和技术准备充分之前，应当适当限制或禁止某些外来投资。在OECD国家内，许多化工品(如DDT)的生产是被禁止的。于是，OECD国家的跨国公司就在并不设限的发展中国家成立子公司进行生产和营销活动。跨国公司在不同环境标准的国家内从事经营活动引发了一些令人困扰的法律、道德和伦理问题。

许多发展中国家为了吸引跨国公司的外来直接投资不惜牺牲环境标准和公众健康，以使本国的外资政策较之其他国家更有竞争力，从而导致“竞争底线(race to the bottom)”的现象。然而，有更多的证据显示，较高的环境标准及其实施至少在发达国家并没对其外资政策产生明显的负面作用。但是，发展中国家却不愿执行更加严格的环保措施。基于国家发展的优先考虑，一国政府当然有自主决策的权力。可是，为了提高外来直接投资的数量，一些政府的鼓励政策实际上是降低环保标准，允许相当程度的污染，地方很少或根本不参与外来投资的决策过程。

二、跨国公司环境管制的特殊性

近些年来，跨国公司不断因为环境问题而受到控诉。虽然跨国公司所运用的环保技术通常要高于当地的小公司，但由于跨国公司盈利的本性、巨大的规模以及缺乏相应的责任机制，在实际上，相当多的环境损害重大事故与跨国公司有关。跨国公司很多纸面上好听的环保计划并没有付诸实施，而东道国政府也未能对环境问题进行有效的监管。有时，跨国公司出于降低成本、提高利润的考虑，并没有严格执行环保程序；有时，跨国公司出于规避本国严格的环境保护法律，而把有害的、污染性的生产活动转移到发展中或欠发达国家。

不可否认，跨国公司推动着环保技术的革新。但另一方面，这些“经济巨人”对全球环境质量的下降负有不可推卸的责任。此外，跨国公司与环境问题的特殊性还表现在：跨国公司的企业发展战略、重要的经济行为都是由母公司作出的，而环境污染却发生在子公司或孙公司所在的国家。这样，一国内的决策就影响到另一个国家。而相应的法律架构和责任机制却无法有力地回应这一问题。当发生跨境侵权损害赔偿时，在确定管辖、适用法律等问题上就会有不少难处。国际私法学者也认为，“环境法律领域的冲突与跨国公司的结构联系不太紧密。”❶

近来，“环境正义(Environmental Justice)”在美国越来越受到重视。这一概念

---

❶李金泽:《跨国公司与法律冲突研究》，武汉大学出版社，2001年，第9页。

是用来分析生态成本与生态收益的不公平分配。美国环境保护局(EPA)将其定义为,“环境法律、规章和政策的发展要公平地对待所有的种族、所有的文化及所有的收入阶层。”❶1994年,美国总统克林顿发布了12898号行政令,要求联邦机构在制定规章或执行计划时,对受到污染的少数民族和低收入阶层施以环境正义;每一个联邦机构要将实现环境正义作为自己职责的一部分。❷ 然而,美国在环境保护方面的这些要求只是针对本国领土范围内的内资企业与外资企业,并不适用于本国跨国公司在海外的企业。

为了回应跨国公司的环境破坏力,国际社会所制定的许多规范开始注意调整跨国公司的环境行为,由此出现了环境问题一定程度的全球治理。据估计,目前全球有800多个双边或多边协议包含有环境问题的内容。❸ 国际社会也正试图发展出一种“软法(soft law)”来调整或指导跨国公司的行为。有的学者主张应当强调母公司的责任。❹ 这一点在个别案例上有所突破,但仍有争论,并没有上升为普遍的原则。环境问题由地方控制到全球治理的转变,这既是一种现状,更是一种现实需要。可以说,环境问题全球治理的必要性要远远大于目前的可行性。以下本文将从与跨国公司直接投资有关的国际环境条约;国际投资协议中的环境规则;与跨国公司有关的环境标准与指南;国内法的域外效力与跨国环境诉讼四个方面介绍并分析环境治理的全球化。

三、与跨国公司直接投资有关的国际环境条约

有影响的国际环境条约比较集中在20世纪的80年代末至90年代初。虽然国际环境条约直接约束的是国家,但当这些国家履行条约义务时,对跨国公司的间接环境管制也会同时产生。这也是此类国际条约所隐含的一个特殊目的。每一个条约几乎都限制了某种产品的生产和销售,这样也就影响到外国资本的投资机会。

---

❶Environmental Protection Agency, About Environmental Justice, http://www.epa.gov/swerosps/ej/aboutej.htm.

❷See Exec. Order No. 12898, 59 Fed. Reg. 7, 629 (1994).

❸David Hunter and Stephen Porter, International Environmental Law and Foreign Direct Investment, Daniel D. Bradlow and Alfred Escher (ed), Legal Aspect of Foreign Direct Investment, Kluwer Law International 1999, p. 161.

❹跨国公司究竟承担有限责任还是连带责任或直接责任,这个问题在理论界和实践中都是有争议的。但是对于严重的环境污染,相当多的学者赞同连带责任或直接责任。参见余劲松:《论跨国公司责任的法律依据》,《法商研究》,1995年,第3期;李斌:《论跨国公司母公司对子公司的法律责任》,《南京大学学报》,2001年,第3期。

（一）《蒙特利尔议定书》

1970年代初，世界首次获悉，冰箱、气雾剂和空调等产品使用的所谓氯氟碳化合物（CFCs含氯氟烃）排放会给平流臭氧层造成损害。在《保护臭氧层物质维也纳公约》基础上，联合国环境规划署为了进一步对氯氟烃类物质进行控制，通过多次国际会议协商和讨论，于1987年9月16日在加拿大的蒙特利尔会议上，通过了《关于消耗臭氧层物质的蒙特利尔议定书》，并于1989年1月1日起生效，1990、1992和1999年修改过三次。

蒙特利尔议定书由联合国环境计划署负责实施。在该议定书签署后，各国政府和企业在使用臭氧无害化学品的工业转型方面取得了巨大进展。大型跨国公司对此议定书的回应比较积极。杜邦公司和美国电话电报公司曾率先开发替代产品，精工、埃普逊和北信/北方电信等公司也同意以超过要求的更快速度逐步减少含氯氟烃。自1996年以来，工业化国家都已禁止生产含氯氟烃。2000年7月，发展中国家也开始冻结使用该物质，还制定了逐步减少其他臭氧消耗物质的时间表。[1]

像绝大多数环境协议一样，《蒙特利尔议定书》目的也不是直接针对外国投资的。但该议定书禁止生产、进出口CFCs和其他消耗臭氧层的物质。蒙特利尔体系明确反对利用消耗臭氧的物质或技术进行投资。按照议定书第4条的内容，成员方不得向非成员方输出有关技术，以在被输入国生产或使用所受控制的物质；成员国也不得为输出此技术或生产受控制物质所需要的设备、产品提供补贴、信贷、担保或保险。该规定表面上看是限制贸易，由于贸易与投资具有非常紧密的关系（尤其是跨国公司内部之间），其影响力也就间接渗入了投资生产领域。由于这一规定，跨国公司不仅不能在议定书的成员国之间进行投资，在非成员国进行上述方面的投资生产也受到限制。

（二）《气候变化框架公约》

《联合国气候变化框架公约》（简称《气候公约》），是第一个全面控制导致全球气候变暖的二氧化碳等温室气体（GHGs）排放、以便应对全球气候变暖给人类经济和社会带来不利影响的国际公约。1992年6月4日，在巴西里约热内卢举行

---

[1] 为了遵守该条约，发展中国家正在得到国际援助，以采纳臭氧无害技术。环境计划署臭氧行动方案发挥了关键作用，蒙特利尔议定书设立的信托基金已为124个发展中国家的项目拨款10亿多美元。例如，将在该基金援助下生产2600多万台无含氯氟烃冰箱。参见http：//www.un.org/chinese/unworks/environment/environment2.html。

的联合国环发大会上通过该公约，并于1994年3月正式生效。该公约及1997年的《京都议定书》为发达国家和发展中国家递减温室气体排放作出了安排。

《气候公约》体系必将会影响到在与能源相关的工业领域内投资的内容和速度。它支持在不释放温室气体的能源项目上的外国直接投资，并为其提供便利。《京都议定书》建立了三种辅助机制，即联合履约(JI，第6条)，清洁发展机制(CDM，第12条)和排放贸易机制(ET，第17条)。在这三种机制中，CDM是公约附件1发达国家缔约方和非附件1发展中国家缔约方，包括中国，之间的合作机制，用以资助在发展中国家进行的消除GHGs的投资项目。如果项目的各方中有一方是非附件1缔约方，CDM机制就取代JI机制发挥作用。清洁发展机制的双重目的是协助非附件1的缔约方实现可持续发展和有贡献于《气候公约》的最终目标，并协助附件1所列缔约方实现遵守其按第3条规定的定量化限控和减排义务。虽然作为一种资助机制，CDM的内容还不甚明确，但它肯定会促进包括跨国公司在内更多的私人主体向清洁能源发展项目上投资。[1] 总之，议定书所设置的机制能为外国直接投资在高效率、低排放的能源项目上创造出有力的激励。

(三)《巴塞尔公约》

1989年3月22日，联合国环境规划署在瑞士巴塞尔召开了专家组会议和外交大会，签署了《关于有害废物越境转移及其处置的巴塞尔公约》(简称《巴塞尔公约》)。该公约生效时间为1992年5月5日。公约签订的目的是控制并把隶属公约管辖的废弃物越境减少到最小程度，把产生有害废弃物减少到最低程度，包括尽可能对废弃物产生源进行处置和回收；帮助发展中国家和经济转轨国家对他们产生的有害废弃物和其他废弃物进行有利于环境的管理。

《巴塞尔公约》的出台对缔约国和非缔约国、有害废物的出口国和进口国来说都是一个制约。在缔约国和非缔约国之间，有害废物的越境转移被禁止。在缔约国之间，有害废物的越境转移被限制在以下条件中：(1)出口国须是由于技术能力和设备方面的原因不能恰当处理有害废物；(2)进口国须是需要该有害废物等作为循环利用的原料；(3)须根据缔约国制定的标准进行越境转移。

由于这些限制，跨国公司就不能利用其分支机构遍布各地的优势随意转移有

---

[1] 为促进发达国家和发展中国家缔约方在CDM项目减排温室气体方面的全球合作，世界银行自1997年以来发起并资助关于CDM的项目，分析CDM的温室气体减排潜力，有关部门的减排技术选择，CDM项目的减排成本，实施CDM项目面临的制约因素和能力建设需求，还将根据参与国的具体国情和利益，提出选定部门的潜在的可行CDM项目清单。参见http：//www.ccchina.gov.cn/source/ia/ia2002091702.htm。

害废物，给其他国家造成环境危害。如果公约所限定的相关有害废物是跨国公司所需要的“作为循环利用的原料”，上述规定还会影响到跨国公司的投资在地理上的分布。如果这些废物不是原料而只是生产过程的垃圾，那么跨国公司就会权衡废物的处置成本与投资收益。如果得不偿失或收益微小，跨国公司就会放弃所投资的项目。另一方面，《巴塞尔公约》也为跨国公司带来很大的投资空间。公约本身的条款包含促进处理有害废物的技术转移和资金援助。当发展中国家由于技术和资金的原因不能恰当处理有害废物时，它们就需要外国的直接投资。因为根据公约的要求，这些国家不能轻易将这些有害废物出口，而发达国家也不能、更不愿将其运至自己境内进行处理。

四、国际投资协议中的环境规则

各国或地区的生态环境在本质上也属于该国或地区的投资大环境，而外来直接投资的活动也可能会影响到当地的生态环境。环境与投资的这种相互作用使得全球许多重大的国际投资协议中都含有相应的环境规则，只不过各自的效力等级和实际效果不同而已。

(一)《北美自由贸易协定》

《北美自由贸易协定》(NAFTA)的序言表示，成员各方有义务遵守可持续发展，加强环境法制的制定与实施，并以符合环境保护的方式履行该协定。第104条还具体列举了几个国际环境协议中关于贸易与投资的义务，并指出相比NAFTA的有关要求，这些义务优先适用。专门规定投资问题的第11章也包含了一些环境规则。但这些规则中的环境措施并不是强制性的，只是以劝告性的语言呼吁协定各方不要以降低环境和健康标准来吸引外来投资，以免遭到其他方的反对。第11章中的环境“例外”原则在面对国民待遇原则、最惠国待遇原则和征收要求时，常常被解释得过于狭窄，以至于不能提供真正有意义的环境保护。该原则也无法保证环境标准不因吸引外资而被妥协。而且，当发生投资争端时，虽然在某些情况下可以使用环境专家的报告，但在裁决程序中，这样的报告仅局限在事实和科技的内容，并不涉及争端的实质，即投资的环境要求。

依据NAFTA下的《北美环境合作协议》，成员国内的任何非政府组织或个人都可以向北美环境合作委员会(CEC)秘书处控告某成员方未有效实施其环境法律。但申请方必须指明未有效执行的特定法律或规章，同时必须证明已经用尽本国救济。秘书处将审查申请是否集中于被诉成员方的法律或疏怠行为，如果认为申请适当，秘书处将把申请书复本及申请方提供的其他支持性文本转交给被指控方。[1] 环境合作委员会现已收到来自三个国家的多起申请。虽然环境合作委员会主要的职能并不是调整跨国公司的直接投资，但它通过关注国内法的实施，以间接确保三个成员国都不得建立"污染天堂(pollution haven)"，或者通过不实施或不充分有效实施环保法律来竞相吸引外来投资。这样，外资政策的竞争就转向了非环境因素。由此，成员国就普遍地提高了环境保护水平，避免恶性竞争。

(二)《欧洲能源宪章》

1991年，在当时欧共体的主持下，制定了《欧洲能源宪章》，旨在保护欧共体各成员国在独联体和东欧国家的能源投资。《欧洲能源宪章》被认为是第一个明确包含环境规定的重大国际投资协议。根据第19(1)条，缔约方同意"以经济有效地方式尽力减少对环境的有害影响。"在对环境有重大影响的能源投资项目的决策之前的阶段，缔约方要提高环境评价的透明度，项目启动之后还要监测环境影响。不过，评价和监测的力度、决策的机构及遵循的程序都是由缔约方自己决定。《欧洲能源宪章》还支持预防原则和污染者支付原则。

《欧洲能源宪章》的争端解决机制有自己的特色。环境方面的争议不适用普通的争端解决程序，也不交由相关的仲裁机构。缔约方之间有关宪章第19的争端直接由宪章会议审查。然而，跨国公司等投资者可以在许多场合表达自己的观点，申明自身立场，而受环境危害的个人却没有这样的机会。

宪章的各缔约方还遵守《能源效率与相关环境问题议定书》。《能源效率议定书》强调了在保护能源资源和减少不利环境影响两方面，能源效率的重要性。该议定书还促进成员方在高效能源方面投资和开发时的合作与协调。成员方也有义务采取能源效率方面的国内政策和法律框架，启动相应的能源项目。在跨国投资与环境保护方面，《欧洲能源宪章》和议定书是一次成功的典范。它强调了在效率能源上的国际投资和国际贸易。它在一定程度上展示了如何提高跨国投资的合作，如何促进对可持续发展至关重要的技术转移、交流。

(三)《多边投资协议》

《多边投资协议》(MAI)是经济合作与发展组织范围内进行的一项广泛、综合的国际投资谈判(关于该协议的较多分析见第五章)。1998年以后，MAI被暂时

---

[1] See Guideline for Submissions on Enforcement Matters under Articles 14 and 15 of the North American Agreement on Environmental Cooperation.

搁置。有的学者认为，“MAI 失败的部分原因在于环境问题”。❶ 从《多边投资协议》的 1998 年版草案分析，其并没有借此机会使经济全球化走上可持续发展的道路，因此导致许多重大缺陷。MAI 给予了投资者充分的保护，但却并没有同时为他们设置伴随的义务，以使其投资行为及结果对社会有益。❷ 在协议的起草与谈判过程中，曾有人建议将 OECD 的《跨国公司指南》并入 MAI 正文中。然而，《跨国公司指南》本身不具有法律强制力，而且其内容也不全面，自身不足以完全确保跨国公司的行为对环境是适当的。

MAI 还限制了国家主权和各级政府规制跨国公司的能力，无法对其设置必要的履行要求，采取有效的管理措施，以确信外国资本有助于发展地方事务。许多发展中国家为了促进本国的可持续发展，往往要求跨国公司转让对环境有益的技术。这一点在众多国际环境制度(如《保护生物多样性公约》)中被看作是一种重要的政策工具。然而，这种外资进入义务却被 MAI 所禁止。

MAI 不支持“污染者支付”原则。这体现在其争议非常大的征收与赔偿规定中。根据这一规定，当外国投资者的投资由于环境管理而价值减少时，投资者可以提起金钱赔偿的申请。MAI 设计的争端解决程序也明显的倾向于跨国投资者。MAI 赋予投资者权利，可以直接向争端裁决机构起诉东道国。同《欧洲能源宪章》相似的是，MAI 也不允许受到影响的个人或其他相关个人及非政府组织参与争端解决程序。

五、与跨国公司有关的环境标准与指南

近些年来，为了回应全球的环境压力，一些多边或双边的金融机构或经济组织越来越把是否符合一定的环境标准作为衡量是否给予私人投资项目支持的条件。例如，绝大多数的多边发展银行(如国际金融公司 IFC 和多边投资担保机构 MIGA)和某些私人借贷者在考核投资项目时，开始执行自己的环境政策，如要求进行环境影响的评价、保证公众的知情权以及与受影响的主体进行协商。总体上讲，这些标准并不如绝大多数发达国家所建立的国家标准那样严格、那样包罗万象，但是通常要比发展中国家的环保标准健全。特别是在那些环保法律执行不是

❶David Hunter and Stephen Porter, International Environmental Law and Foreign Direct Investment, Daniel D. Bradlow and Alfred Escher (ed), Legal Aspect of Foreign Direct Investment, Kluwer Law International 1999, p. 189.

❷参见刘笋:《从 MAI 看综合性国际投资多边立法的困境和出路》,《中国法学》, 2001 年第 5 期。

很严格的发展中国家，这些国际机构的标准更是能够起到积极的作用。那些依赖国际金融机构资助的投资项目会受到越来越紧密的国际监管。

在以上金融机构制定的环境标准之外，一些政府间或非政府间的组织也针对跨国公司的行为制定了某些自愿遵守的环境标准与指南。这些规则被视为“软法”。对于这些“软法”，跨国公司在实践中也不得不加以考虑。它们被用来评价某个具体外国投资项目的运作，也能够大概预测出将来有约束力的标准的发展。如前文所述，某些国家曾建议将 OECD 的《跨国公司指南》纳入到《多边投资协议》中去。还有学者主张，如果跨国公司违反了它们允诺遵守的自愿性公司标准，那么按照普通法下的合同或侵权理论，这些公司就要对受到损害的个人承担责任。❶

（一）世界银行集团

世界银行在筹划和实施投资项目时，在政策和工作程序中表达了对环境的热切关注。前世行首席顾问 Ibrahim Shihata 认为，以下关于环境的 8 个原则一直指导着世行体系的投资活动：世行将尽力确保每一个影响到可再生自然资源的项目不会超出环境的再生能力；世行将不资助那些没有世行可接受的缓解措施的情况下，而导致严重或不可弥补的环境损害的项目，包括物种灭绝；世行将不资助那些不适当降低公众健康和安全的项目；世行将不资助那些没有世行可接受的缓解措施的情况下，而迁移居民或使弱势群体处于严重不利地位的项目；世行将不资助那些规避成员方加入的国际环境协定义务的项目；世行将不资助那些在没有取得邻国同意的情况下而对其造成重大环境损害的项目，如果损害案件发生，世行愿意帮助该邻国寻求适当的解决方案；世行将不资助那些显著更改国际公约指定的自然区域的项目，此类区域如世界遗产、生物圈保护区，或国家立法所指定的国家公园、野生动物保护区等；如果项目不可避免地会给环境带来不利的后果，世行将尽力确保项目位于能将环境损害最小化的地点，即使这意味着要有更大的成本投入。❷

---

❶See Will Cook, Corporate Subscription to Voluntary Environmental Principles: Global Stewardship or New Legal Duties (1997), David Hunter and Stephen Porter, International Environmental Law and Foreign Direct Investment, Daniel D. Bradlow and Alfred Escher (ed), Legal Aspect of Foreign Direct Investment, Kluwer Law International 1999, p. 193.

❷Environmental Aspects of Bank Activities, Operational Management Statement 2. 36(1984); Ibrahim Shihata, "The world Bank and the Environment: Legal Instruments for Achieving Environmental Objectives", in I. F. I. Shihata, 2 The World Bank in a Changing World (1996).

上述世界银行的“操作管理指示”不断发展完善，其内容也是在逐渐充实，以后还可能加入环境评价、强制迁移及本地人权利等规则。然而，对外国直接投资影响最大的还要属国际金融公司和多边投资担保机构所适用的环境标准。这两个机构都是世界银行集团的下属部分，它们也都在不断地改进自己的环境政策和标准。国际金融公司在世行集团内部率先发布了《污染预防与缓解手册》，为近50个具体的工业部门制定了标准。除极少数情况外，世行集团希望具体行业内的投资项目能够达到要求的环境标准。世行比较了不同的国际和国内标准，并评估出在绝大多数发展中国家最切实可行的标准，之后，才制定出那些标准。这些环境标准经常被私人主体当作“国际标准”，用来衡量所投资项目的环境问题。即使当国际金融公司并没有参与该项目时也是如此。可以说，上述标准起到了很好的示范作用。

（二）OECD《跨国公司指南》

OECD《跨国公司指南》最早出现在1976年《关于国际投资和多国公司的宣言与决定》的主体部分，其后经过多次修订和发展(关于该指南的较多分析见第五章)。1991年，OECD部长级理事会决定在指南中增加“环境保护”一章。该章要求，在法律、规章及政府管理的框架内，跨国公司应当充分考虑环境保护的需要，避免发生与健康相关的环境问题。

按照“环境保护”一章的规定及OECD跨国公司与投资委员会对指南的进一步解释，跨国公司在决策时要评价、考虑自身活动所造成的可预见的环境后果(例如选址)，对当地自然资源的影响，产品对健康的危险，包括生产、运输及废物处理环节；由于自身的决策，在运营过程中造成可预见的重大环境后果时，跨国公司要承担责任；跨国公司应当与有关机构合作，提供充分、及时的环境信息及专门技术，向政府当局及时提供关于公司的运营所可能造成所有潜在环境后果和危害方面的信息；结合具体情况，跨国公司整体上建立环境保护制度，例如引入环境审核制度；为跨国公司的各组成部分提供适当的装备和知识等方面的资助；采取适当的技术和实践以缓解不利的环境影响，对所有的雇员进行训练，并准备好紧急应对方案；以适当的方式，支持公众和社区获知有关信息。❶

总体上讲，OECD指南的环境规定比较积极。但正如前文提及的，OECD在进行《多边投资协议》谈判时，每次草案都没有吸收《跨国公司指南》作为一项正

---

❶See Organization for Economic Cooperation and Development, The OECD Guidelines for Multinational Corporations, 47-48(OECD, 1984).

式内容。从 OECD 对这两部文件的效力层次的安排上可以看出其明显的倾向性。《跨国公司指南》只是要求跨国公司和成员国自愿遵守。

（三）ISO 14000

国际标准化组织(ISO)是世界上最大的非政府性标准化专门机构，它在国际标准化中占主导地位。ISO 的主要活动是制定国际标准，协调世界范围内的标准化工作，组织各成员方和技术委员会进行情报交流，以及与其他国际性组织进行合作，共同研究有关标准化问题。随着国际投资和贸易的发展，对国际标准的要求日益提高，ISO 的作用也日趋扩大，世界上许多国家对 ISO 也越加重视。ISO 的目的和宗旨是：在世界范围内促进标准化工作的发展，以利于国际物资交流和互助，并扩大在知识、科学、技术和经济方面的合作。

国际标准化组织(ISO)于 1996 年 9 月推出 ISO 14001 标准，该系列标准考核的是环境管理原则、制度及支持技术。ISO 14000 系列包含六方面内容：环境管理制度；环境审计；环境标志；环境业绩评价；生命周期分析；环境方面的产品标准。ISO 14000 标准目的是确保环境管理符合最低的程序要求，并不直接涉及实质性的环保技术操作。在短短两三年时间里，全球已经有超过 1 万家企业获得 ISO 14001 认证(截至 1999 年 6 月 1 日)，其增长势头之迅猛已经远远超出了 ISO 9000 标准出台初期的发展速度。我国政府在 2003 年 1 月颁布的《中国 21 世纪初可持续发展行动纲要》中已经把“实施 ISO 14000 环境管理体系、环境标志产品认证制度”列为加强环境保护的重要措施之一。我国的环境管理体系认证工作起步于 1996 年。中国环境管理体系认证指导委员会(CACEB)经国务院办公厅批准成立于 1997 年 7 月，其目的是为促进企业合理利用自然资源，节能降耗，减少污染物的排放，保护环境，有利于我国企业适应国际市场的要求，开展国际交流和合作。该委员会具体指导国际标准化组织环境管理系列标准(ISO 14000 系列标准)在我国的实施。❶

跨国公司为了获得 ISO 14000 系列的认证，必须按照 ISO 规定的标准对其管理体系进行调整、改进，采取若干有力的环境措施。首先，要树立可量化的环境管理目标；其次，必须清楚表明自己的环境政策，外界和公众能够获得、知晓；高层管理人员要有相应承诺，在组织结构和人员培训方面也要体现环境要求；还

❶ISO 9000 族标准经过了 12 年的推广和普及，目前全球取得 ISO 9001/2 认证的企业大约为 20 余万家。到 2004 年，国内有 15 家认证机构得到了“环认委”的认可，共认证企业 263 家。参见《ISO 14000 的绿色浪潮为何涌动全球》，http：//www. zgc-ft. gov. cn/wwwroot/cn/C11/index/01_ lsyq_ iso1_ 01. htm。

要建立考核执行制度，包括审计和评估。然而，ISO 涉足环境管理领域也遭到一些非议。有人指出，ISO 迷失了方向，偏离了自己的专长，即与产品有关的标准；ISO 标准的制定过程缺乏公众参与，因而也没有引起公众太多的兴趣。也有人担心，ISO 14000 系列可能是以跨国公司为代表的工业界为了避免更加尖锐的、有约束力的标准，而抢先占据规则的制定权，发布一些自愿遵守的软弱的标准。同时，工业界也希望，ISO 能提出环境管理的最低标准，以为全球共同遵守，这样就能协调不同国家的法律标准，并降低由于不可预测、千变万化的环境标准而带来的国际投资风险。[1]

（四）国际商会《可持续发展商业章程》

国际商会（ICC）成立于 1919 年，发展至今已拥有来自 130 多个国家的成员公司和协会，是全球唯一的代表企业界的权威代言机构。国际商会推行一种开放的国际贸易、投资体系和市场经济。由于国际商会的成员公司和协会本身从事于国际商业活动，因此它所制定用以规范国际商业合作的规章，如《托收统一规则》《跟单信用证统一惯例》《国际商会 2000 国际贸易术语解释通则》等被广泛地应用于国际贸易中，并成为国际贸易不可缺少的一部分，国际商会下属的国际仲裁法庭是全球最高的仲裁机构，它为解决国际贸易争议起着重大的作用。

国际商会 1991 年发布了《可持续发展商业章程》。该章程是一套公司环境管理原则，共 16 项。国际商会希望企业能够将其深入运营之中。其中主要的内容是：将环境管理列入优先发展的最高层次计划之列；将环境管理体现在商业管理的各个阶段；尽力提高环境政策的执行水平，并加强员工培训；对新项目的环境影响进行事前的评估；产品和服务的开发不得对环境造成不当的影响，并保证最终用途的安全；鼓励企业内外的公开对话；采取预防措施；考核并报告环境政策的执行情况。

目前，《可持续发展商业章程》已经得到全球数以千计的公司认可，其中《财富》500 强的跨国公司就有数百家。工程界巨子 ABB 公司负责环境事务的副总裁 Jan Stromblad 说，"包括 ABB 公司在内的许多公司用事实证明，国际商会的《可持续发展商业章程》可以成为一个组织的环境方案的有机部分……没有比该章程更好的一套指导原则了。我们认为章程是成功的。"ABB 每年还请独立的考核人

---

[1] David Hunter and Stephen Porter, International Environmental Law and Foreign Direct Investment, Daniel D. Bradlow and Alfred Escher (ed), Legal Aspect of Foreign Direct Investment, Kluwer Law International 1999, p. 196.

员按照16条原则来评估自己的执行情况。❶ 亚洲签署方也已承诺将该准则付诸实施，其中包括：认清长远期经济发展及环境可持续发展的需要；开发及提供不会影响环境、能安全有效地利用能源及自然资源并可重新使用、循环再用或进行安全处理的产品及服务。❷

(五) 双边资助机构

双边的一些金融资助机构也开始加强了环境方面的要求。美国海外私人投资公司(OPIC)为美国公司在海外投资的政治风险提供保险。1998年，OPIC发布了环境手册，提供了环境标准、环境评估和环境监测程序方面的指南。OPIC将这些要求应用于眼下和未来的投资项目中。为了降低美国跨国公司在海外的投资风险和自身的保险风险，OPIC要求自己所保险的一切项目必须符合东道国的环境管理；而且，绝大多数的行为还要同时遵从世界银行的环境、健康和安全标准。根据美国国内法的要求，OPIC的环境评估对公众开放。就发展中国家来说，保险对于确保大规模的资源等基础性投资项目的顺利进行是非常必要的。

有些出口信用机构对相关的项目也开始适用环境标准。虽然出口信用机构并不是直接促进跨国公司的投资，但是一些长期项目就可能影响到海外直接投资的内容与数量。在所有出口信用机构中，美国进出口银行(U.S. Ex-Im Bank)执行的环境标准被广泛视为是最严格的。1992年，美国国会要求Ex-Im银行修改其章程，建立环境审查制度。1995年2月，Ex-Im银行董事会正式通过了第一批环境程序和指南。这些规则要求每一个长期项目的立项和最终实施必须接受环境审核。银行的工程与环境部将具体负责环境影响评估。长期项目的申请人必须向银行提供充分的环境信息，达不到最低环境标准而且没有实施缓解措施的就得不到金融资助。

有学者认为，“由于大型跨国公司的母国和多边贷款机构施加了较高的环境标准，现在它们也趋向于越来越少地利用发展中国家比较宽松的环境保护标准带来的比较优势。”❸但这只是问题的一方面。OECD国家都有自己的出口信用机构。由于美国此类机构更加严格的环境标准已影响到美国公司在海外的竞争力。美国

---

❶http://www.iccwbo.org/home/environment_and_energy/sdcharter/charter/about_charter/about_charter.asp.

❷http://www.ambiente.gov.mo/tchinese/07/lotus20/l2004.asp.

❸田贵明:《跨国公司对外直接投资与东道国激励政策竞争》，中国经济出版社，2003年版，第137页。

工业界和环境团体都呼吁能在 OECD 范围内进行统一协调。近几年，西方七国首脑在会晤中也谈及环境标准的协调问题。然而，尽管绝大多数 OECD 国家的出口信用机构声明在作出决策时，都会对环境风险加以考虑，但只有美国和澳大利亚正式地要求对项目进行环境评价。❶

（六）瓦尔迪兹原则

1989 年 3 月 24 日，埃克森公司瓦尔迪兹号(The Exxon Valdez)油轮搁浅并泄出 267000 桶共 1100 万加仑的油，油污进入阿拉斯加威廉王子海峡，污染损害和清污费用高达 80 亿美元。此次意外是美国有史以来最严重的漏油事件。作为对这一起灾难的回应，保护环境经济联合体(CERES)创立了瓦尔迪兹原则，共 10 条。加入该原则的公司承诺：无论其在何处经营，都要坚持最高的环境标准；而且，还要进行内部稽核，并通过 CERES 年度报告的形式向外界披露。任何一个企业都是自愿采纳，但是一旦对其认可，瓦尔迪兹原则就有一定约束力了。由此，瓦尔迪兹原则的环境治理方面与某些非强制性的环境相比就有了自己的特色。

对于加入瓦尔迪兹原则的跨国公司而言，即使东道国的环境标准低于母国，该公司也只能按照母国更加严格的环境要求在东道国运营。这样，跨国公司就不会在发展中国家再去游说，寻求较宽松的环境标准。东道国也有动力采取更高的标准，以提高环保水平，吸引外国投资。针对跨国公司造成的环境损害，保护环境经济联合体创立的瓦尔迪兹原则探索出一条独特的方式，受到一定程度的称赞。然而，在实践中，该原则要求的内部检查、对外报告制度又使相当多的大型跨国公司望而却步。跨国公司不愿为自己添加不必要的枷锁。因此，目前支持瓦尔迪兹原则的公司不是很多，截至 2003 年底只有 70 多家。❷

（七）企业环境报告制度

环境报告又称环境信息披露，分为宏观和微观两个层面。宏观层面的环境报告是指政府环境信息公开；微观层面的环境报告是指企业环境报告，即把企业各种活动对环境产生影响的信息向外部社会披露(广义上可以纳入第二章所分析的披露制度)。企业环境报告制度作为企业管理和经营的一项创新，从个别企业的试行发展到成为多数国际化企业的潮流。20 世纪 80 年代中期，国外企业环境报

---

❶See A. Bree & D. Hunter, Results of a Survey of Environmental Procedures at Non-US Export Credit and Risk Insurance Agencies (CIEL Working Paper, Sept. 15 1998).

❷http://www.ceres.org/about/main.htm.

告开始出现，主要体现在跨国公司年度报告中的“管理分析与问题讨论”部分，没有单独列出专项报告。90年代以后，随着“绿色意识”的日益强化，也对企业信息披露产生了更大的压力，于是各大公司纷纷在年度报告中增加环境信息部分，有的还单独编制年度环境报告。根据国际四大会计事务所之一毕马威(KPMG)的一项调查，披露环境信息的跨国性大公司，1994年为65%，1995年增长到77%，2002年已经达到85%，到2000年全球最大的500家公司全部开始编制环境报告。[1] 这在一定程度上表明，企业竞争的加剧以及多方位化，使得包括企业社会效益、公共责任感和自我约束能力等在内的非经济因素已日益成为企业竞争的重要内容。

近年来国外企业环境报告方式一般分三类：环境价值信息报告、环境实物信息报告和环境等级信息报告。环境价值信息报告是建立在环境会计的基础上，依据企业对资源环境的影响的货币因素来度量。企业环境实物信息报告是对重点污染行业，如电力企业，依据其实物污染情况做出报告。环境行为等级信息报告是将企业按照一定标准区分的等级情况向公众发布环境报告的模式，指标的级别分别用5种颜色表示(即五色法)，有绿色、蓝色、黄色、红色和黑色，绿色代表符合可持续发展的要求，而黑色代表环境不达标，其余颜色为过渡等级。

需要指出的是，环境报告或披露制度不同于前面提到的ISO14000标准，后者是一种管理准则。虽然环境报告尚无统一的国际专业标准，但一些跨国公司或者出于其国内法的要求，或者出于形象的考虑已开始实行。而且，一些国际组织对环境报告标准的制订作出了不懈的努力。联合国专门成立了国际会计和报告标准政府间专家工作组(ISAR)。该工作组经过对跨国公司环境报告的深入考察和研究，从1990年起，将环境会计问题列为每届会议的主要议题之一。1992年，该工作组出版了《环境会计：当前的问题》一书，书中提出了环境审计、可持续发展会计、环境对国民经济核算的影响等方面的意见。1992年，联合国经济社会发展部下属的“跨国公司和管理”分部，对环境审计进行过调查，并开始了适用于公司的“可持续发展会计”的研究。1993年，联合国印发了《跨国公司的环境管理》的研究报告，介绍了部分跨国公司在其年度报告中公布环境资料情况的调查。国际会计师联合会于1997年6月颁布了一份征求意见稿——“财务报表审计中的环境事项之考虑”，主要针对环境法规、企业的环境风险评估和相关的内部

---

[1] 参见中国行政管理学会生态行政管理课题组：《政府要指导企业建立环境报告制度》，http：//www.cpasonline.org.cn/cpas/xsdt/gnxsdt15.htm。

控制。这些工作都有力地推动了其他国际性或区域性组织及发达国家在此领域的探讨与研究。

六、国内法的域外效力与跨国环境诉讼

美国的反垄断法和证券法时常有域外适用的例子。其环境法也在国际贸易领域运用过治外法权，美国根据1992年修正的《海洋哺乳动物保护法》（MMPA）而对来自墨西哥的金枪鱼实行的贸易禁运就是这方面著名的案例。[1] 相比之下，在国际投资领域，针对跨国公司的海外行为而域外适用其环境法在历史上却鲜有这方面的情况。然而，在美国的理论界和司法实践中均曾出现了对此的深入探讨。[2]

通常，跨国公司在东道国投资经营时主要遵循的是当地的法律，有时还要履行一些相关国际法义务。然而，在特别的情况下，跨国公司可能因其在海外的行为而适用其母国的法律。就跨国公司造成的环境问题而言，人们发现虽然国际条约或“软法”性质的环境标准能够在一定程度上规制跨国公司，但是从实际效果上讲，跨国公司母国的法律可能是最有效力的。

有人批评国内环境法的治外法权为一种“生态帝国主义”，是对他国主权的潜在干预。然而，从本质上说，国内环境法的域外适用实际上是给受害方提供了更加全面的救济，也使国际环境纠纷多了一种解决途径。发达国家与发展中国家不同的环境法律制度对受害者的保护水平是不一样的。对于跨国公司造成的环境事故，如果仅允许受害者在本国寻求救济显然是不公正的。近来在一些严重的环境事故中，发展中国家的受害者开始在跨国公司的母国提起跨境诉讼，请求赔偿。

在此类跨国环境诉讼中，跨国公司都以“不方便管辖”（forum non conveniens）为由主张案件不应在母国审理。在美国，绝大多数案件中的受害者都未能如愿以偿。然而，在道尔化工和壳牌石油卷入的一个案件中，人们似乎又看到一丝希望。事情的起因是：哥斯达黎加的一个香蕉农场里的工人由于接触到道尔和壳牌生产的一种农药二溴氯丙烷（DBCP）而导致不育或患癌症的风险，因而在美国得

---

[1] 美国的法律一直比较重视环境保护，并关注着两个问题：有效性和竞争性。一方面，有效的环境保护不能停留在一国境内；当其他国家的企业不面临同样的环保规则时，美国的环境保护法就为本国企业设置了竞争劣势。为此，美国国会议员在八十年代和九十年代提出了一系列动议，要求限制那些不遵守国际环保义务的国家进入美国市场；或者对这些国家的进口产品征税。对贸易与环境法的关系及金枪鱼案的具体分析请参见 Mary Ellen O' Connell, Using Trade to Enforce International Environmental Law: Implications for United States Law, Indiana Journal of Global Legal Studies, Fall 1994: Volume 1, Issue 2。

[2] 例如 Michael Anderson, TRANSNATIONAL CORPORATIONS AND ENVIRONMENTAL DAMAGE: IS TORT LAW THE ANSWER? Washburn Law Journal, Spring 2002。

克萨斯州提起诉讼。1990年，受害者获得胜利。在本案中，德州法院放弃了“不方便管辖”原则。本案一份生效的并行意见裁决如下，集中地反映了一种比较激进的观点：

“毫无疑问，一些美国的跨国公司唯利是图，对人类生活和环境漠不关心。在现阶段，许多第三世界国家的侵权法并不很发达。当法院驳回一个针对美国跨国公司的案件时，实际上就取消了针对此类公司不当行为的一种最有效力的规制。

在这个时代，生态学者已经展示出地球上所有生命之间微妙的平衡。这同时也是一个市场全球化的世界。不方便管辖原则此时此刻应是过时了。体现在这一原则中的狭隘见解使得跨国公司仅仅由于具有跨国的属性而逃避法律的控制。……如果在美国境内对跨国公司的行为缺乏有意义的侵权责任约束，一些跨国公司在运营时依然不会充分顾及人的生命健康和环境的代价。在未来的时间里，这样的后果不能允许再次出现了。”❶

诸如德州法院的判决是不多见的。发展中国家的受害者在发达国家的维权之路还很漫长。但从长期趋势来看，跨国公司母国的法院会给予受害者更多的机会，特别是当受害者除此之外根本没有救济可寻的时候。在美国之外，也有跨国公司承担责任的先例。巴布亚新几内亚的公民曾因一家澳大利亚公司经营 Ok Tedi 矿山造成的损害而在澳大利亚法院起诉，最终得到满意的裁决。英国法院还受理过英国公司在非洲造成环境损害的案件。

国内环境法为了实现贸易保护和投资保护，其具体方式是不同的。为了前者，国内法可能主动地域外适用；而为了后者，国内法恰恰是消极地躲避。因为如果对本国跨国公司在海外的行为积极地适用国内较高标准的环境法，就等于为本国的企业设置了更多的义务，弱化了竞争优势。归根结底，本国环境法在国际贸易领域的域外适用针对的是其他国家的企业及其产品；在国际投资领域所针对的则是本国企业(跨国公司的母公司)。这是发达国家环境法不愿域外适用的根本利益障碍。

七、跨国公司与全球气候诉讼

2015年12月12日，《联合国气候变化框架公约》近200个缔约方在巴黎气候变化大会上达成《巴黎气候变化协定》(简称《巴黎协定》)。这是继《京都议定

❶Dow Chemical Co. v. Alfaro, 33Tex. Sup. Ct. J. 326, 786 S. W. 2d 688-89 (Tex. 1990).

书》后第二份有法律约束力的气候协议，为2020年后全球应对气候变化行动作出了安排。《巴黎协定》于2016年11月4日正式生效。❶ 此后，“碳达峰、碳中和”(双碳)逐渐成为全球的热点话题，甚至在某种程度上已经上升到衡量一个主权国家、跨国公司“价值观”“政治(策)正确”的标准。2020年9月22日，国家主席习近平在第七十五届联合国大会上宣布，中国力争2030年前二氧化碳排放达到峰值，努力争取2060年前实现碳中和目标。2021年10月24日，中共中央、国务院印发了《关于完整准确全面贯彻新发展理念做好碳达峰碳中和工作的意见》。作为碳达峰碳中和“1+N”政策体系中的“1”，该意见为碳达峰碳中和这项重大工作进行系统谋划和总体部署。总体上我国的双碳制度安排是实事求是和切实可行的。相比较之下，一些西欧国家和大型能源公司的双碳目标和路径过于激进，导致2021年欧洲一度曾出现了“气荒”“电荒”。欧美的一些所谓“绿党”和非政府组织始终保持对大型能源公司双碳目标的压力。全球范围内，针对这些能源巨头的气候变化诉讼从无到有，并且数量呈现明显增势。

(一) 壳牌公司减排政策案

主要案情。2019年4月，地球之友等7家环保组织及多名个人作为原告，以壳牌公司对气候变化负有责任及危害人权和生命为由，向荷兰海牙地方法院提起诉讼。2021年5月21日，该法院判决壳牌公司对气候变化的不利影响负有责任，要求公司调整减排政策，2030年全球二氧化碳排放量在2019年基础上减少45%，减排对象包括壳牌自身运营排放、壳牌供应商的排放以及消费者使用壳牌产品产生的排放共三类。壳牌公司不服，已提起上诉。

原告共提出了2项诉讼请求，第一项是请求法院认定壳牌目前的二氧化碳年排放总量属于“非法行为”，第二项是请求法院判令壳牌集团到2030年底其二氧化碳年排放总量应相比2019年排放水平下降45%(或作为替代方案下降35%或25%)。法院驳回了原告的第一项诉讼请求，支持了第二项。法院认为在本案中

---

❶2016年4月22日，时任中国国务院副总理张高丽作为习近平主席特使在《巴黎气候变化协定》上签字。同年9月3日，全国人大常委会批准中国加入《巴黎协定》，成为第23个完成了批准协定的缔约方。2020年11月4日，特朗普时期的美国政府曾退出了《巴黎协定》，成为迄今为止唯一退出《巴黎协定》的缔约方。2021年1月20日，新上任的美国总统拜登签署行政令，美国将重新加入《巴黎协定》。2月19日，美国方面宣布，正式重新加入《巴黎协定》。不到半年内，美国作为大国在如此重大国际事项上翻云覆手，着实让人大跌眼镜。2021年11月13日，《联合国气候变化框架公约》第二十六次缔约方大会在“加时”一天后，在英国格拉斯哥闭幕。大会达成《巴黎协定》实施细则一揽子决议，由此国际社会全面落实《巴黎协定》进入了新的阶段。

的"损害事件"是壳牌总部制定的公司政策，而不是通常气候变化诉讼提及的公司及其油气产品产生的二氧化碳。该案件是全球第一起法院对私营企业实现特定减排目标作出判决的案件。

判决依据。法院援引的依据主要包括三个方面：一是《欧洲保护人权与基本自由公约》及《公民权利和政治权利国际公约》中对于人权的定义；二是欧洲人权法院的判例，如果存在危害人民生活或者福利的风险，而且国家意识到这种风险，则有义务采取适当措施；三是对于壳牌公司在气候方面应负责任的认定，海牙地方法院参照了一系列辅助的阐述和定义，如经济合作与发展组织（OECD）《跨国企业指南（准则）》中关于企业在人权领域的责任，牛津大学《围绕净零目标的现实措施一览》一文对企业排放应负责任的叙述和推定等。

壳牌的应对措施。壳牌自 2019 年收到法院传票后，受到的社会和公众压力与日俱增。公司采取了以下主要措施：

一是在公司战略和政策层面发力，提高公司所承担的社会责任。如 2019 年 6 月发布了新的能源战略，将电力业务作为能源转型的新兴业务，2020 年度报告中设定了 2050 年成为净零碳排放企业的目标，2021 年初又发布了新的低碳发展战略。

二是正式宣布石油产量已达峰。2021 年初，壳牌宣布石油产量已于 2019 年达峰，在此基础上每年将石油产量降低 1%-2%；同时，公司还制定了大规模的油气资产剥离计划。

三是积极上诉并公开辩解观点。在收到判决结果后，壳牌积极上诉，并在官网就事件进展及企业观点及减排措施做了详细说明。壳牌认为现代文明对化石能源已经形成依赖，即使壳牌因为本次判决大规模减产，造成的供应缺口也会由其他石油公司补充，无法对全球碳排放总量的降低发挥作用。同时，气候变化是人类社会的共同责任，不应针对某一家公司进行判决。

目前，荷兰法院还没有作出对壳牌公司减排政策案的二审判决，建议读者与笔者共同跟踪了解此案。

（二）关于能源企业的气候变化诉讼情况

据美国哥伦比亚大学萨宾气候研究中心统计，截至 2021 年 12 月，全球共有 1847 件与气候变化有关的案件。其中针对能源巨头企业的气候变化诉讼主要有以下四种类型：

一是基于虚假宣传而提起气候变化诉讼。如 2020 年美国哥伦比亚州基于《消费者保护程序法》起诉埃克森美孚等8家能源公司，认为被告构成"欺骗和不正当行为"导致该州需要制定预警方案，应对更频繁和更极端的降水和洪水，要求被告停止违法、支付损害赔偿等。2021年纽约市同样基于本州《消费者保护法》起诉埃克森美孚、壳牌、BP和美国石油协会。认为针对其产品气候变化的关系误导了消费者，同时存在"洗绿"(Greenwash)行为，让消费者对新能源在其业务中的角色以及公司减少二氧化碳排放的努力产生错误的认知。纽约州要求法院作出禁止令和处以民事罚款(每次违规350美元或每次明知违规500美元)。上述两个案件均于近期提起，尚未作出判决。

二是基于人权义务要求企业采取更加积极的气候变化应对措施的诉讼。例如，2019年，Notre Affaire à Tous等环保机构与法国数十个地方政府共同起诉道达尔，要求道达尔在其警惕性预案中考虑与全球控温1.5摄氏度相关的风险，并纳入与全球控温1.5摄氏度目标相一致的减排行动。最终法院认为该案件应该向商事法庭提起，因此驳回了起诉，未进行实体审理，但该诉讼可能启发其他原告在未来提起类似的案件。

三是个人或者环保组织要求能源企业承担气候变化赔偿责任的诉讼。如2015年初，秘鲁瓦拉斯一村民起诉德国RWE能源公司，认为公司温室气体排放导致上游冰川融化，要求公司补偿他本人及瓦拉斯政府建立防洪措施的费用。

四是地方政府为获得地区基础设施建设费用提起的气候变化赔偿诉讼。主要是城市政府认为大型油气企业的经营活动引发了气候变化，致使气候灾害频发，地方政府承担了基础设施建设的财政支出，要求油气公司予以赔偿。如2017年9月，奥克兰市和旧金山市地方政府诉BP，要求企业建立10亿美元的减排基金，以帮助城市免受风暴灾害。2020年3月，檀香山市起诉太阳石油公司，要求企业支付气候变化损害导致的城市基础设施的损坏赔偿费用。

八、结语

与跨国公司有关的环境问题有很多值得研究的内容，本文主要集中于跨国公司与环境问题的全球治理，介绍并分析了与跨国公司有关的国际环境规则。笔者只是描绘出大致的轮廓，希望能够抛砖引玉，引起相关学者和实践工作者对此问题的重视。尽管本文重点突出了跨国公司带来的环境问题，但并不意味着跨国公司的作用只是负面的。以跨国公司为代表的外国直接投资在许多领域的作用都是双重的。外来直接投资给环境带来的不仅是挑战，还有机遇。在发展中国家走向可持续发展的过程中，国际社会的官方资助正在下降，远远满足不了实际需要。

环境投资市场潜力巨大，而且还在增长。跨国公司的直接投资可以弥补这一缺口。而且有些研究也表明，大型跨国公司在全球化经营过程中常常应用一个统一的环保标准，其环境管理表现会对当地公司产生积极的溢出效应，从而提高东道国的污染控制技术。❶ 因此发展中国家所要考虑的是如何驯服跨国公司这个“利维坦”，趋利避害。

我们都生活在同一地球环境之下，因此，环境问题本质上是全球性的，需要在国际层面的合作。国际社会虽然就环境问题取得一定成果，出现了本文所分析的全球治理现象，但涉及的领域很有限。而且，环境保护方面的国际协定所保障的都是对抗国家的权利，这些条约的内容不能直接适用于跨国公司之类的非国家主体。有些国际性规范文件只是为跨国公司在环境和人权方面提出了一些标准，跨国公司只是自愿遵守，并不具有强制力。另外，国际环境法转化为国内法的程度也很低。目前，大多数环境问题的立法和执法还是停留在国内法层次上。

在过去的半个世纪里，广大发展中国家的环境法律制度有了很大的提高，100 多个国家要求进行环境影响评价。绝大多数国家建立了中央一级的环保部门或隶属于资源部门的环境机构。然而，许多发展中国家的此类环境部门往往缺乏足够的财政支持；环保法制或环境标准的实施随意性很大，在主观或客观上造成执法不严。许多发展中国家的环境问题之所以解决起来困难重重并不是跨国公司单方面造成的，❷ 但跨国公司正是抓住了这一点，在经济利益的驱动下，把发展中国家这一无奈的漏洞给放大了。可以说，在目前国际法和国内法层次上，跨国公司带来的环境问题均未得到根本治理。解决这一问题的关键在于东道国的经济和社会的发展，逐步放弃“牺牲环境换发展”的模式，提高法律的环境保护要求。

---

❶参见田贵明：《跨国公司对外直接投资与东道国激励政策竞争》，中国经济出版社，2003 年，第 136－140 页。

❷我国遭受反倾销指控的出口产品中有约三分之一是化工产品，其中的主要原因之一就是以往我国企业的生产考虑环保成本的因素较少，造成出口价格偏低。在这种情况下，我们也不可能对外国资本提出更高的要求。因此我们更应警惕没有太多约束的跨国公司所带来的潜在环境危害。参见王保军、伍商：《化工产品反倾销案的特点》，《国际商报》，2003 年 8 月 14 日。

第五章

主要国际组织对跨国公司的规范调整

上文三章分别从纵向分析跨国公司在主权、人权和环境三个领域给全球带来的法律问题及其管制。本章将从横向比较分析当今主要的国际机构，即联合国、经合组织、世贸组织在对跨国公司法律行为调整方面的工作。❶ 这三个机构在国际上非常活跃，而且具有广泛的影响力。它们对跨国公司的调整领域是综合性的，不仅仅是主权、人权或环境的某一方面，因此也有必要单独进行阐述。

一、联合国相关机构对跨国公司的管制

（一）联合国对跨国公司进行管理的起源、发展与转变

二战后，随着旧的殖民体系的瓦解，发展中国家纷纷获得民族独立与解放。老牌资本主义国家对这些昔日的殖民地或半殖民地的政治控制力已消解，但通过跨国公司的经济控制力依然存在。另一方面，广大发展中国家在联合国已逐渐形成一支强大的投票力量，加上当时众多社会主义国家的支持，他们要求联合国将

---

❶在这三个主要国际机构之外，欧盟近来也开始关注跨国公司问题。1999 年，欧洲议会通过了 A4-0508/98 号决议，即《关于在发展中国家经营的欧洲企业的欧盟标准——走向欧洲行为守则——的决议》，参见 O. J. (1999) C 104/180。该决议虽然没有针对跨国公司规定具体的权利和义务规范，多是一些原则和观念，但相当多的内容是对欧洲委员会的建议，表明了欧盟在跨国公司问题上的倾向性。决议的序言部分简要回顾、肯定了当前国际社会对主权、人权、环境和跨国公司问题的关注，并且强调“非约束性和约束性的管制方式并不互相排斥”。欧洲议会建议《欧洲企业行为守则》应当包括既有的国际上可行的最低标准（第 12 条）；呼吁欧洲委员会研究建立“欧洲监控平台”（EMP）（第 14 条）；就跨国公司案件定期举行公开的听证会（第 19 条）；呼吁欧洲委员会在新的欧盟指令中审议欧洲公司法时，合法地融入环境、核心劳工权及其他人权等方面的国际标准（第 26 条）。最后，决议强调“无论国际投资协议谈判是在 OECD 还是 WTO 的框架内进行，欧盟不仅要致力于确立跨国公司的合法权利，还有它们在环境、劳工和人权领域的义务——考虑到现在的最低国际标准。监控机制能提供公正和独立的保证，因此也应当体现在此类协定之中。”（第 30 条）。

发展中国家的利益列入联合国经济和社会日程之中。“国际经济新秩序”“经济自决权”等概念都是那时兴起的。发展中国家要求自己拥有法律上的权力管制本国领土内跨国公司的活动。这是联合国制定跨国公司政策的最初起源。联合国大会通过的《关于建立新的国际经济秩序的宣言》和《各国经济权利与义务宪章》等文件肯定了发展中国家的经济主权(相关内容见第二章分析)。

1972 年，联合国经社理事会请求秘书长成立一个工作组，研究跨国公司对世界发展和国际事务影响。工作组又建议组建联合国跨国公司委员会及跨国公司中心❶。之后，工作组主张跨国公司委员会应当将制定《联合国跨国公司行为守则》作为自己的任务。跨国公司委员会在第二届会议上决定成立政府间的工作组，以收集各国提出的意见，并准备守则的草案。工作组采取了温和的立场，既不反对跨国公司在发展中国家的投资，同时还要求对跨国公司进行适当管制，希望双方能够合作。工作组看到，跨国公司的全球组织、规模及技术的优势会威胁到东道国的主权。跨国公司的负面影响必须通过国家层面进行控制，同时还要有国际层面的支持。联合国当时试图寻求一种平衡，民族国家与跨国公司之间的平衡以及权利与义务之间的平衡。

然而，在守则的内容及性质上，资本输出国与输入国之间一直存在着较大分歧。资本输出国关心的是如何利用守则来保护跨国公司的投资，反对歧视性待遇；资本输入国想要凭借守则来规制跨国公司的行为，并落实联合国《国家经济权利与义务》❷的内容。1980 年，资本输出国成功地使经社理事会通过了 1980/60 号决议，确认守则应当“包括跨国公司的待遇、管辖及其他相关问题的规定”。❸双方的斗争比较尖锐，以至于政府间工作组 1982 年提交的守则草案竟然没有“序言与目标”部分。1990 年，工作组向经社理事会提交的草案成了最后的版本，因为双方在守则的内容、法律地位及与国际法的关系等基本问题上分歧根深蒂固，之后的谈判、协商都陷入僵局。最终守则于 1992 年被正式搁置。发展中国家和许多学者都曾对守则寄予厚望。“《守则》毕竟是一个世界性国际组织经过 20 年的讨论逐步制订而成的，其涵盖范围全面广泛，因此，一旦正式通过，《守则》

---

❶不久，联合国在“跨国公司”的用语上发生变化，由“Multinational Enterprise”变为“Transnational Corporation”，联合国跨国公司中心也改称“UN Centre on Transnational Corporations（UNCTC）”。

❷该宪章 1974 年 12 月 12 日在联合国通过。

❸See UN Commission on Transnational Corporations, Information Paper on the Negotiations to Complete the Code of Conduct on Transnational Corporations, UN Doc E/C. 10/1983/S/2 of 4 Jan. 1983.

在世界性投资法制发展过程中定将起到重要作用。”[1]然而，1972 年至 1992 联合国整整 20 年的努力表明，国际社会全方位地协调跨国公司行为的艰巨性，在这方面制定出具有法律效力的综合性全球统一规范缺乏可行性。

当年，联合国酝酿的《跨国公司行为守则》也充分考虑了发展中国家的经济主权。但在“冷战时代”，该守则被视为资本主义与第三世界、社会主义之间的一场竞争。在纯粹的意识形态内容淡化之后，资本输出国与输入国应当具体考虑的问题是东道国的发展权与自由裁量权、投资者的权利与义务等。虽然守则没有正式通过，但现在及未来的国际投资谈判不应忽视其影响。守则是后续此类谈判的起点，其中包括了许多经验与教训。守则所反映的许多问题至今仍然存在，其内容并不过时，[2] 主题依然新颖，特别是关于如何管制外来投资者。

进入 80 年代以来，世界经济政治条件的变化也促使联合国逐渐转变了制定跨国公司全球统一规范的想法。[3] 1992 年，跨国公司中心被改组为跨国公司管理司（TCMD），成为联合国经济和社会发展部下 8 个司之一，同时执行着跨国公司委员会秘书处的职能。1993 年，联合国负责跨国公司问题的机构又由经济和社会发展部转到贸易与发展会议（UNCTAD）[4]。之后，新成立了跨国公司与投资司（DTCI），很快又改为投资、技术与企业发展司（DITE）。与此同时，联合国跨国公司委员会也改为投资技术与相关金融问题委员会，该委员会向贸发会议下的贸易与投资理事会报告。

联合国进行的与跨国公司相关的机构改革反映出其降低了管理跨国公司的抱负。跨国公司管理司、跨国公司与投资司及投资、技术与企业发展司这些部门只

---

[1]陈安主编：《国际经济法学》，北京大学出版社，1994 年，第 349 页。

[2]《守则》当时也提到了环境保护，而且还禁止跨国公司与种族主义的少数人政权合作。有学者主张将后一规定扩大到对人权与基本自由的尊重。参见 Peter T. Muchlinski, Attemps to Extend the Accountability of the Transnational Corporation, p. 115。

[3]许多发展中国家感到外来直接投资的不足，一些陷入“债务危机”的国家也意识到直接投资比借贷资本的好处，因此吸引外来投资的竞争变得激烈。美国和英国的政府支持新古典主义的经济学观点，对外来直接投资采取自由主义的方针；一些东欧社会主义国家和发展中国家也进行了以市场经济为导向的改革。资本输出国与资本输入国，或说跨国公司与东道国之间也不像以往那样针锋相对。另一方面，发达国家对发展中国家建立“国际经济新秩序”的要求采取了迂回的战术。他们在限制了联合国《跨国公司行为守则》范围的同时，还积极通过双边协议和其他组织寻求投资保护，特别是通过 WTO 领域内的谈判，发达国家已在服务行业、与贸易有关的投资措施等方面部分地实现了自己的利益。

[4]贸发会议是目前联合国秘书处内集中负责所有涉及外国直接投资和跨国公司事务的机构。贸发会议力求加深人们对跨国公司的性质及跨国公司促进发展作用的了解，并努力营造有利于国际投资和企业发展的环境。贸发会议通过举办政府间的研讨、技术援助活动、讨论会、讲习会和大会开展工作。

是发挥着智囊团的作用，不再拥有制定政策的职能。目前，联合国已不再准备进行关于《跨国公司行为守则》新的谈判，也不拟进行对跨国公司作出任何全面性、制度性安排的政府级别的讨论或协商。投资技术与相关金融问题委员会由贸发会议的政府代表组成，反映的是 UNCTAD 多数意见。投资、技术与企业发展司面向的是联合国全体国家，对投资问题态度更加中立、温和。联合国的上述变化并非表示其已放弃对跨国公司的关注，相反联合国只是调整了自己的方式，考虑问题的角度更加宏观(着眼于世界经济的发展)和审时度势。联合国将负责机构由总部在纽约的经济和社会发展部转到位于日内瓦的贸发会议，向“经济联合国”WTO 靠近，其目的也是想把跨国公司与外来直接投资问题推向前台。从 1991 年起，跨国公司管理司、跨国公司与投资司及投资、技术与企业发展司先后负责每年发布了《世界投资报告》。这些报告现在已成为关于跨国公司与投资的权威资料来源，以及讨论相关问题的公正平台。

(二)贸发会议对发展问题的关注及对多边投资框架可行性(PMFI)的探索

当前，联合国贸发会议致力于促进国际资本的流动，以使其对世界发展作出贡献，帮助发展中国家吸引更多的外来投资，提高利用外资的水平。在 1996 年第 9 届大会上，贸发会议就为自己设定了两个相关的任务：向发展中国家提供技术援助，以使其更好地受益于外来直接投资；研究、探索关于投资问题的可能的多边框架。❶ 贸发会议审查、比较了现行的各种投资协议，包括双边和多边层次的，同时考察了其他组织的相关工作，认真考虑了发展中国家的利益。按照 UNCTAD 自己的说法，其目的是“帮助发展中国家和转型经济国家尽可能有效地参与到关于投资规则制定的国际讨论、谈判中来，不论是双边的、多边的还是区域性的。这就需要更多的信息、更强的透明度及更恰当的经济和法律分析。”❷

贸发会议讨论的多边投资框架要比 OECD 的 MAI 内容更为广泛、全面(MAI 过于强调了对投资者的保护)，性质更具一般性，而且更加注重发展中国家的经济主权。UNCTAD 强调了发展问题的重要性，发展中国家可以利用过渡期来保障自己的利益，采取特殊措施来确保从外来直接投资中受益，跨国公司的母国也应

❶See UNCTAD, Report of the Proceedings of the United Nations Conference on Trade and Development Ninth Session Midrand, South Africa, 27 April -11 May 1996 (Geneva: UN).

❷See UNCTAD, “UNCTAD's work programme on a possible multilateral framework on investment: an update”, UNCTAD Issues Note(18 Feb. 1999).

当支持发展友好性的对外投资。[1] 投资技术与相关金融问题委员会每年要举行专家会议，探讨国际投资与发展的问题。UNCTAD 秘书处的一份文件说明，虽然国际投资协议的成员方形式上是平等的，呈现出“法律上的对称”，但各国的经济发展水平是不同的，即“经济上的不对称”。该文件认为，通过以下技术手段，就能实现国际投资协议（IIAs）的适应性：（1）协议的序言应详细阐明特殊目标，即发展的一般主题；（2）由发展这一主题来决定协议的内容及权利、义务安排的方式；（3）为了促进发展的目标，应当为发展中国家提供技术援助，并允许其在遵守协议时有例外、排除及过渡期。[2] 无论国际投资协议是何种形式，都应当考虑到发展中国家的特殊问题，以确保他们在面对资本过度自由化或履行保护投资者的义务时，不至于束手无策。

贸发会议秘书处还定期发布关于跨国投资问题的一系列专题报告（Issues Papers）。通常情况下，国际投资协议包括的内容有市场准入、国民待遇、最惠国待遇及争端解决等。UNCTAD 讨论的范围远比较广泛，专题报告不同于传统的以投资保护为导向的协议，其涉及的主题有：母国的措施、东道国的管理措施、竞争政策、激励政策、与贸易有关的投资措施（IRTMs）、税收、非法支付、技术转让、转移定价等。除这些影响东道国经济主权的工商业问题外，诸如劳工、环境及其他公司社会责任的社会问题也在报告的范围之内。专题报告除向贸发会议及 WTO 成员方发送外，一般的公众也能够得到，其内容已超出了贸发会议 1996 年的决议。专题报告虽不具有强制性，但它使各国及社会各个阶层都能了解到跨国投资中的一些重大法律问题及其进展，并提出可供各主权国家或国际谈判使用的模式。

自 1996 年 WTO 新加坡部长级会议后，UNCTAD 在 WTO 关于贸易与投资工作组、贸易与竞争政策工作组中获得观察员的身份。这两个工作组对于 WTO 投资政策的制定发挥着重要作用。UNCTAD 可以通过自己的角色将发展问题带入 WTO 的日程。一旦将来 WTO 准备全面启动多边投资协议的谈判，由于 UNCTAD 的参与，其结果也要比 OECD 的 MAI 能体察到更多国家的利益。贸发会议目前的工作也促使 WTO 工作组全面地分析跨国投资问题。在 1998 年工作组的三次会议上，UNCTAD 总结了自己对既存国际投资协议的研究结果，并阐明了自己的发展观点。WTO 工作组还请 UNCTAD 比较了 OECD

[1] See UNCTAD, World Investment Report 1996 (1996), p. 195-196.

[2] See UNCTAD, Doc. TD/B/COM. 2/EM. 5/2, 5 Feb. 1999, p. 6.

的《跨国公司指南》与联合国的《跨国公司行为守则》，以及 UNCTAD 的《技术转让守则》与 1980 年《管制限制性商业惯例的一套多边协议的公平原则和规则》。❶ 这有助于 WTO 认真考虑投资者权利与义务之间的关系。也有学者建议将两大机构协调投资问题的力量整合，创造出一个独立的体制与机构进行跨国投资方面的探索与推动。❷ 无论未来的道路如何，贸发会议将始终发挥着国际投资问题秘书处的作用。

（三）跨国公司与人权

联合国在许多人权文件中规定的义务主要是针对国家的，但人权是不容任何主体侵犯的，人权的一般标准能够解释适用于跨国公司。例如《世界人权宣言》在序言中宣布，世界人权宣言，“作为所有人民和所有国家努力实现的共同标准，以期每一个人和社会机构经常铭念本宣言，……促进对权利和自由的尊重，并通过国家和国际的渐进措施，使这些权利和自由……得到普遍和有效的承认和遵行。”❸第 30 条还特别强调“本宣言的任何条文，不得解释为默许任何国家、团体或个人有权进行任何旨在破坏本宣言所载的任何权利和自由的活动和行为。”（同样的规定见《经济、社会、文化权利国际公约》第 5 条第一款）。1999 年，联大第 53 届会议更是通过了《关于个人、群体和社会机构在促进和保护普遍公认的人权和基本自由方面的权利和义务宣言》，“认识到个人、群体和社团有权利和义务在国家一级和国际一级促进对人权和基本自由的尊重，”（序言部分）“个人、群体、机构和非政府组织也可发挥重要作用，并负有责任视情况作出贡献促进人人有权享有……人权……”（第 18 条第 2 款）。❹ 以上所称的“社会机构”（organ of society）、“团体”（group）及“非政府组织”（NGOs，广义理解）实际上包括跨国公司等经济组织。

新旧世纪之交，联合国越发重视跨国公司的人权问题。联合国注意到跨国公司和其他工商企业有能力促进经济福利、发展、技术进步和增加财富，但是也能够通过其核心商业做法与业务，包括就业做法、环境政策、与供应商和消费者的

---

❶WTO, 1998 Report of the Working Group on the Relationship Between Trade and Investment to the General Council, WTO Doc. WT/WGTI/2 (8 Dec. 1998), p. 51-62.

❷当年，WTO 进行 GATS 谈判时，就是由一个特别的理事会进行的；MAI 虽然是由 OECD 主持的，但具体的负责机构却在 OECD 正常体制之外。

❸参见北京大学法学院人权研究中心编：《国际人权文件选编》，北京大学出版社，2002 年，第 1 页。

❹参见北京大学法学院人权研究中心编：《国际人权文件选编》，北京大学出版社，2002 年，第 61、64 页。

关系、与政府的互动作用和其他活动，对人权和个人生活造成有害影响。2003年10月13日，联合国人权委员会“食品权利”特别报告员齐格勒向联合国大会提交报告，呼吁会员国对跨国公司进行有效监督，确保它们尊重人权准则。报告指出，当前跨国公司的规模越来越大，其权力也通过私有化等手段不断膨胀，急需用法律准则来约束它们。报告说，过去很少以人权原则来审视跨国公司的行为，现在则要加强监督机制，防止它们滥用权力。各国政府应当对跨国公司加强管理，规范它们的行为。❶

联合国防止歧视和保护少数民族小组委员会及其后的增进和保护人权小组委员会在这方面做了大量工作。早在1998年8月，防止歧视和保护少数民族小组委员会就专门成立了跨国公司与人权问题的工作组。该工作组的任务是：审查跨国公司的经营活动方式及对经济、社会与文化权利、发展权、公民与政治权的影响，并就此提出建议，以确保跨国公司经营所在国实现经济与社会目标，并提高国民相关人权之享有；分析各种国际人权机制与各个国际投资协议（双边或多边），特别是MAI，的相容性；每年比较一下民族国家的GDP与跨国公司的经营收入；研究国家管制跨国公司行为的义务范围。❷

防止歧视和保护少数民族小组委员会改为增进和保护人权小组委员会后加快了工作步伐。❸ 2003年8月13日，增进和保护人权小组委员会历经4年的起草，通过了《跨国公司和其他工商企业在人权方面的责任准则》（以下简称《跨国公司人权准则》，2004年联合国人权委员会批准了该准则。这是联合国第一次明确地规定了跨国公司在尊重、保护和推动人权方面所应该承担的责任。联合国注意到新的国际人权问题正在不断出现，而这些问题与关注经常涉及跨国公司和其他工商企业，因此目前和未来都需要进一步制定和执行标准。准则在序言中承认，“尽管国家具有增进、实现、确保尊重和保护人权的首要责任，跨国公司和其他工商企业，作为社会机构也有责任增进和保障《世界人权宣言》中载明的人权……其高级职员和为其工作的人员也有义务尊重获得普遍公认的责任和准则，这

---

❶钱军：《人权委员会呼吁跨国公司尊重人权准则》，http：//online. cri. com. cn/772/2003-10-14/167@325591. htm。

❷S. C. Res. 1998/8, loc. cit. n. 2, at p. 30 (1998).

❸联合国人权委员会办公署觉得“防止歧视和保护少数民族”这个名称有些过时，范围也太窄。参见Summary of the Main Proposals Concerning the Review of Mechanisms of the Commission Undertaken Pursuant to Commission Decision 1998/112, UN Doc. E/CN. 4/1999/104 (1999)。

些责任和准则载于联合国各项条约和其他国际文书……”❶

《跨国公司人权准则》涵盖了一般人权法、国际劳工法、消费者保护法、国际环境法以及反贪污法的内容。准则要求跨国公司和其他工商企业在其各自的活动和影响范围内，有义务增进、保证实现、确保尊重和保护国际法和国内法承认的人权，包括土著人民和其他易受害群体的权利和利益。准则具体规定了6方面的人权内容：

（1）平等机会和非歧视待遇权。跨国公司应确保机会和待遇的平等，消除基于种族、肤色、性别、语言、宗教、政治见解、国家或社会出身、社会地位、土著地位、残疾、年龄(儿童除外，他们可以获得更大的保护)或其他与从事职业所需的固有条件无关的个人状况的歧视现象；或者针对某些群体的歧视现象。

（2）人身安全权。跨国公司不得参与战争罪、危害人类罪、以及种族灭绝、酷刑、强迫失踪、强迫劳动、扣押人质、法外处决、即审即决和任意处决等行为，并不得参与其他违反人道主义法行为和国际法，特别是人权和人道主义法中确定的其他危害人类的国际罪行，也不得从上述行为中谋利；安全安排应遵从国际人权准则以及其经营活动所在国的法律和职业标准。

（3）劳工的权利。跨国公司不得强迫劳动；尊重儿童的权利，保护其不遭受经济剥削；应提供安全和卫生的工作环境；应向工人支付能够保证他们及其家庭适足生活水准的报酬；应确保工人的组织权、结社自由和切实承认集体谈判权。

（4）尊重国家主权和人权。跨国公司应承认并尊重可适用的国际法准则、国

---

❶如《防止及惩治灭绝种族罪公约》、《禁止酷刑和其他残忍、不人道或有辱人格的待遇或处罚公约》、《禁奴公约》和《废止奴隶制、奴隶贩卖及类似奴隶制的制度与习俗补充公约》、《消除一切形式种族歧视国际公约》、《消除对妇女一切形式歧视公约》、《经济、社会、文化权利国际公约》、《公民权利和政治权利国际公约》、《儿童权利公约》、《保护所有移徙工人及其家庭成员权利国际公约》、1949年8月12日日内瓦四公约及其关于保护战争受害者的两项附加议定书、《关于个人、群体和社会机构在促进和保护普遍公认的人权和基本自由方面的权利和义务宣言》、国际刑事法院《罗马规约》、《联合国打击跨国有组织犯罪公约》、《生物多样性公约》、《国际油污损害民事责任公约》、《关于危害环境的活动造成损害的民事责任公约》、《发展权利宣言》、《关于环境与发展的里约宣言》、《可持续发展问题世界首脑会议执行计划》、《联合国千年宣言》、《世界人类基因组和人权宣言》、世界卫生大会通过的《母乳代用品国际销售守则》、世界卫生组织的《医药推广道德标准》和《二十一世纪人人享有健康政策》、联合国教育、科学及文化组织的《取缔教育歧视公约》、国际劳工组织各项公约和建议、关于难民地位的公约和议定书、《非洲人权和人民权利宪章》、《美洲人权公约》、《欧洲保护人权和基本自由公约》、《欧洲联盟基本权利宪章》、经济合作与发展组织的《禁止在国际商业交易中贿赂外国公职人员公约》以及其他文书。

家法律和条例以及行政惯例、法治、公共利益、发展目标，包括透明度、问责制和禁止腐败在内的社会、经济和文化政策，以及企业经营所在国的权力。

不得提供、允诺、给予、接受、容忍或索要贿赂或其他不正当利益并蓄意从中谋利，也不得向任何政府、公职人员、选举职位候选人、武装部队或安全部队成员、或任何其他个人或组织提供贿赂或其他不正当利益；应防止从事任何支持、请求、鼓动国家或任何其他实体侵犯人权的活动。它们还应进一步努力确保他们所提供的货物与服务不会被用来侵犯人权。

应尊重经济、社会和文化权利以及公民和政治权利，并促进实现这些权利，特别是发展权、适足食物和饮水权、享有可实现的最佳身心健康水平权、适足住房权、隐私权、教育权、思想、良心和宗教自由以及见解和言论自由；还应防止进行阻碍实现这些权利的行动。

(5) 保护消费者的义务。跨国公司应根据公平交易、营销和广告惯例行事，并应采取一切必要措施确保所提供的货物和服务的安全与质量，包括遵守预防原则。跨国公司和其他工商企业不得生产、销售、推销或广告宣传对用户有害或可能有害的产品。

(6) 保护环境的义务。跨国公司应根据经营所在国环境保护方面的国家法律、条例、行政惯例和政策，还应根据环境以及人权、公共卫生和安全、生物伦理学方面的有关国际协定、原则、目标、责任和标准以及预防原则来开展活动；而且应以能够促进实现可持续发展这一更大目标的方式开展活动。[1]

由以上可以看出，准则为跨国公司规定的义务十分全面，甚至还包括了跨国公司与国家主权的相关问题，以及跨国公司的环境责任。《跨国公司人权准则》最大的特色是，还同时规定了执行程序与法律责任。按照准则的要求，跨国公司应受到联合国以及执行准则方面已经存在或有待建立的其他国际和国家机制的定期监督和核查，定期向联合国递交报告。相应的法律责任包括民事责任和刑事责任。比如说，一家公司不给予工会集体谈判的权利，或者工作场所环境极端恶劣，那么公司的员工或者其他人可以向委员会下设的跨国公司工作组提出申诉。工作组会要求这家公司作出解释，并就具体情况提出建议。程序上的强制性也是该准则争议最大之处。一些公司方面的代表反对这种做法中的强迫成分，他们说自愿的机制是让公司表现更好的最佳方式。但是，包括国际特赦和人权观察在内

[1] E/CN. 4/Sub. 2/2003/12/Rev. 226 August 2003，p. 4-7，http：//www. un. org/chinese/events/ffd/docs/aac257_ 27a7. pdf.

的非政府组织对联合国此举表示欢迎。❶ 这一准则还有待 2004 年上半年递交给联合国人权委员会全体会议投票批准。

(四) 全球契约运动

联合国“全球契约”(Global Compact)的概念由秘书长安南 1999 年在瑞士达沃斯的世界经济论坛上首次提出，并于次年正式建立。2000 年 7 月，安南又进一步通过经社理事会颁布了《联合国与企业团体合作指导原则》。全球契约的目的是通过集体行动的力量，推动企业负责任的公民意识，从而使企业界参与应对全球化的各项挑战。通过加入这一契约，工商企业向社会做出承诺，遵守全球契约的 9 大原则，承担起劳工权利、环境等方面的社会责任。❷ 联合国全球契约的负责人柯尔承认，大型跨国公司“更受欢迎，因为借助其影响力，全球契约的理念将会获得更大程度的推广。”❸目前，许多国际知名的跨国公司以及国际透明、国际特赦等人权组织和国际劳工组织、环境规划署等联合国机构都是全球契约的成员。

全球契约从《世界人权宣言》、国际劳工组织《关于劳工权的基本原则宣言》和《关于环境与发展的里约宣言》等国际文件中总结、概括了人权、劳工和环境领域内的九大原则。联合国认为，此九项原则是国际社会的一种普遍共识。3 大标准、9 大原则其具体内容为：

人权：

(1) 企业应在其影响力范围内对保护国际人权给予支持和尊重；

(2) 企业应保证不与践踏人权者同流合污。

劳工：

(3) 企业界应支持结社自由及切实承认集体谈判权；

(4) 消除一切形式的强迫和强制劳动；

---

❶参见联合国华语专题节目 2003 年第 37 期《联合国通过跨国公司人权准则》，http://www.un.org/chinese/av/radio/transcript/pt37d.htm，以及《跨国公司“须接受联合国审查”》，http://www.networkchinese.com/region/asiapac/condco.html。

❷全球契约在世界上许多国家都得到积极的响应。目前，一共有来自全球 50 多个国家的上千家工商企业，加入了全球契约，他们来自发达和发展中国家。加入全球契约的程序非常简单，任何愿意遵守契约所规定的 9 大原则的工商企业或民间团体，无论大小，其领导(总裁或董事长)只要向安南秘书长写一封信，表明意愿，并阐述其将具体执行的措施，就会被接纳为全球契约的一员。

❸参见联合国华语专题节目 2003 年第 13 期《介绍联合国的全球契约》，http://www.un.org/chinese/av/radio/transcript/pt13b.htm。

（5）切实废除童工现象；

（6）消除就业和职业方面的歧视。

环境：

（7）企业应支持采用预防性方法来应付环境挑战；

（8）采取主动行动，促进在环境方面采取更负责任的做法；

（9）鼓励开发和推广不损害环境的技术。❶

随着我国的入世和市场经济的飞速发展，社会责任体系建设也显得非常重要。其中包括在发展中所面临的人权、劳工关系、环境保护在内的诸多因素。随着全球契约的提出和推广，我国的企业也对此表现出了极大的兴趣。柯尔分析认为，“因为全球契约构筑了一座中国企业走向世界的桥梁。中国的企业与俄罗斯、南非和巴西的企业不同，他们加入全球契约与中国目前的经济发展形势相连，有其独有的特征。中国的企业正在发展，他们想成为出口商，想在国际市场具有竞争力，他们迫切需要与国际惯例接轨，加入全球契约提供了一个平台。另外，投资商们也想看到一个享有共同价值观念的规范的投资环境，中国的企业在遵守全球契约的原则显然会带给他们信心。”❷

不过，全球契约中国中心秘书长张记钟认为，全球契约在中国仍处于一种萌芽状态。部分企业对全球契约的认识和理解还不完全，觉得全球契约的理念太空太大；有些企业，可能是由于发展水平和管理知识，以及战略视野，一时还没有达到符合进行国际化事业的要求。加入全球契约的企业却看到了未来的价值所在。十届全国政协委员周晋峰所在的企业（中西公司）是最早加入联合国的全球契约的企业之一。他认为，参加契约“对企业内外都有了新的气象。对外，因为参加了联合国全球契约，参加各种活动，也使社会更多地了解到了我们企业，更加强了企业在社会公众心目中的责任和长期的形象，加入这个契约对我们是一种无形的支持。我们的员工也非常自豪。对企业的凝聚力和稳定性也有积极的帮助。”❸

全球契约不是一项纯粹的管制手段，它不是“像警察一样管制”、推行或评判企业的行为或行动。全球契约依靠的是对公众负责、透明以及企业文明谋利，

---

❶具体内容参见 http：//www.un.org/chinese/partners/unglobalcompact/summary.html。

❷参见联合国华语专题节目 2003 年第 13 期《介绍联合国的全球契约》，http：//www.un.org/chinese/av/radio/transcript/pt13b.htm。

❸参见联合国华语专题节目 2003 年第 13 期《中国企业加入全球契约概况》，http：//www.un.org/chinese/av/radio/transcript/pt13c.htm。

依靠的是劳工和民间社会联合采取实质性的行动，追随全球契约所依据的各项原则。全球契约通过以下机制来展开、推动工作和鼓励参与：政策对话、学习、地方机构和项目。与《跨国公司人权准则》相比较之下，全球契约没有前者的内容具体、全面，约束性也不强。全球契约是一个自愿加入的原则，而《跨国公司人权准则》如果通过的话就具有法律约束力。目前在全球七万五千家跨国公司中，只有大约一千家自愿加入了全球契约。《跨国公司人权准则》则具有普遍性，适用于所有的跨国公司。

因此，尽管全球契约自建立以来获得了很大的拥护，外界一直以来有一种批评意见，认为全球契约只是一纸空文，没有切实的监督和惩罚机制，根本无法保证以谋求更大的经济效益为首任的工商企业承担起社会责任。一些社会团体认为，企业愿意加入的原因只是为了使他们在公众面前树立更良好的形象，更有利于其商业的运作。对此，柯尔有不同的看法。“我们可以把全球契约想象成一种宗教。9 大原则是它的支柱。当商界领袖做出公开承诺时，它就要接受社会的监督。就像你信仰一种宗教，你会尽力遵守教义，这是一种无形的约束。另外，在企业内部的员工，也会监督管理层是否保证了劳工权利，是否注重环境保护。总而言之，加入全球契约本身，并不意味着你就是一个好的或者坏的典型。加入，只是表明你愿意在这些方面努力，承担责任，接下来就应该坦然面对社会力量和自身员工的监督。”❶联合国希望全球契约不沾染政治色彩，因为全球契约成立的初衷就是主要面向私营企业，相信工商界的实用主义能够为这个世界存在的一些问题，比如贫困、保护环境提供一部分解决方案。一旦政治力量介入，事情就会变得复杂，全球契约就有可能不具备现在的影响力。这种引导型的自我规范方式效果如何，还要有待于契约今后的进一步发展来验证。

二、经合组织对跨国公司有关问题的调整

(一)《多边投资协议》(MAI)的毁与誉

1995 年 5 月，经济合作与发展组织部长级会议决定开始《多边投资协议》(MAI)谈判，谈判的目的是要达成一项广泛、综合的国际投资协议，该协议将在投资保护、投资自由化和争端解决这三个领域拟定外国直接投资规则的高标准。但由于各成员及非成员的分歧较大，该协议至今没有付诸实施。然而，其谈判本

❶参见联合国华语专题节目 2003 年第 13 期《介绍联合国的全球契约》，http：//www. un. org/chinese/av/radio/transcript/pt13b. htm。

身却至关重要。因为在将来的任何多边投资谈判中，即使是在 WTO 的主持下，同样的问题还会出现。从这个角度讲，MAI 具有一种“示范意义”。《多边投资协议》是一项独立的国际协议，对所有愿意并能够履行其义务的经济合作与发展组织成员、欧盟成员以及非经济合作与发展组织经济体开放。

关于 MAI 的评论可谓毁誉参半。从纯技术上讲，MAI 草案可能是目前水平最高的多边投资条约文本。其“革新性”主要表现在以下几方面：(1) MAI 被定位为第一个综合性、全球性、有法律约束力的多边投资公约；(2) 还被定位为最高水平的投资自由化和投资保护规则，其谈判方式试图将国民待遇的适用范围扩大化，全面废除具有“扭曲投资”效果的投资措施、征收补偿的“赫尔原则”、非经东道国同意而赋予投资者直接提交国际仲裁的投资争议程序规则；(3) 谈判所涉及的领域范围大大拓宽，开始涉及环境保护、劳工标准、国家垄断企业、私有化、国内投资法规的域外适用、可持续发展等一系列新问题；(4) 推进投资自由化的方法创新。❶ 可见，MAI 给予了跨国公司运营资本的较大自由。

MAI 在一定程度上承认了东道国的国家主权。1998 年 4 月，OECD 部长级会议决定暂时中止谈判，会议发表的部长声明重申：强调在指导国内政策方面，《多边投资协议》必须与政府的主权责任相一致。《多边投资协议》将建立各方均受益的国际准则，这种准则不排斥政府采取的正常的、非歧视的监管措施，而这种监管措施并不等同于没收。❷ MAI 草案文本的例外规则也规定：缔约方均可采取必要的措施以保护国家的安全或确保本国金融体系的统一和稳定（一般例外）；允许国家在应付国际收支危机时采取必要的措施（临时性保护措施）。

起初，MAI 没有规定劳工和环境问题。1997 年后，这个问题日显重要，由会议主席提出的劳工和环境一揽子建议得到相当大的支持。序言表示要参照参与国已经承诺的如《里约宣言》《哥本哈根宣言》等有关劳工和环境的文件。同时，《多边投资协议》将包括一个条款，以防止东道国在涉及引进某个项目时，把降低劳工、环境或健康标准作为鼓励措施。上述 1998 年 OECD 部长级会议声明也同时重申了劳工和环境问题。

但另一方面，MAI 又严重影响到发展中国家的经济主权。MAI 所给予跨国公司高度自由化的投资权利明显与发展中国家的经济发展水平及承受能力不对称。

---

❶参见刘笋：《从 MAI 看综合性国际投资多边立法的困境和出路》，《中国法学》，2001 年，第 5 期。

❷OECD, Ministerial Statement on the Multinational Agreement on Investment (MAI), Paris, 27-28 April, 1998.

在投资待遇方面，MAI 主张将国民待遇扩大到投资设业前的阶段，这实际上剥夺了东道国对外国投资进入领域的控制权，如果任由外资闯进，必然危及东道国的产业安全；履行要求是东道国与跨国公司博弈时的保留手段，如果彻底禁止使用，就降低了发展中国家管理和引导外资的权力及运用水平；就投资保护而言，绝大多数依然坚持国有化和征收是国家主权的体现，断然无法接受 MAI 的全面补偿原则；在争端解决程序方面，MAI 允许投资者不经东道国同意就可提起国际仲裁程序，这种片面强调非东道国解决方式历来为发展中国家所强烈反对。号称“富国俱乐部”的 OECD 企图将 MAI 适用于非成员方，但在谈判时却将广大发展中国家拒之门外，只是向非成员方通报一下谈判的进展情况。❶ 发展中国家无法直接将自己关心的问题提交到谈判桌上来。OECD 是想让前者吞下 MAI 这个“苦涩的果子”。

发达国家之间的经济发展水平及各自的利益侧重点也是不同的。他们也担心撬开其他国家的资本市场大门时，自己国家的主权同时也会受到影响。MAI 谈判时就显露出了这些矛盾。例如，美国一方面呼吁放松投资管制，提出自由准入和禁止履行要求等许多高度自由化的规则，但另一方面却希望为自己保留大量的背离 MAI 规则的权利，提出各种例外要求，如国家安全例外、政府补贴和政府采购、少数民族扶持、为保证美国履行既已缔结的双边投资条约和北美自由贸易协定下的义务的例外，等等。美国的这些自相矛盾做法引起了其他 OECD 成员的不满。其他成员方也有各自的考虑。欧盟根据自身的特殊利益要求，希望维持和扩大“区域经济一体化”例外，加拿大和法国基于维护自身文化特色和抵制美国文化服务业投资的侵入，也希望保有大量的国别例外。这些要求又遭到美国的强烈反对。❷ 这说明高度的投资自由化对发达国家来说，都难保一定全面受益。每个国家都有优势产业和弱势产业。但可以肯定的是，作为各国强势产业的代表，高度自由化对跨国公司是有利而无害的。无怪乎，一些非政府组织警告，《多边投资协定》“对所有那些恐惧全球化的人来说是一种象征”。❸

MAI 的核心规则没有专门提及跨国公司主动遵循的义务和管制规则。这种制度安排限制了国家主权和各级政府规制跨国公司的能力，无法对其设置必要的履行要求，采取有效的管理措施，以确信外国资本能有助于发展地方事务。可以说，在

---

❶但阿根廷、巴西、智利、中国香港和斯洛伐克这 5 个非成员经济体作为观察员可以全面参与谈判。

❷参见刘笋：《从 MAI 看综合性国际投资多边立法的困境和出路》，《中国法学》，2001 年第 5 期。

❸P. Sauve, “Multinational Attempts at Investment Rule Making: Why So Difficult?”, Havard University, Memo， 转引自盛斌：《WTO 与多边投资协议》，天津大学出版社，2003 年，第 174 页。

MAI的安排下，东道国与跨国公司的权利与义务呈现出极大的不平衡。MAI给予了投资者充分的保护，但却并没有同时为他们设置伴随的义务，以使其投资行为及结果对社会有益。因此，有学者论及在WTO框架下重构MAI的问题时指出，"MAI谈判应采取一种平衡的方法。作为这种平衡方法的一部分，谈判方必须将WTO规则扩展至包括跨国公司的行为规则。发展中国家认为，跨国公司的限制性行为是导致东道国实施投资措施的主要原因。他们认为，跨国公司不平衡地从国际直接投资中获得了过分的利益，并损害了东道国的发展目标。因此，任何消除投资措施而不伴随制约跨国公司限制性商业的协议是不会得到发展中国家的支持的。"❶在调整跨国公司与东道国的关系方面，MAI留下的教训更多一些。

(二)发展中的《跨国公司指南》

六七十年代，经济合作与发展组织(OECD)先后制订了《资本流动和无形交易自由化守则》和《关于国际投资和跨国公司的宣言与决定》，之后，还有一系列的建议、决定和协议。由此，OECD建立了一套比较详细的OECD《跨国公司指南》，希望跨国公司和成员国能够遵守。由于OECD是发达国家的集团，多是跨国公司的母国，研究其制定的关于跨国公司的指导规则就有很强的现实意义。

相比其他调整跨国公司的国际规范体系，OECD的《跨国公司指南》有自己的特色。前述联合国的《跨国公司行为守则》虽然内容全面，并由权威机构制定，但最终没有正式出台；前述国际劳工组织的《关于跨国公司与社会政策原则的三方宣言》也具有世界影响力，但其内容只局限于劳工问题。而OECD的《跨国公司指南》是当今生效的唯一一部调整跨国公司行为的综合性守则。不过，该指南只适用于OECD国家的投资者以及在OECD国家的外来投资，但其几乎涉及跨国公司运营的各个方面，如信息披露、竞争、金融、税收、劳资关系、环境及技术应用等。❷ 从中可以看出，OECD在发展和提高环境、健康和安全等领域的国际标准方面是比较积极的。总体上分析，OECD的这些指南要求跨国公司在东道国运

---

❶See Eric M. Burt, Developing Countries and the Framework on Foreign Direct Investment in the World Trade Organization, Am. U. J. Int'l L, & Pol'y, Vol. 12, 1997, p. 1057, 转引自刘笋：《从MAI看综合性国际投资多边立法的困境和出路》，《中国法学》，2001年第5期。

❷在OECD后来的审议中，"一般政策""信息披露"和"劳资关系"三章有部分修订，并增加了"环境保护"一章。

营时应该考虑到当地经济和社会进步、环境保护及消费者利益。[1]

从法律上讲，指南是 OECD 国家政府对于在其他成员国经营的本国跨国公司的一种建议。指南在总则的第 6 条规定了自身的性质：是对跨国公司活动制定的标准，不具有法律强制力。但是 OECD 成员国政府都承诺促进指南的遵守水平。1998 年，OECD 部长级理事会再次确认了成员国政府对指南的义务（虽不是法律义务）。指南的目标是鼓励跨国公司对经济与社会发展作出积极的贡献，减少和解决它们在经营过程中产生的种种问题（见总则第 2 条）。由于跨国公司的活动超越了国界，对它们的“指导”“管理”就需要国际合作，包括非 OECD 成员方的国家。实现指南的目标是一个“持续、实用和平衡”的过程。OECD 认为，国际上广泛认可的指南将有助于消除误解，增强政府、商界及劳工之间的确信，透明和可预测的环境将引导、促进跨国公司的良好行为。

指南由三方面的机构设置：国家联系处（National Contact Points）、OECD 国际投资与跨国公司委员会（CIME）以及商界与劳工联盟的咨询委员会（BIAC 和 TUAC）。相关国家要建立国家联系处，负责处理与跨国公司经营有关的问题。联系处通常由政府、商界及劳工三方代表组成。各国联系处应当紧密合作，以共同解决跨国投资的相关问题。如果在适用指南时有争议，可以请求 OECD 国际投资与跨国公司委员会进行解释或修正。但 CIME 不能自己主动判定某个特定跨国公司是否遵循了指南。如果某个解释不利于跨国公司，就被视为对跨国公司的事实上的谴责，这就是在特定案件中的制裁形式。BIAC 和 TUAC 可以要求与国家联系处就指南的有关问题进行协商，或者将其提交到 CIME。它们还有义务将指南的进展通知给其成员，并且使成员参与到指南的发展当中。

《跨国公司指南》得到了商界和劳工的支持。因为早在 1976 年指南起草时，就广泛征求了双方的意见，在其后的 1979、1982、1984 及 1991 年的审议中，也坚持了这一点。但这并不意味着商界与劳工对所有的指南内容或 CIME 的解释都是满意的。前者对 1991 年增加的“环境保护”一章就甚为不满。在成员国政府看来，指南总体上也是积极的。早在 1973—1974 年的石油危机中，大型石油公司在其中扮演的角色让人们认识到了跨国公司隐秘的特性。此后，政府希望借助指南促使跨国公司增强透明度，并遵守基本的规范。

---

[1] 指南强调了东道国的主权管辖，参见总则的第 7 条及“一般政策”一章。“一般政策”一章的第 7-8 条还要求跨国公司不得向公职人员直接或间接地提供贿赂或其他不当利益，不得违法地向政治组织或政治候选人捐款，也不得涉足当地的政治活动。

80年代末至90年代初，《跨国公司指南》沉寂了一段时间。❶ 1995年，OECD启动MAI的谈判后，指南再次受到重视。特别是1997年后，MAI的批判者认为，投资者的权利与义务失衡，应该将《跨国公司指南》附在MAI中。MAI1998年的最后草案文本第十部分“与其他国际协定的关系”列举了两点，其中就有《经合组织跨国公司指南》(另一个是“在IMF协定有关条款下的义务”)；第十二部分“最后条款”还规定了“对《经合组织跨国公司指南》的修订”内容。MAI在20世纪90年代中后期陷入僵局后，《跨国公司指南》却依然保持着生命力，对其的审议、修订工作已经展开。CIME的一个工作组被授权进行此项任务。工作组虽都是由政府代表组成，但审议工作实际上是OECD国家、商界、劳工之间的协商、谈判，此外还第一次邀请了其他非政府组织参加。❷

审议组讨论了是否将指南在OECD范围之外适用的问题。绝大多数代表认为，指南的价值主要体现于当国家立法欠缺、模糊或执法不严的情况。基于这一点，一些代表主张在跨国公司不充分遵守国内法时，指南可以作为任何跨国公司的基本要求。另一部分代表担心，如果将指南的适用延伸到OECD之外，是否会被理解成对相关国家主权的侵犯。主张扩大适用的代表反驳到，限制指南的适用就放任了跨国公司在OECD之外的低标准行为。

在指南实体内容的修改方面，讨论也正在进行。法国、比利时等国力主大范围地修改。法国主张将1998年国际劳工大会认可的基本劳工标准纳入指南，在劳工权方面要反映出国际劳工组织近来的进展。美国、日本等国表示了谨慎态度。他们希望指南保持稳定，理由是不想造成一种印象，即OECD对跨国公司的要求朝令夕改。然而在环境保护方面，绝大多数国家赞同进行更新。激进的主张希望取悦于非政府组织。多数代表同意环境保护一章应当反映《里约宣言》和《21世纪议程》的要求。在是否要引入人权条款上，出现了异议。主张者认为，跨国公司自身负有义务尊重基本的人权，特别是在东道国没有充分保障这些人权的情况。而且，一些自愿性的公司行为守则也包括了人权语言。反对者却说，指南已经规定了足够的诸如结社自由等的劳工权。这些分歧的最终调和结果可能是在指

❶其中的影响因素很多，联合国的《跨国公司行为守则》也是在这个时期搁浅。

❷这可能是OECD吸取了MAI失败的教训。非政府组织的强烈反对也是MAI被搁置的主要原因。MAI的谈判后期，非政府组织的影响通常与国会议员的直接联系使事态出现了意想不到的发展，这似乎使谈判者感到意外。非政府组织还使用国际互联网给谈判进程带来新的走向，特别是在谈判文件需要即时散发的时候。在某种程度上，这可以被看作是在不透明的框架下缺乏与重要的利益相关者进行磋商的一种反应。参见盛斌：《WTO与多边投资协议》，天津大学出版社，2003年，第173页。

南的序言一章重申《世界人权宣言》。❶ 2000 年，OECD 对指南的修订强调了跨国公司应当遵循国际劳工组织于 1998 年确立的核心劳工准则，并加强了有关的管制技术(regulatory technique)，而且还进一步将职业安全与卫生事项一并纳入跨国公司的义务之中。因此，有的学者认为，“就此点而言，经合组织的这些原则比国际劳工组织所揭示的核心劳工准则还要积极。”❷

1998 年后，虽然 MAI 暂时被搁置，《跨国公司指南》却在新的世纪迎来春天。OECD 在 2001 至 2003 年连续三年发布了《跨国公司指南年度报告》，以介绍指南的发展及各方的遵循情况。2021 年 5 月，荷兰海牙地方法院在对壳牌减排政策案的判决中，甚至还援引参考了 OECD《跨国公司指南》中关于企业在人权与环境领域的责任定义。(详见“第四章　七、跨国公司与全球气候诉讼”)

三、世贸组织对外来直接投资问题的管辖及关注

(一) WTO 涉足外来直接投资问题的起源、发展及 GATS 分析

WTO 虽名为世界贸易组织，但由于投资与贸易密不可分的关系(见前文第一章分析)，作为国际上最大的经济组织，WTO 必然要关注跨国公司的外来直接投资问题。早在 1948 年的《国际贸易组织❸宪章》(即《哈瓦那宪章》)中就专门规定了处理国际直接投资的条款。只是国际贸易组织过早夭折了。其后临时适用的《关贸总协定》(GATT)并没直接涉及投资问题。东京回合后，国际社会开始酝酿将投资问题纳入《关贸总协定》的框架内。《1979 年政府采购协议》不仅规定了要对外国产品及供应商实行非歧视原则，而且还将此种国民待遇之保护扩大到外资在东道国所建立或参股的供应商。❹ 1982 年美国与加拿大关于加拿大外国投资审批法律的争端进一步推动了《关贸总协定》对投资问题的管辖。❺

---

❶关于指南审议、修订的具体情况参见 Jan Huner, The Multinational Agreement on Investment and the Review of the OECD Guidelines for Multinational Enterprise, Menno T. Kamminga, Saman Zia-Zarifi edt., Liability of Multinational Corporations under International Law, Kluwer Law International, 2000, p. 203-205。

❷See Jill Murray, A New Phase in the Regulation of Multinational Enterprises: The Role of the OECD, 30 INDU. L. J. 255, 259, 260, 263 (2001).

❸WTO 及 GATT 的前身。

❹该协议被乌拉圭回合所订立的采购协议取代。

❺关于该案的详细介绍参见徐海宁编著:《WTO 与贸易有关的投资措施协议:规范与承诺》，黄山书社，2000 年，第 105-109 页。

在乌拉圭回合中，与贸易有关的投资措施作为正式议题进入了谈判范围，并最终达成了《与贸易有关的投资措施协议》(即 TRIMs 协议)。此外，同时达成的《服务贸易总协定》(GATS)、《与贸易有关的知识产权协定》(TRIPs 协议)、《补贴与反补贴措施协议》及争端解决机制等都与外来直接投资相关联。乌拉圭回合的这些里程碑式的成果对成员国，特别是发展中国家既创造出机遇又带来挑战。其中具有典型意义的是 GATS 和 TRIMs 两个协议。

就《服务贸易总协定》(GATS)而言，其规定的第三种服务贸易形式“商业存在”本质上即是一种外来直接投资形式，而且相比跨境交付、境外消费和自然人流动也是最主要的服务贸易形式。跨国公司着眼于全球竞争，由于竞争的需要而导致跨国公司经营国际化，这已使服务业的跨国投资成为跨国公司对外投资的重点。对跨国公司来说，贸易和投资似乎没有本质的区别了。[1] 它们只关心获得东道国的市场准入和国民待遇，进而与当地企业进行竞争盈利。关于 GATS 推行的自由化对东道国产业的冲击已有很多论述，这些需要强调的是在 GATS 体制下，东道国仍可在服务业的外来投资方面行使一定的管理权。有学者还就此认为，从输入国的角度来看，以商业存在的方式引进服务业直接投资比起直接从外国进口服务更受东道国欢迎，因为前者更便于东道国进行管理和监督，同时也能促进东道国服务业发展水平的提高。[2]

GATS 在倡导自由化的同时，也兼顾了各成员国间服务业发展不平衡的现实，允许各成员对服务业进行必要的管理。GATS 区别于 GATT 很大的一个特点是：前者的市场开放及其程度要以具体的谈判与承诺来定，GATS 没有将市场准入和

[1] 服务贸易是国际贸易领域中最有活力的部分。1970 年世界国际服务贸易额仅为 634 亿美元，到 1980 年和 1990 年即分别增长到 3813 亿美元和 8080 亿美元。有人预计，在今后 20-30 年间，服务贸易在整个国际贸易中的比重大约每年提高 1 个百分点，到 21 世纪 30 年代，其在全球贸易中的比重将与货物贸易的比重相当，甚至超过货物贸易的比重，成为国际贸易的主要对象和内容。另一方面，在实际经济生活中，在许多国家所吸收的外国直接投资的总额中，服务项目投资占据了相当大的份额。据联合国原跨国公司中心统计，在 20 世纪 70 年代初，服务业在世界直接投资存量总额中仅占 25%，到 80 年代中期，在约 7000 亿美元的投资总额中，服务业占到 40%，进入 90 年代后，服务业投资比重急剧增加，以每年 15% 的速度增长，远远高于其他行业。有人统计，到 90 年代初的时候，从全球范围来看，服务项目的外国直接投资已经占到总额的 50%。而根据联合国贸发会议和世界银行 1994 年统计，这一比重在国家已经达到 60%。参见施本植：《异军突起的国际竞争新领域——国际服务贸易与营销学引论》，经济科学出版社，1998 年，第 22 页；中国国际服务贸易发展战略课题组：《世界服务贸易发展趋势及特点》，《对外经贸研究》，1997 年，第 6 期；刘笋：《WTO 法律规则体系对国际投资法的影响》，中国法制出版社，2001 年，第 212、215 页。

[2] 参见陈安总主编，曾华群主编：《国际投资法学》，北京大学出版社，1999 年，第 706 页。

国民待遇作为普遍性义务，而是具体承诺义务。“具体承诺是《服务贸易总协定》的核心”，这是因为“各成员方对服务贸易有直接影响的具体权利和义务，均是通过具体承诺产生的。”❶因此，东道国要充分利用承诺机制与减让表规则。在市场准入方面，对于自己的幼稚行业，可以不予承诺或推迟开放；❷并且还可以在减让表中具体规定GATS所许可的6种限制措施，即限制服务提供者的数量，限制服务交易或资产总值，限制服务网点总数或服务产出总量，限制特定服务部门或服务提供者可以雇用的人数，限制或要求通过特定类型的法律实体提供服务，限制外国资本参与的比例或外国资本的投资总额。国民待遇方面的要求也只适用于成员方已经作出承诺服务部门，而且也可以像市场准入一样在减让表中列举国民待遇的所有限制措施。GATS还规定了成员方可以在给予相关成员方一定补偿后，修改或撤回某项具体的承诺。此外，GATS也允许有一般例外和安全例外。❸

（二）TRIMs协议与东道国外资管辖权

《与贸易有关的投资措施协议》（即TRIMs）是WTO体系中与外来直接投资相关的另一项重要制度。与贸易有关的投资措施性质上是东道国外资管理措施的一种，但同时涉及国际投资与国际贸易两个方面，其目的在于使跨国公司在经营活动中遵循东道国国家的发展目标和产业政策。面对跨国公司大规模的投资，绝大多数发展中国家担心本国产业、企业、市场受到过大的冲击，于是纷纷研究制定了有关投资的政策和法规；部分发达国家出于增强企业竞争力的考虑，也有选择地保持和制定了保护本国企业的投资措施。虽然两者的具体内容不同，“但有一个共同点，即大部分投资措施是限制进出口，特别是限制进口的与贸易有关的投

---

❶陶凯元：《国际服务贸易法律的多边化与跨国对外服务贸易法制》，法律出版社，2000年，第134页。

❷据统计，在乌拉圭回合中，各国在作出的服务贸易减让承诺的自由化含量是比较低的。例如，在市场准入方面，高收入国家所作的减让，按简单计数方法计算，减让的服务部门覆盖率仅为47%，而按加权的方法计算的部门覆盖率才只有36%；对于某个服务部门/提供方式和国民待遇都承诺减让的比重，在高收入国家仅为25%。发展中国家在市场准入的部门覆盖率仅为16%。发达国家所承诺的部门大多是比较宜于开放的，而在运输服务、邮政服务、基础电信服务、研究与开发服务、教育服务、健康服务、社会服务及休闲服务等方面的承诺则明显偏少。参见黄胜强：《国际服务贸易多边规则利弊分析》，中国社会科学出版社，2000年，第86、87页。

❸GATS与GATT在一般例外和安全例外方面有许多相似条款，故不赘言。这里需要说明的是前者不同于后者的两个例外：GATS规定各成员方政府购买自用的服务可以不受最惠国待遇原则、市场准入和国民待遇承诺的限制；为保证与WTO规定不冲突的国内法的执行而采取的措施，包括防止欺诈行为的措施，处理服务合同违约后果的措施，保护与个人信息处理和传播有关的个人隐私的措施，保护个人记录和账户机密性的措施等。参见GATS第14条。

资措施。”[1]此种限制表现为要求外国投资者达到某种业绩标准。在 TRIMs 谈判中，发达国家的基本立场是取消或大幅度减少与贸易有关的投资措施，以保障跨国公司的利益；而发展中国家则主张从一国的经济与社会发展目标出发来约束、对待与贸易有关的投资措施。为此，包括中国在内的一些发展中国家在其联合声明中指出，为实现经济发展目标而对外国投资采取措施是符合 GATT 的基本宗旨的。[2]

发展中国家由于担心经济主权被削弱，反对 TRIMs 协议中规定普遍的规则，强调 TRIMs 是合法的，谈判必须要与发展问题联系起来。对于美国最先提出的 10 多种与贸易有关的投资措施，在发展中国家的反对下，最终 TRIMs 限制了 5 种措施：(1)要求企业购买或使用最低限度的国产品或任何国内来源的产品(即当地含量要求)；(2)要求企业购买或使用的进口产品数量或金额，以企业出口当地产品的数量或金额为限(即贸易平衡要求)；(3)总体上限制企业当地生产所需或与当地生产相关产品的进口，或要求企业进口产品的数量或金额以出口当地产品的数量或金额为限；(4)将企业可以使用的外汇限制在与该企业外汇流入相关的水平；(5)限制企业出口或供出口的产品销售。作为妥协的结果，发展中国家提出的限制跨国公司转移定价、市场垄断等非正当竞争行为没有列入协议。这是该协议的一大遗憾。早在前文提及的 1948 年《国际贸易组织宪章》中就曾专章规定了跨国公司限制性商业行为的规则。可惜该宪章未生效。在 TRIMs 协议谈判中，发展中国家认为，TRIMs 是用来对付外来投资者限制性商业惯例的手段，既然要禁止 TRIMs，那么就需要讨论应对限制性商业惯例的新举措。但发达国家认为乌拉圭回合部长宣言的授权仅限于政府措施，而未涉及纯属企业行为的限制性商业惯例，就此将该问题搁置。

TRIMs 协议给各国经济主权带来挑战的同时，也让各国思考如何重新认识、定位管理外资的措施。在国内法律体系中，政府及其官员适用的法律调整机制为“一般禁止型”。而在国际法律体系中，政府适用的法律调整机制就成了“一般允许型”，即国际协议中没有明文禁止的行为，各国都有权实行。在 TRIMs 谈判中，美国提出了 13 项建议，最终只通过了 5 项。虽然 TRIMs 的条文都是规定限制国家某些规制权，但除此之外的 8 项(或者更多)措施仍然是允许实行的，比如国内销售要求、当地生产要求、出口实绩要求、产品授权要求、生产限制、技术

[1] 石广生主编：《世界贸易组织基本知识》，人民出版社，2001 年，第 153 页。

[2] 徐海宁编著：《WTO 与贸易有关的投资措施协议：规范与承诺》，黄山书社，2000 年，第 15 页。

转让要求、许可要求、汇款限制及股权比例限制等。凡未被协议明文禁止的措施，应当看作是协议允许的。[1] 也就是说，TRIMs 协议限制了某些经济主权行为，同时也默许了(也许是更广的)其他主权行为。还有一点需要注意，TRIMs 协议适用范围并不是很广，仅仅限定于与货物贸易有关的投资措施，而是不适用于其他方面，如服务贸易、技术贸易等。因此，东道国对外资仍有较大的管辖空间。而且与贸易有关的投资措施问题还在发展中，有的学者就此认为，“不同国家和不同学者围绕 TRIMs 的争论不会在短期内结束，发达国家出于维护跨国公司的利益而力图进一步加强对投资的限制的努力和发展中国家维护自身经济主权的斗争将始终是未来关于 TRIMs 的多边贸易谈判的焦点。”[2]

(三)展望 WTO 主持下的多边投资谈判

以上提及的几个与投资相关的协议对 WTO 自身来说固然是重大突破，但对于规范整个外来直接投资而言，则既不系统，又不全面。随着近来国际投资流量及相应的双边、区域协议增多，WTO 自 1996 年新加坡部长级会议以来，也开始考虑在 WTO 框架下制定多边投资协议(即 MIA，不同于 OECD 的 MAI)的问题。WTO 的地位特殊，它的规则对成员方具有法律效力。另一方面，全面谈判投资问题关系到成员方的基本外资政策和外资管辖权的调整，各国对此高度重视，意见也不一。支持 WTO 开展此项工作的观点主张：已经出现的全球性多边投资条约局限于解决部分问题，无法全方位促进投资自由化；在 WTO 下缔结综合性投资条约有助于提高投资立法和投资环境的透明度和可预见性；还有助于协调现在投资条约中的投资规则，进而确立一致的投资保护和投资促进标准。反对 WTO 主持多边投资谈判的观点则认为：现有的国际投资条约已经在投资待遇、保护和争议解决等方面给予投资者充分的权利；在国际经济新秩序尚未真正建立起来的时候，WTO 也不是完全值得信赖的，其仍由发达国家所控制；新的多边投资协议会增加发展中国家的义务，限制这些国家依据其国内发展目标来管理和引导外资的能力；新的投资规则在处理跨国公司与东道国之间的关系时，可能过分地偏袒跨国公司的利益。[3]

鉴于各成员方难以在这个问题上达成一致，WTO 采取了循序渐进的方式。

---

[1] 参见余劲松：《<TRIMs 协议>研究》，《法学评论》，2001 年，第 2 期。

[2] 刘笋：《WTO 法律规则体系对国际投资法的影响》，中国法制出版社，2001 年，第 99 页。

[3] WT/WGTI/M/8，para. 49，转引自刘笋：《WTO 框架下的多边投资协议问题述评》，《中国法学》，2003 年，第 2 期。

2001年部长级会议宣言让“贸易与投资工作组”继续分析研究多边投资协议的可行性。在此前后的一些讨论中，多数成员认为：首先，跨国公司在对发展中国家进行投资决策时考虑的基本因素是自然资源的可利用性、市场规模和存在适当的出口平台。地方机构的力量、基础设施和劳动力的质量、宏观经济的稳定性也起着重要作用。其次，外国直接投资可能存在一些负面的效应，比如对技术转移的限制、对国际收支平衡和汇率的冲击以及对国内企业产生的挤出效应。第三，应当认识到发展中国家作为资本和技术的净进口国，其国内企业与跨国公司之间存在着竞争力的差距。经验显示，国内企业、产业和技术能力的建立对充分利用外国直接投资和外国技术是至关重要的。第四，应当处理好外国投资者的义务问题。最后，发展问题应当置于工作组的核心。❶

前文提到联合国贸发会议作为WTO的观察员倡导发展问题的优先性。若使一份国际投资协议能在这方面发挥有益的作用，就要考虑相关的主要参与者，如投资者、母国、东道国之间如何以互利的方式来表达各自关心的议题。东道国需要确保对外国直接投资进行有效的促进和充分的保护，而投资者及其母国需要尊重东道国的法律和政策，并积极帮助其实现政策目标，至少不损害其目标的实现。可以说，投资者的责任问题与发展主题紧密相关。❷ 工作组在讨论中收到了许多关于投资者义务问题的议案。虽然一般认为外国投资者的义务与限制性商业惯例、转移定价和技术转移等问题相关，有些成员方在讨论跨国公司行为准则时，还提到了社会和人权问题。不过，工作组认为，这些问题并不在其任务范围之内。工作组还认识到《经合组织跨国公司指南》《联合国跨国公司行为守则(草案)》《联合国管制限制性商业惯例的一套多边协议的公平原则和规则》等协议的谈判，以及WTO投资与竞争政策工作组的工作对确立外国投资者的权利与义务是非常必要的，进而还请贸发会议和经合组织对相关规范进行了比较分析。

对于WTO下可能的多边投资协议究竟应包括哪些核心规范，有人认为，成员方存在着“全球化”派和“内部化”派两种观点，代表了对外国直接投资的不同看法。前者旨在通过投资自由化实现提高全球福利的目标；后者强调尊重各国制定投资政策的自主权，特别是与经济发展相关的政策。其实，把对多边投资规则的期望持有不同立场的国家区分为这两种派别也许过于简单化。推行从经济全球

---

❶转引自盛斌：《WTO与多边投资协议》，天津大学出版社，2003年，第132、133页。

❷早在1970年就有学者提出通过GATT体制来监管跨国公司的主张，参见Goldberg and Kindleberger, “Toward a GATT for investment: A Proposal for Supervision of the International Corporation”, 2 Law and Policy in International Business (1970), p. 295。

化的政策并从中受益与政府干预的理念并非水火不容。实际上，大多数国家都处于全球化与内部化这两个极端之间。所以，应考虑通过采取一种谨慎的谈判方式，达成务实的协调与平衡。

在 WTO 等国际多边投资谈判场合中，发达国家有时会提出较高的环境和劳工标准，而发达国家的海外投资却又引发许多环境和劳工问题。这种“贼喊捉贼”的现象看似很矛盾。正如其国内环境法域外适用的特点一样（见本文第四章），发达国家在国际投资和国际贸易领域中对环境和劳工标准问题的态度是不一样的。在国际贸易中，较高的环境和劳工标准可以有效地达到贸易保护的效用。而在国际投资中，如果存在较高的国际标准，将促使更多的外来直接投资流向发达国家，因为发达国家的环境和劳工保护程度无疑远胜于发展中国家。不过发达国家一般对投资领域的环境和劳工标准不是很积极。它们不希望为自己的投资设置障碍。另一方面，许多发展中国家为了吸引外来投资被迫降低环境和劳工标准，进而出现“竞争到底线”的结果。因此，为了避免恶性竞争，统一外来投资所遵循的环境和劳工标准是必要的。在这方面，包括 WTO 在内的国际机构应该可以发挥很大作用。尽管对 WTO 涉足投资问题有各种指责，但相比联合国，WTO 在经济领域更加专业，更有实践经验；相比 OECD，WTO 更具代表性。[1] WTO 在自己特有的运作机制保障下，将步步为营地把投资问题向前推进。

---

[1] 国际商会（ICC）1998 年向七国峰会发表的声明就表明，ICC 始终主张将 OECD 主持的多边投资问题转交 WTO 负责。1998 年法国退出 OECD（巴黎还是其总部所在地）的 MAI 谈判时，总理诺斯潘表示鉴于 WTO 的广泛代表性，其应该是此类谈判的合适场所。

第六章

我国的跨国公司问题及相关回应

经过前几章从纵横两个方面的讨论可以看出，在主权、人权和环境三个领域对跨国公司的管制出现了某种程度的全球化现象，但各东道国不能消极地依赖国际层面的努力而无所作为。本章将回到我国的现实，分析跨国公司对中国带来的负面影响，并探讨对其的管制或防范措施。

一、跨国公司对中国的双重作用

（一）外来直接投资的积极性

1. 我国的外资发展战略及其成功之处

我国自1978年实行改革开放以来，就向外来直接投资敞开了大门。[1] 跨国公司进入中国大致可以分为三个阶段：(1)1978—1992年，主要进行商品贸易、技术贸易，进行少量试验性的直接投资；(2)1992—2001年，开始进行比较大规模的直接投资，主要集中在制造业领域；(3)2001年以后，跨国公司全面进军中国，包括服务领域。开放初期，由于当时我国的投资环境并不完善，外来直接投资并不很多。在80年代，每年实际使用的外资不过二三十亿美元。但进入90年代以来，随着市场体系和法制建设的不断深入以及人们思想的解放，中国吸引的外来直接投资出现大幅度增长(见下图)。

[1] 1979年7月1日，原《中外合资经营企业法》与现行《刑法》《刑事诉讼法》一道被五届人大二次会议通过，在时间上要早于现行《宪法》(1982年)、原《民法通则》(1986年)和民事诉讼法(1991年)；在立法机关的级别上也高于其他企业组织法，如《公司法》(1993年八届人大常委会通过)、《合伙企业法》(1997年八届人大常委会通过)。

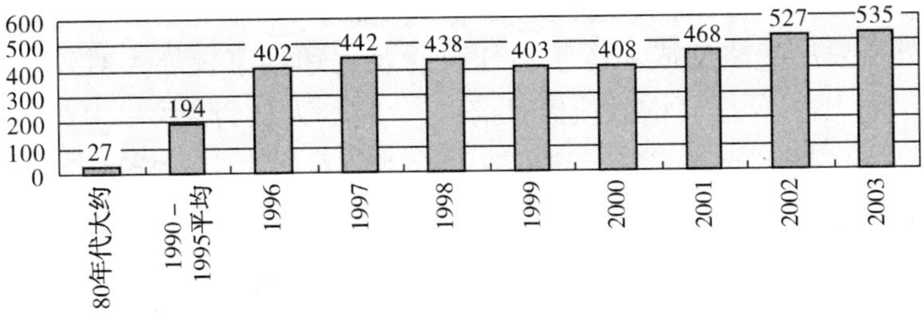

改革开放以来每年流入中国的外来直接投资(单位：亿美元)

资料来源：根据2002、2003UNCTAD《世界投资报告》及商务部外资数据库整理而成。

2002年，我国实际使用外资527亿美元，2003年，实际使用外资535亿美元，成为两年来使用外来直接投资最多的国家。其后某些年份，中国虽不是吸引FDI最多的国家，但一直有很大规模。特别是近些年，正因为中国始终高举改革开放与全球化的大旗，经济合作与发展组织2021年4月30日公布的数据显示，虽然2020年全球外国直接投资(FDI)降至15年低点，但中国作为少数几个保持增长的主要经济体之一，取代美国成为全球第一大投资目的地。❶ 截至2021年上半年，中国仍然是全球最大外国直接投资流入国，流量达到1770亿美元。❷

在继续保持吸收外资较大规模的同时，质量和水平进一步提高。全球最大的500家跨国公司已有400多家在华投资，其中近30家设立了地区总部，外资研发机构400家。❸ 中国在2001加入WTO后，外资政策更加开放。随着服务领域外资的进入，中国的投资环境将大大改善和提高。按照入世的承诺，我国将逐步放开租赁、仓储、销售、广告、运输等行业，必将进一步吸引外来直接投资的流入。例如，在零售领域，世界上几乎所有知名的零售跨国集团都已在中国开店，诸如2001年500强首位的沃尔玛以及家乐福、麦德龙、伊藤洋华堂等。中国对全球跨国公司的吸引力正在加强。难怪世界经济论坛总干事马加说，“任何公司如果宣称自己是世界性的跨国公司，却在中国没有大的举措和大的作为，就不能

❶路透社巴黎2021年4月30日报道，参见新浪财经2021年5月5日《中国取代美国成全球最大投资目的地？投资涌到了中国会发生什么?》。

❷参见2021年11月3日《新闻联播》内容。我国坚持的是双向对外开放，统筹国内和国际两个大循环。2020年，中国对外直接投资流量规模首次位居全球第一，达到1537.1亿美元，同比增长12.3%。参见2021年9月29日《新闻联播》内容。

❸参见《我国首发年度<外商投资报告>——跨国公司对华投资意向未减》，《国际商报》，2003年9月9日。

称之为一个全球化的跨国公司。”❶

我国外资发展战略的成功源于历任政府及党和国家领导人对外资的高度重视。邓小平同志在1992年南方谈话时指出，“有的人认为，多一分外资，就多一份资本主义，‘三资’企业多了，就是资本主义的东西多了，就是发展资本主义。这些人连基本的常识都没有。”❷1993年，北京召开首届“跨国公司与中国”国际研讨会的开幕当天，当时的江泽民总书记会见了世界著名跨国公司的代表，这是改革开放以来中央领导人第一次高规格地接触跨国公司。李岚清副总理还到会讲话，欢迎有志于在中国发展事业的跨国公司更加踊跃地来中国寻找合作机会，与中国企业界一道在平等互利的基础上，谋求共同发展。❸

吸引外来投资与扩大出口、拉动内需现已成为中国经济增长的三个杠杆。我国抓住了国际产业转移的有利时机，通过引进外资促进了相关产业的发展。比如，新一轮以信息通信技术为代表的高科技产业正大规模向我国转移。目前，全球信息技术100强企业中的90%均已在华投资。2002年，我国电子信息产业规模已达1692亿美元，增长65.5%，位居世界第三。此外，外来直接投资还大大促进了中国产品的出口。1989—2001年间，我国出口额年增长15%。2001年、2002年和2003年三年间，我国出口在世界的排位分别为第6、第5和第4，特别是2003年进出口额达8512亿美元，增长37.1%，成为近20年来外贸增速最快的一年。其中，外资企业在我国出口总额中的比重也不断上升。与其他类型企业相比，外商投资企业对外依存度要高出27.91个百分点。1989年，外资占我国出口总额的比重不到9%；2002年，已占半壁江山。在一些高科技产业，外资企业占出口总额的比例要更高，比如2000年，电子电路产品出口中外资占91%，手机出口中外资占96%。❹

2. 中国与印度外资实绩之比较❺

中国与印度都是第三世界中举足轻重的发展中大国，以印度为参照系比较一下两国在外资实绩与政策上的差别能使我们更清楚地看到自己的成绩、比较优势及差距。10多年间，中印两国利用的外来直接投资都获得了很大的提高，也促

❶王志乐主编：《2002—2003跨国公司在中国投资报告》，中国经济出版社，2003年，第14页。

❷邓小平：《邓小平文选》第三卷，人民出版社，1993年，第373页。

❸参见《1993—2003 跨国公司与中国“结婚十年”》，http://tw.people.com.cn/GB/14810/14859/1968282.html。

❹UNCTAD/WIR/2002，p. 162-163.

❺本部分参考了UNCTAD/WIR/2003，p. 43-45。

进了各自的经济增长。中国的 FDI 流量由 1990 年的 35 亿美元增至 2002 年的 527 亿美元，提高了 15 倍；同一期间，印度的 FDI 流量由 4 亿美元增至 55 亿美元，提高了近 14 倍。总体上分析，中国利用外资的数量和质量都优于印度。2002 年，中国吸引的外资流量是印度的 7 倍❶，FDI 流量占 GDP3.2%，印度仅占 1.1%。(具体数据见下表)在联合国贸发会议 1999—2001 年 FDI 实绩指标排名中，中国列第 54 位，印度列第 122 位。

中印一些 FDI 指标的比较(1990，2000—2002 年)

项目	国家	1990	2000	2001	2002
FDI 流量(百万美元)	中国	3487	40772	46846	52700
	印度	379	4029	6131	5518
FDI 存量(百万美元)	中国	24762	348346	395192	447892
	印度	1961	29876	36007	41525
FDI 流量增长(%/年)	中国	2.8	1.1	14.9	12.5
	印度	-6.1	16.1	52.2	-10.0
FDI 存量占 GDP 的比重(%)	中国	7.0	32.3	33.2	36.2
	印度	0.6	6.5	7.4	8.3
FDI 流量占固定资本形成总值的比重(%)	中国	3.5	10.3	10.5	—
	印度	0.5	4.0	5.8	—
人均 FDI 流量(美元)	中国	3.0	32.0	36.5	40.7
	印度	0.4	4.0	6.0	5.3
外资企业占总出口额的比重(%)	中国	12.6	47.9	50.0	..
	印度	4.5	..	..	..
GDP(百万美元)	中国	388	1080	1159.1	1237.2
	印度	311	463	484	502
GDP 增长幅度(%)	中国	3.8	8.0	7.3	8.0
	印度	6.0	5.4	4.2	4.9

资料来源：UNCTAD，FDI/TNC database；IMF，World Economic Outlook Database，April 2003，转引自 Box table II.4.1，UNCTAD/WIR/2003，p.44.

“..”表示没有数据或无法得到单独数据。

❶如果考虑到借贷套利因素，中国实际吸引的外资流量应为 400 亿美元。参见 UNCTAD/WIR/2003，p.44，note a。

前文提及外来直接投资大大促进了中国产品的出口。相比之下，印度制造业（信息技术产业除外）中的FDI主要是寻求开拓东道国市场型，因此它们在印度出口增长中并没有发挥十分重要的作用。20世纪90年代早期，FDI只占印度出口额的3%，据估计至今在制造业出口的比例也不到10%。[1] 另一方面，中国吸引的FDI所投向的行业比印度更符合发展中国家的实际需要。从2000—2001年的数据看，中国的FDI大约2/3投向了广泛的制造业领域。而印度的FDI主要流向了服务业、电子电气、工程及计算机行业。由于印度过早地引导外资集中投向服务业，一些行业实际上已被跨国公司所控制或深受其影响。例如，跨国公司已经主导了印度的call centre行业，年15亿美元的营业额中，跨国公司占据了60%。这应当引起我国的注意。

两国利用外资实绩的以上差别主要是源于以下方面：外资政策与发展策略、基本的要素环境。中国在鼓励外来投资方面要比印度更加坚决。中国自1979年向外资开放，并逐步迈向相对自由的投资体制。印度虽然要比中国更早地开始吸引外资，但直到1991年，在投资自由化方面才发生关键的转折。中印关注的外来直接投资类型不同，相应地采取的发展策略也不同。长期以来，印度采取的是进口替代型外资政策，只在高科技领域鼓励外来投资，过于看重国内资源的流动及民族企业的发展。中国的投资自由化虽然是渐进的，对于某些领域的外资企业还设置了一些条件或限制，但自从开放以来，一直是鼓励外来投资的，外资企业享受的是“超国民待遇”，特别是出口导向型或先进技术型企业。近来，印度政府也计划开放更多的领域，放松对外来投资的额度限制。2001年8月，印度计划委员会成立了引导外资委员会。借鉴中国的经验，印度也在筹建特别经济区。在促进贸易和吸引外资方面，中国的特区要比印度的出口加工区更加成功。中国基本的要素环境也具备相对优势：GDP的总量及人均水平要高于印度，经济的发展增强了国内的消费能力，这对市场开拓型的外资更具吸引力；较多受过教育，具有技术的劳动力受到寻求效率型的资本的青睐；许多地区，特别是沿海的基础设施也富有竞争力。而印度的优势在于科技领域的人力资源，特别是信息产业；英语教育水平较高。[2]

---

[1] UNCTAD/WIR/2002，p. 154-163.

[2] 此外，海外华人的大量投资也是中国的优势。海外华人在祖国大陆的投资或者出于商业的考虑，或者出于追求文化上的归属感。而海外的印度人数量上没有华人多，而且前者多集中于技术性职业。

(二) 应当关注的问题

1. 跨国公司与我国的经济主权

(1) 外资的控制力与相关产业的发展

跨国公司本质上是盈利性的经济组织，其经营逻辑是在世界各地开展活动，尽量提高本公司的效益，扩大市场份额，使股票增值。有人曾质问，“近 20 年我国实际利用外资累计 3200 多亿美元，但外方直接和间接地赚了多少却是一笔没人能说得清楚的糊涂账。”投资与引资求的是双赢。我们不能让外方无利可图，甚至回报率低了都没有吸引力。但另一方面，我们更不能对外资期望过高。他们来中国绝不是为了“扶贫”。戴勒姆-奔驰汽车公司的董事长就曾表示，“我们不是国家或民族主义的马前卒，而是企业家。如果在东德能够获得较好的收益，我们当然会投资，但绝不打算让政治家得到什么好处。”❶

外来直接投资的大规模进入，虽然促进了我国生产能力和出口额的增长，但这些数量上的增长并不等于竞争力的提高，有时还恰恰相反。目前，我国产业国际竞争力总体不强，可持续发展能力不足。世界经济论坛 2003 年《世界竞争力报告》，中国的排名仅列 44 名，比上一年度滑落 6 名之多，排名远不及印度(尽管前文分析到，印度在引进外资规模上不及中国)，从一个侧面说明了我国产业的整个实力。在我国许多行业中，拥有自主知识产权、自主品牌的产品较少，核心技术基本上都掌握在合资企业的外方或国外公司手中。据调查，104 项彩电关键技术中，我国只掌握 60%；65 项手机关键技术我国只掌握 50%；57 项 DVD 关键技术我国仅掌握 15.8%；2003 年我国的汽车产量虽然已经达到 444 万辆，但基本上没有自主知识产权。这些情况已引起了我国政府部门的关注。在 2004 年召开的“全国重点行业提升竞争力、维护产业安全工作会议”上，商务部高虎城副部长提醒到，“我们应当有忧患意识，看到我国一些产业确实存在着生存和发展的危机。”❷

下面以石油化工、重大设备制造两个行业具体说明跨国公司对我国产业的控制与渗透，这两个行业影响着一国国民经济的长远发展。我国此前一直对外资从事上游的石油和天然气勘探、开采限制较多。即使在 2017 年版的《自由贸易试验

---

❶《跨国公司对民族主义表态：我们不是来扶贫的!》，《社会科学论坛》，2001 年 4 月，第 93 页。

❷《努力提升产业国际竞争力，切实维护国内产业安全》，商务部高虎城副部长在 2004 年 2 月 25 日“全国重点行业提升竞争力、维护产业安全工作会议”上的讲话，该讲话的部分内容可参见 2004 年 2 月 26 日《国际商报》。

区外商投资准入特别管理措施(负面清单)》，还严格限定外资“投资石油、天然气、煤层气的勘探、开发，须通过与中国政府批准的具有对外合作专营权的油气公司签署产品分成合同方式进行。”然而，2018年版的自由贸易试验区负面清单就删除了这一要求。在适用更为广泛的2018年版的《外商投资准入特别管理措施(负面清单)》也同时松动了，规定外资从事“石油、天然气(含煤层气，油页岩、油砂、页岩气等除外)的勘探、开发限于合资、合作。”到了2019年、2020年版的《外商投资准入特别管理措施(负面清单)》则彻底删除这一要求，也就意味着外资可以独资从事上游油气行业。

油气下游的炼油和油品销售领域则开放得更早更广泛。入世后仅两年多时间，外资便大规模进入中国石油石化领域，除了欧美大石油石化公司外，日、韩以及台商也在紧跟。埃克森美孚、英国石油(BP)和壳牌在中国大规模建立合资加油站的计划已经获批。在华合资的润滑油年总产量已达约100万吨，占国内市场份额的22%，而且已在高档润滑油和油品添加剂市场占有主导地位。石化领域是目前对外开放程度最高、外商最活跃、发展最快、投资项目最多、投资规模最大的领域。外来投资项目涵盖了绝大多数石化产品，而且占有了相当的市场份额。例如，中国外资聚苯乙烯产能已占全国总产能的约一半；BP已成为国内最大的醋酸生产商，占有30%的市场份额；日资在中国聚酯薄膜市场已占有25%的份额；外资的ABS树脂产能已占国内市场份额的大半。随着今后几年新建、在建和扩建项目的建成投产，外资在中国石化领域的市场份额还会提升。[1]

近来，中国工程机械市场和建筑机械市场正处于上升期。以工程机械市场为例，仅三峡工程、南水北调、西电东送、西气东输、青藏铁路、上海世博和北京奥运等七大工程，总投资即达到13275亿元，如果按照5%用于工程机械产品的消费，则有663.75亿元。国外工程机械巨头早已嗅到商机，加快了在国内扩张的步伐。如全球最大工程机械巨头卡特彼勒参股国内工程机械巨头徐州重工和山东重工；沃尔沃建筑设备在上海建立独资厂生产挖掘机；宝马在上海建立合资厂生产压路机；BHS在天津建立独资厂生产混凝土搅拌设备。有关专家指出，外资大规模进入国内机械领域，对我国自主产业尤其是重大装备制造业造成的压力愈来愈大。而民营企业受实力限制，或由于对其回报率不满意，目前多数尚无力进入重大装备制造业。这意味着在全行业总量高速增长的大势中，以国有大中型企业为支撑的国内装备制造业困难仍然很大，发展状况不尽乐观。而且，“这一次

[1]参见《外资已在中国石化领域占据重要地位》，《每日经济》，总第2134期，2004年3月3日。

外资巨头对中国市场的渗透，不仅仅是从经济利益出发，还暗含着控制中国装备制造业话语权的战略意图，值得重视”。❶

（2）税收与外汇方面的有限贡献

I. 随着我国吸引外来直接投资数量的增多，外资企业在整个国民经济中的地位也日益突出。外资企业工业产值占全国工业总产值的比重（为了论述方便，这里将其简称工业产值贡献率）可以清楚地反映这一趋势（前文已说明2/3多的外资投向了制造业）。如下图所示，外资企业工业产值贡献率呈逐年上升之势。从1990年的2.28%升到2002年的33.37%（为了与税收同期比较，图中数据是从1992年开始的）。但从图中更直接地得出的结论是：外资企业工业产值贡献率始终大于税收贡献率（这里指外资企业税收占全国工商税收总额的比重），而且两者的差距还在不断扩大。差距最小的是1993年和1994年，大约为3个百分点；差距最大是1999年、2002年，分别达到12和13个百分点。这表明虽然外资企业工业产值贡献率较高，但我国获得的只是名义收益，相当部分财富没有通过税收的形式转为国民财富（这也是前文所提及的GDP指标的缺陷）。需要说明的是，图中计算的外资企业税收贡献率是包括服务业的。如果外资产值贡献率中也包括服务业，或者税收贡献率中剔除服务业，即进行严格对等的比较，实际的差距将会更大。

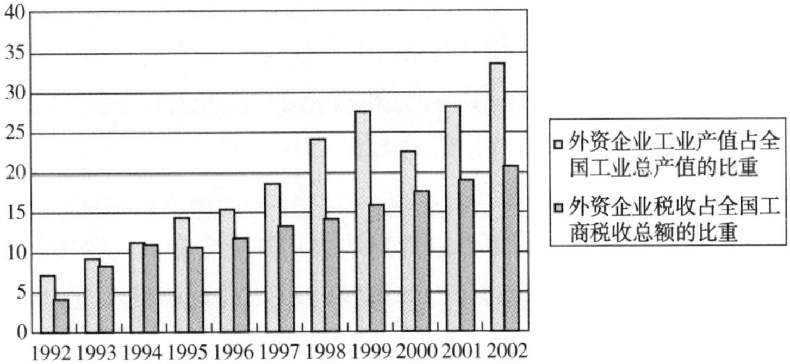

外资企业工业产值贡献率与税收贡献率比较

数据来源：根据商务部外资数据库整理而成，外资企业税收的计算不包括关税和土地费。

外资企业产值贡献率与税收贡献率失调有多方面的原因。除了有关地方政府滥给外资企业税收优惠外，跨国公司利用自身经济优势高报成本费用，压低利润

❶参见《外资对国内重大装备制造业的渗透值得重视》，《每日经济》，总第2115期，2004年2月5日。

也是主要原因。外资企业在投资过程中，对投入的实物资产与技术、商标等无形资产作价很高，这些资产在经营过程中就产生虚增的折旧费用，从而低报利润。此外，有些跨国公司对在华子公司收取的原材料及市场调研、广告、雇员培训费等服务费用也远高于市场价，甚至存在重复收费，这样就转移了大量的利润，使独资、合资、合作企业的利润减少，致使中方按股权比例或合同规定分得的利润减少甚至亏损，而外方公司的总体收益变大。因此，经常发生“中亏外盈”“虚亏实盈”的现象。此外，随着外资企业出口额的上升，在华外商弄虚作假，骗取出口退税的事件也增多。一些跨国公司通过其全球范围的经营活动，实行税收筹划，逃避税款。例如，德国大众公司在上海的分公司就可以根据不同的需要，以不同的价格从母公司取得不同的技术或先进产品。“据国家税务总局统计，60%以上的外资企业存在避税行为。”❶

II. 与外资企业税收方面的有限贡献相关的问题是其外汇方面的有限贡献。因为这两个问题都包括跨国公司的消极影响或有限作用，通过转移定价等方式损害我国的利益。有时两者是相关联的。例如，一些外商投资企业为了减少在我国境内的纳税额度，有意抬高了在华子公司向国外关联企业购买设备、原材料、元器件的价格，而压低其出口产品的价格，谋求降低其缴纳的税收，以便更多地利用转移价格获取利润，从而导致我国国际收支商品进口增加，经常项目流出用汇增加，在一定程度上恶化了我国国际收支。下图 A 显示，虽然外资企业各年的出口额不断增长，特别是进入 21 世纪以来(其中有我国入世的因素)，而同期的进口额也是呈增长之势。在 1998 年以前，外资企业的进口额一直大于其出口额，即使在 1998 年之后，其进口额也是紧贴着出口额。可见，外资企业贡献的外汇净收入非常有限。

从对下图 B 的分析中，我们可以更清楚地看到外资企业对我国国际收支的消极作用。图 A 的分析是一种绝对值的分析，比较的是外资企业自身进口额与出口额。图 B 的分析则是相对值的分析，考察的是外资企业占全国进出口总额的比重差异。为了论述方便，这里将外资企业进口额占全国进口额的比重称为外汇耗费率，外资企业出口额占全国出口总额的比重称为外汇贡献率。从图中可以很容易地看到外资企业的外汇耗费率始终大于其贡献率，而且在整个 90 年代，耗费率增长曲线与贡献率增长曲线之间还存在着一个较大的间距。这个间距反映着外资企业对我国国际

❶转引自王志乐主编：《2002—2003 跨国公司在中国投资报告》，中国经济出版社，2003 年，第 55 页。

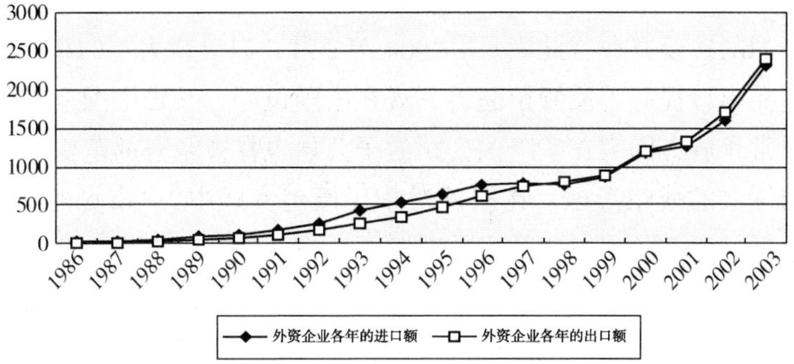

图 A　外资企业各年进出口额比较(金额单位：亿美元)

数据来源：根据商务部外资数据库和中国海关统计整理而成。

收支的腐蚀程度。可见，外来直接投资在我国的情势进一步验证了第二章所阐明的观点：在经济主权方面，跨国公司对东道国国际收支平衡的消极影响或有限作用。

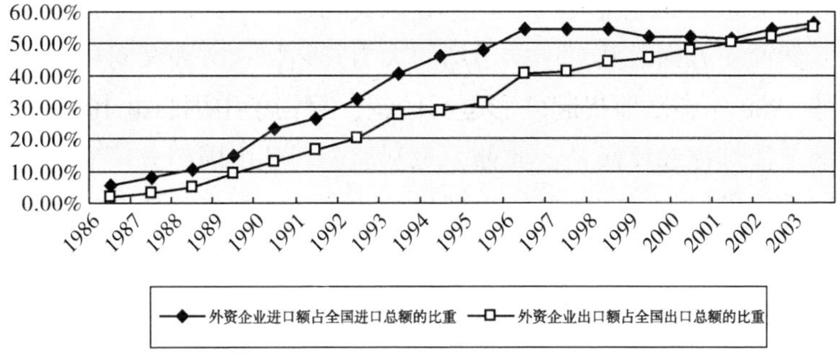

图 B　外资企业外汇耗费率与贡献率比较

数据来源：根据商务部外资数据库和中国海关统计整理而成。

(3) 其他方面

掠夺与故意投资：跨国公司到发展中国家投资有时是为了攫取当地丰富的自然资源，特别是稀缺性资源。比如，加拿大是钒土大国，却鼓励跨国投资生产。许多到我国投资的跨国公司也是资源导向型。其中，镁行业就是一个例子。轻重烧镁等镁制品是一种重要的工业原料。我国菱镁矿含量约占世界总量的30%，仅辽宁省就占了世界20%。为了保护我国的镁资源，镁制品的出口实行有偿招标配额管理。❶ 为了绕过中国的管理，获取低廉的镁材料，一些国外知名公司纷纷到

❶中国目前是直接用天然菱镁矿生产镁砂，成本很低；国外一些工厂生产海水或盐水镁砂，纯度高但成本也高。本部分的一些材料由负责镁制品出口招标工作的中国五矿化工进出口商会招标部提供，在此表示感谢。

辽宁省投资建厂，如奥地利奥镁、英国镁顿、德国雷法、日本住友、九洲耐火等。跨国公司的贪婪并非就此满足。2004 年 2 月，以奥镁为首的相关欧盟企业对中国的镁制品出口提起了反倾销起诉。既在中国设厂，又告中国产品倾销。这个现象看似非常矛盾，因为在华跨国公司的子公司也在被调查的范围之内。这其中有跨国公司深层的战略考虑。在国外对华反倾销实践中，“市场经济”待遇成为我国企业应诉过程中的一只拦路虎。欧盟在这方面的 6 条标准也非常苛刻，而外资企业由于较容易证明经营不受政府控制或影响，一般都能得到“市场经济”待遇和“分别裁决”。这样，跨国公司在华子公司就取得较低的反倾销税率，甚至税率为零，由此取得了比其他内资企业较强的出口竞争优势，进而垄断整个出口市场。

跨国公司经常利用反倾销手段表现出对华极不友好的态度。❶ 飞利浦公司可以说是这方面的典型。从 1985 年飞利浦在中国建立第一家合资企业起，15 年来已有独资、合资企业 32 个，投资超过 10 亿美元，在中国的电子市场上占据了可观的份额。然而一方面是其对中国市场的大力开拓，一方面又对中国产品竭力封杀。飞利浦 1988 年在欧盟提起的彩电反倾销，封锁了中国彩电 10 多年；2000 年又对中国的节能灯提起反倾销。此前，飞利浦公司从中国部分厂商那里大量收购明显低于国家质量标准的节能灯，再低价销往欧洲，有意制造我国产品倾销的证据。为保住欧洲市场，中国厂商被迫频频压价，之后飞利浦反手一击，对来自中国的产品提起反倾销调查申请。对此，一位记者曾感叹道，“多少年来，国人对外资企业怀有崇敬和感激之心，因为他们带来了资金，带来了技术，带来了先进的管理经验，为城乡居民的就业作出了贡献。但是很少有人点破外资进入中国的真正目的，他们是来赚钱的，他们赚走了大把大把的钱。甚至，为了赚钱，他们会使用常人难以想象的招数。这些招数之恶毒，会让国人大吃一惊：天哪，原来老外这么黑!”❷

人才争夺：第二章提到人力资源是影响一个国家可持续发展的重要因素。自从跨国公司进入中国那天起，对中国所谓的人才而言多了一些“奉献青春”的对象；对国家来说，与外资的人才争夺战已经拉开。跨国公司以丰厚的待遇和优越的工作环境令一些国人心驰神往。英特尔、微软、摩托罗拉等跨国公司近几年相

❶特别值得注意的是，有些外方借合资为名，探取我方企业的经济情报，以方便对我方企业提起反倾销调查。20 世纪 90 年代，美国一家公司就曾到河北保定某化工厂搞过此类活动。

❷王义伟：《飞利浦的“反倾销”阴谋》，《视点》，2000 年，第 9 期。

继在我国设立了研发机构，以优惠的条件吸引了大批优秀的名牌高校毕业生。入世之后，跨国公司开业领域扩大，中外资企业在人才争夺上更加激烈。据报道，2001 年底，刚刚进入中国保险市场的某外资公司在广州开业伊始，就以高出同业 10%-20%的薪金招兵买马，结果各公司都有优秀代理人进入。一家合资寿险公司的高级销售主管偕同手下 280 名保险代理人集体辞职，投奔新的在华外资保险公司。❶ 可见在人才方面，合资企业也比不过外商独资公司。那些人看重的是纯外资管理。这对中国企业而言是一个十分危险的信号。人才的流失使我国经济发展和科技创新受到影响，这也是近几年来我国经济和科技全球竞争力下降的重要原因。此外，跨国公司在吸收劳动力就业上的效应也是双重的。一方面，跨国公司投资的企业吸收了大量的就业人口，缓解了就业压力。另一方面，跨国公司进入中国市场，挤垮了许多原有的厂商，又造成了这些企业员工的失业。

（4）跨国公司对华的全球竞争策略——个案分析

跨国公司利用自己的经济优势与我国企业激烈地厮杀，有时硝烟甚至弥漫到海外。在这方面，世界生物巨头孟山都与中国草甘膦❷企业的全球竞争可以说是个典型。❸

随着中国草甘膦产业的迅速发展和出口市场份额的逐步增加，中国产品成为孟山都公司垄断世界草甘膦市场最大的障碍。孟山都公司非常关注中国草甘膦行业的发展，1990 年孟山都公司成立中国委员会，10 多年来，组织了大量的人力、财力，研究中国草甘膦行业和市场，并有计划地在中国开展投资，❹ 将孟山都自

---

❶转引自王志乐主编：《2002-2003 跨国公司在中国投资报告》，中国经济出版社，2003 年，第 54-55 页。

❷草甘膦是一种广谱除草剂，美国孟山都公司（MONSANTO）于 70 年代初开发并生产。它具有高效、低毒、广谱、内吸收等优异性能，通过近 30 年的推广应用，目前已经成为世界最大的农药品种，年国际贸易额达到 30 亿美元，产品遍布世界每个角落。我国从 80 年代中后期开始生产，从最初的几百吨产量，发展到现在年产近 10 万吨。由于使用的推广，90 年代初全球需求迅速增加，我国从 1992 年左右开始出口，经过艰苦的市场开拓，年出口量发展到近 4 万吨，出口到 80 多个国家和地区，近 10 个品种，创汇 2 亿美元，占中国农药年出口创汇的 40%。

❸本部分的数据及案例未指明出处的均来自中国五矿化工进出口商会（CCCMC）法律部和化工部所提供材料，在此深表感谢。中国五矿化工进出口商会下设草甘膦分会，为该产品的全国行业协调组织；其法律部组织应诉了历次孟山都对华的反倾销案。

❹1980 年以来，孟山都公司先后在上海、广州和北京设立了销售业务代表处及分公司。1996 年，孟山都公司与河北农业厅下属的河北省种子站以及岱字棉公司合作成立冀岱棉种技术有限公司；1998 年，孟山都公司在安徽省成立安岱棉种技术有限公司，并与农业部，国际矿业公司以及加拿大国际发展机构共同在河北省成立可持续农业示范村；2001 年又与中国种子集团合资成立中种迪卡种子公司。这些举措的最终目的是成立孟山都中国股份有限公司。参见 http://www.monsanto.com.cn/monsanto/monsanto_china.htm。

己的产品销售到中国来，并通过高额佣金、提供出国机会等方式使其产品得到广泛推广使用，获得了巨大的利润。孟山都公司这种表面上积极和中国企业的接触，归根结底是为了垄断市场。据中国国际贸易促进会、中国农药工业协会、中国石油和化工工业协会联合向原国家经贸会产业损害调查局反映的情况表明，孟山都一家公司的草甘膦产品在中国市场已占到1/3以上。中国草甘膦厂家也从90年代中期最旺的40多家缩减到目前的不到10家。孟山都还采用各种方法在国外市场上挤压中国产品，在全球范围内对我国草甘膦产业的封杀策略，使我国的这一行业目前的发展处于困境。孟山都在2000年其专利到期之前，向陶氏益农、诺华、凯米诺瓦、卢法和麦克诺福罗五大跨国公司达成协议，以划分市场为条件分期分批地有偿通过提供草甘膦的全球使用的注册资料，完成专利经营向跨国同盟垄断经营过渡。2000年，国际粮农组织（FAO）根据孟山都公司的提议，对草甘膦原粉标准进行修改，增设两项杂质指标，堂而皇之地对中国草甘膦出口设置行业标准方面的“技术壁垒”，致使因制造工艺不同的中国相关产品难以进入美、日、欧等发达国家的高价市场。❶

在国内市场上，孟山都通过竞争优势蚕食中国企业；在国际市场上，除上述利用申请专利、制定行业标准等技术壁垒外，还在其他市场上低价与我国竞争，并频频利用贸易保护措施封杀我国产品进入国际市场（在国际市场上通过中间商收购中国产品）。作为全球500强的孟山都在世界主要国家都有投资，这为其在全球对我国产品提起反倾销提供了方便。❷ 以孟山都公司为首的欧盟草甘膦生产行业先后于1995年10月、1998年8月、2001年5月对中国草甘膦提起了反倾销、反吸收、反规避三次调查，使草甘膦成为中国第一个被接连三次进行限制进口调查的“三反”产品。1996年，孟山都澳大利亚公司在澳大利亚对中国草甘膦提出反倾销调查，在我方获胜后，❸ 于2001年6月再次提出反倾销调查。同年7

---

❶上述情况参考了我国最大的草甘膦企业浙江新安化工集团股份有限公司提供的材料《转型经济国家地位再度动摇——关于澳大利亚对中国草甘膦第二次反倾销案》，在此表示感谢。

❷按照GATT1994第6条、WTO《反倾销协定》及各成员方反倾销法律制度的规定，提起反倾销案件的主体必须是国内产业。另一方面，我国在入世议定书第15条中被迫承诺，如果我国企业不能证明行业是市场经济导向，成员方就可以使用第三国的“替代价格”作为正常价值。这成了我国应诉国外反倾销中的最大障碍。上述两点导致了孟山都对反倾销措施的滥用。

❸该案的胜诉具有里程碑式意义，这是国外第一次在反倾销案中承认我国为“转型经济国”。具体参见《中国反倾销应诉取得重大突破——澳承认中国为转型经济国》，《国际商报》，1997年3月26日；中国五矿化工进出口商会编：《如何应对国外反倾销》，中国对外经济贸易出版社，2000年，第222-229、239-255页。

月和11月，孟山都公司又在巴西和阿根廷先后提起反倾销调查申请，把战火引向我国初步发展的南美市场。这样，孟山都在2001年这一年内同时在欧盟、澳大利亚、巴西和阿根廷向我国产业宣战，我国企业顽强抗争，积极应诉。2002年2月，我方在澳大利亚案中再次获胜。然而，2003年2月，我国产品被巴西当局裁定征收高达36.8%的反倾销税，使我国产品被迫退出巴西市场。接下来的阿根廷保卫战可谓惊心动魄。我国草甘膦对阿出口数量占2002年我草甘膦出口总数量的40%，如对阿出口遇阻，将严重影响我草甘膦行业的发展。阿最大报纸《号角报》将此案称为“两个强大的国家争夺2.5亿美元的生意”。❶ 最终，我方胜出。阿政府2004年2月宣布不对中国草甘膦征收反倾销税。❷

值得注意的是，在这些案件的背后，我们可以看到跨国公司对东道国政府的影响力。以阿根廷案为例，孟山都运用了自身的关系网络。阿主管案件的经济部长本人及儿子先后担任主要由孟山都资助的阿根廷经济研究所所长，其本人与孟山都公司关系密切，是后者的顾问。据悉由于不久前，阿根廷为摆脱金融危机从由美国控制的国际货币基金组织获得一笔贷款，美国驻阿根廷使馆也为此案积极活动。由于中方的严正抗议，阿主管当局对此案犹豫不决，整个审理期限将近两年，超出了WTO《反倾销协议》规定的18个月最长期限（即《关于实施1994年关税与贸易总协定第6条的协议》第9条第3款第3项）。双方斗争的结果是经济部长因利害关系而回避。在案件调查过程中，阿政府发生换届，孟山都对新政府的影响较小。新上台的总统甚至亲自审阅了裁定文件。❸ 在澳大利亚案失利后，孟山都伙同澳当地企业游说政府，迫使澳众议院于2002年初批准了一个修正案提案，其核心是只要证明中国涉诉产品的价格在生产、国内销售等环节受到政府影响，相关中国涉诉企业就不能获得市场经济待遇。这一提案如被通过将使我国应诉企业获得市场经济待遇的门槛大大提高，可能导致我国出口产品今后在应诉澳大利亚反倾销案时很难胜诉。在中方企业和政府的交涉下，2003年11月澳议会采取折中方案，修订了修正案，公布了市场经济的6条标准。

孟山都在中国的游说能力也应引起我们高度警惕。孟山都公司的专利律师曾

---

❶转引自范剑青：《到各国四处活动，想独占全球市场——孟山都打压中国农药》，《环球时报》，2003年6月2日。

❷参见《我在阿根廷草甘膦反倾销案中获胜，保住了该项产品最大的海外市场》，《国际商报》，2004年2月6日。

❸参见沈安：《中阿贸易官司胜诉的启示——访中国驻阿根廷使馆经贸参赞汪传信》，《参考消息》，2004年2月12日。

经参与过中国专利法规的制定，其在中国的投资项目都得到了农业部或地方农业厅的支持。2004 年 2 月，我国农业部已决定向孟山都公司生产的转基因大豆、玉米、棉花发放正式的进口安全证书，同时仍然禁止来自其他不同出口国的另外 6 种转基因玉米及数量不详的油菜品系的进口，从而为孟山都的产品大举进攻中国市场铺平了道路。中外相关人士称，“这是中国在转基因农产品进口问题上的重大让步”。❶

2020 年金龙鱼在创业板 IPO 上市是另一个值得分析的案例。金龙鱼全称益海嘉里金龙鱼粮油食品股份有限公司(以下简称“益海嘉里”)。虽然金龙鱼作为食用油品牌在国内市场家喻户晓，但却鲜有少知道其控股股东是新加坡上市公司丰益国际，是一家地地道道的外资企业，而真正的控制人是马来西亚华侨郭鹤年家族。在中国食用油品牌市占率 Top10 中，拥有庞大品牌矩阵的益海嘉里占了 3 席，其中“金龙鱼”以 33.7%市场份额位列榜首。❷ 早在 20 世纪 80 年代末起，郭鹤年家族就凭借原料、资金、技术和管理的优势，展开对中国油脂市场的合围。一方面，嘉里粮油借道中粮等国有粮油企业成立南海油脂，打造了“金龙鱼”等一系列小包装食用油品牌。中粮虽是第一大股东，却对合资公司不具有控制权，对品牌更没有所有权，于是合作破裂。1995 年，中粮被迫推出自己的“福临门”品牌，独自开拓小包装食用油市场。实质上前期中粮等于是“引狼入室”或者说精心培养了一个最大的竞争对手。另一方面，丰益国际与在原料方面具备显著优势的国际四大粮商❸之一的美国 ADM 公司成立益海嘉里。2003 年和 2004 年国际大豆期货价格剧烈波动，导致众多中国大豆加工企业高位采购。此后，国内压榨企业 70%停产，大量企业倒闭。国际四大粮商大举进入中国，通过低成本兼并重组抢占市场。2003 年至 2005 年的短短两三年期间，金龙鱼收购了国内 10 多家中型榨油厂，相继在烟台、秦皇岛、周口、连云港、福州、武汉、泉州、昌吉等二三

---

❶道琼斯通讯社:《中国对美转基因农产品进口作出实质性让步》，转引自《每日经济》，总第 2126 期，2004 年 2 月 22 日。

❷益海嘉里控股股东 Bathos 持股比例达 99.99%，而 Bathos 背后是新加坡上市公司丰益国际，后者依次通过 WCL 控股、丰益中国、丰益中国(百慕达)间接持有 Bathos100%权益。据招股书数据计算，郭鹤年家族在丰益国际合计持股超过 30%，对应益海嘉里持股比例也在 30%以上。参见《马来首富率食用油巨无霸来 A 股！创业板史上最大 IPO 或创年内中签率新高 2000 亿估值谁是最大赢家?》，《金融界》，2020 年 9 月 24 日。

❸国际四大粮商“ABCD”，即美国 ADM、美国邦吉、美国嘉吉、法国路易达孚，在全球粮食贸易市场一直流传着这样一句话：四大粮商控制着全世界 80%的粮食交易量。

线城市建立了粮油生产基地。自此拿下了食用油产业链中游，在中国大豆加工市场占据约 2 成的份额，全面覆盖中国粮油市场。目前在国内现在的近百家大型大豆加工企业中，64 家具有外资背景，实际加工能力占国内总量的 85%。❶

“民以食为天”，粮油关乎着一个国家的食品安全。随着外资粮油企业在华业务迅速扩张，国内舆论对其在中国垄断布局所带来的粮食安全问题的担忧就不绝于耳，而政府也出台了一系列政策以鼓励内资粮油企业的发展。2008 年 9 月 3 日，国家发改委出台《促进大豆加工业健康发展的指导意见》，该意见明确提出要扶持民族大豆加工企业，而对外资进行了限制，意见中提出，外商兼并、重组国内油脂加工企业，严格按照国家有关外商投资的法律法规及外商投资产业政策办理。作为外资公司，丰益国际并不是鼓励产能扩张的对象。事实上，益海嘉里 2008 年过后停止了扩张。在国家发改委下发《关于做好 2009 年油菜籽收购工作的通知》中首次规定企业可以参与托市收购。在 100 多家企业的名录里并没有一家外资企业，益海嘉里当然也不在其中。现实大环境迫使益海嘉里寻求身份认同，于是 2009 年其母公司丰益国际就对外宣布，开始筹备其中国业务的 IPO 工作。历经近 10 年的努力与闯关，利用境内资本市场对外资公司一定程度的松动，2020 年益海嘉里在创业板成功 IPO 上市。此前多数媒体都认为，如果益海嘉里在国内上市，将会使企业更加“本土化”，顺理成章变身成为一家地地道道的国内企业，既摆脱“外资”的称号和限制，也有利于中国业务的稳定发展以及减少在国内进一步扩张时可能遇到的政策阻力。益海嘉里集团首席运营官也曾坦言，益海嘉里在国内上市，融资并不是主要目的，而在于上市之后，益海嘉里便能顺理成章变身成为一家地地道道的国内企业，摆脱“外资”的称号和限制。❷ 随着中国经济实力的壮大，管理措施的完善，外资的优惠或魔力正在消退，相反“本土化”或谋求新的身份反而成为一种新颖的、更为隐蔽的手法。❸

---

❶参见《益海嘉里垄断中国食用油市场启示录》，《新财富杂志》，2014 年 9 月。

❷参见《分拆上市 益海嘉里谋“中国身份”》《再冲 IPO 要甩“外资”帽子 益海嘉里谋“中国身份”》，《北京商报》，2018 年 3 月 2 日；《创业板史上最大 IPO 来了，神秘家族浮出水面》，《界面新闻》，2020 年 9 月 24 日。

❸益海嘉里管理层曾在多个场合强调公司的“侨资”身份，以撇清与国际粮商美国 ADM 公司的关系。益海嘉里财务总监在接受媒体采访中就曾表示：“ADM 只是买了我们在新加坡挂牌的股票，益海嘉里的董事长郭孔丰也是爱国华侨郭鹤年的侄子，并不像有些误传的说益海嘉里是 ADM 控股的企业”。参见《益海嘉里垄断中国食用油市场启示录》，《新财富杂志》，2014 年 9 月。

2. 跨国公司的人权责任

(1) 劳工权益

在华跨国公司的人权问题主要涉及的是劳工权益领域，在这方面跨国公司受到的指责表现在以下几个方面：工作时间和环境、薪金保障、结社自由等。在国内，缺乏对外资企业进行劳工权益方面的监督与协调机制。2000 年，中国企业联合会作为我国最大的雇主组织与原劳动部、中华总工会组成了分别代表雇主、政府和工人的劳资关系三方会议。该三方机制的目的就在于建立和完善我国的劳动制度，保障劳工权益，解决劳资争议等。然而，外资企业加入企业联合会的数量很少，合资与独资企业加起来才 3.44%。各类型的企业比例见下图。从该图可以直观地看出一个“V”形结构。内外资企业各自占中企联的比重、占全国企业总数的比重及占全国总资本的比重，分别呈现出下降和上升的走势。这反映出内外资企业对加入行业组织的不同积极性，以及中企联所参与的三方机制对外资企业的微弱影响力。[1] 许多在华外资企业都没有相应的工会组织。据称，沃尔玛公司中国分公司，三年来拒不组建工会，成了中华全国总工会内部圈定的“重点攻坚对象”。实际上，这家排名世界 500 强之首拥有 130 万员工的跨国公司，不鼓励员工参加任何工会组织几乎成了一项“全球性惯例”。[2]

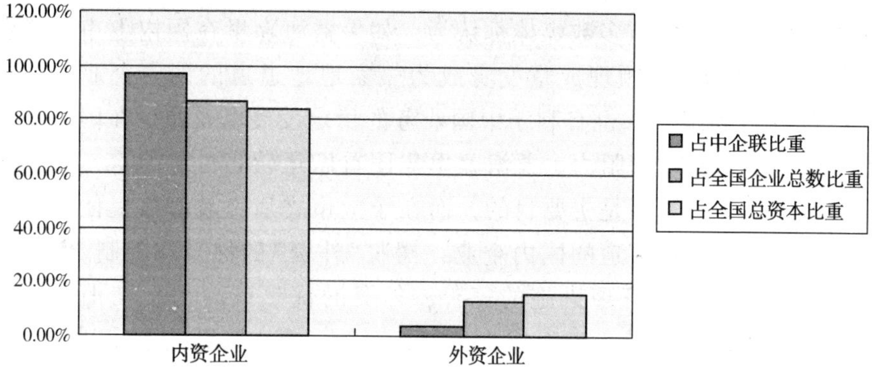

中外资企业加入中企联若干情况比较

数据来源：根据国家统计局《2002 统计年鉴》和中国企业联合会《2001 年工作总结和 2002 年工作任务（http：//www.cec-ceda.org.cn/body/zhongjia2001.htm）整理而成。

[1]原外经贸部于 1987 年成立了中国外商投资企业协会，但其宗旨主要是吸引外来直接投资的，并不包括协调劳工关系。

[2]参见《通过工会为管理争取主动》，《财经时报》，2003 年，第 537 期，2003 年 10 月 18 日。

跨国公司时常利用管理上的手段侵犯劳工的权益。有的学者经过调查发现，有些跨国公司把企业内部的员工人为地划分为两种：一种叫作核心层，另一种称作边缘性的劳工。前者包括企业的中高层以上的管理人员、企业的工程技术骨干，还有企业的一线生产工人，以及财会、供销人员。企业对这些核心层人员提供很高额的报酬，优厚的福利保障，保持其对企业的向心力。但禁止他们加入工会，杜绝任何背叛企业的可能。这是以软化的方式逼迫核心层放弃自己的权利，实际上剥夺了他们加入工会的结社自由。而另一方面，面对中国几乎是无限供给的廉价劳动力，跨国公司充分利用了资本全球化带来的劳动力价格的向下竞争趋势，总是尽可能地榨取另一部分被边际化的绝大多数劳工。❶

在华跨国公司劳工权益方面的污点也经常受到母国一些非政府组织的批评。美国全国劳工委员会 2002 年在一份对中国玩具业的调查报告中指出，“正是美国的玩具零售商在领导着向下竞争(race to the bottom)，压低工资与福利，不向发展中国家纳税，无视健康与安全标准，对因行使权利而被解散的工人视而不见。”如果有一天中国开始认真实施其劳动法和环保法，沃尔玛就会撤离中国而转向孟加拉国和洪都拉斯。❷ 2004 年，该委员会在一份报告中，又点名谴责沃尔玛公司在中国开设的一家工厂，无视中国工人的工作环境，克扣工人最低工资，非法强迫工人加班加点。报告揭露，沃尔玛中国工厂管理层经常训练工人回答已准备好的问题，在沃尔玛检查人员视察时撒谎。该工厂工人时薪平均为 16.5 美分，而中国最低法定时薪为 31 美分；每周要求工人工作 7 天，而中国法定时间为 5 天。报告还指责中方管理人员经常修改工人们的时间卡。实际上在华合资企业中工人权益被侵犯的报道很多，沃尔玛也有前科，而地方政府和合资中方出于种种考虑往往站在外资一边。❸

应当看到，跨国公司的劳工问题在中国主要表现为其供应商及商品链之中。这些供应商或中间商大多数又是港台或韩国、日本在华设立的外资企业。跨国公司层层压价迫使商品链最底层的企业只好从劳工身上挖潜成本，延长工作时间、

---

❶参见乔健在“公司社会责任/生产守则对中国的影响”调查发布与研讨会上的发言，载谭深、刘开明主编：《跨国公司的社会责任与中国社会》，社会科学文献出版社，2003 年，第 286-289 页。

❷The National Labor Committee, 2002, “Toys of Misery: a Report on the Toy Industrial in China”, see http: /www. nlcnet. org/china/1201/toysofmisery. pdf.

❸这家工厂名叫 He Yi 电子塑料制品厂，专门为美国几大体育职业联盟生产 bobblehead 玩具。全美劳工委员会有关负责人透露，他已针对沃尔坞的上述作法向包括 NBA 在内的美国几大体育职业联盟发出了“警告信”。参见《外界对沃尔玛中国工厂虐待工人的指责值得重视》，《每日经济》，总第 2118 期，2004 年 2 月 10 日。

减少工人薪金或者放任工作环境恶化。据调查，在珠江三角洲一些劳动密集型的制衣、皮革、玩具、电子领域的外资企业，工人每天工作时间12小时是普遍的情况。为了赶交货期，许多企业要求工人不停地加班，有的甚至几个月不安排休息。体质虚弱的员工中劳累致死并非个别，昏倒在车间里的事情也时有发生；非技术工人的平均工资十几年几乎没有明显的增长，大量女工的工资低于当地最低工资标准。[1] 有时，层层盘剥的商品链会引发灾难性的重大事故。1993年深圳港资致丽玩具厂发生的大火造成几百人伤亡的悲剧。其原因就是企业长期漠视生产安全和工人的生命健康权，把工人集体禁锢起来进行奴役式的生产。事故发生后，经多方努力，该商品链顶端的意大利公司Chicco/Artsana最后同意向大火中丧生和致残的工人或其家属支付赔偿，但不承认自己对事故应承担责任。[2]

(2) 消费者的健康权及知情权

此外，有些跨国公司出于在中国低价与国内企业竞争的需要在食品和药物等产品销售中，侵害了我国消费者的健康权及知情权。2002—2004年发生的几起针对跨国公司的诉讼将这一问题凸现出来。某消费者状告雀巢，因为雀巢“巧伴伴”的食品外包装上没有关于转基因成分的相关标识；某乙肝患者的家人向法庭指控葛兰素公司，因为它出品的治疗乙肝药物贺普丁(拉米夫定)的中文说明中，没有关于药品不良反应等警示语。这两起中国消费者的维权行动，反映了同一个问题，即跨国公司的“双重标准”导致了中国消费者的知情权被侵害，进而可能会影响到消费者的健康权。同样是这两种产品，在欧洲、美国等的产品包装或说明书中，都有相关标识或警示。美国一位管理学家曾在一次商业伦理的演讲中讲道，在国外进行市场营销的过程中，跨国公司常常不加一句警示性话语，不分青红皂白地将婴儿配方奶粉、香烟、化学品、杀虫剂、处方药非处方药一类的产品，出售给没有足够知识加以辨别的国外消费者，这种做法在他们国内会被视为不道德或违法。

跨国企业对其国外子公司产品责任风险问题，首先是根据当地有关法律、政策及市场竞争环境来分析的。它们利用发展中国家的法律、政策往往不够完备，消费者维权意识欠缺的方便条件，执行双重标准。这种在发达国家和落后国家执行“双重”商业标准的行为出于常规的成本收益分析。跨国公司在中国与在欧美

---

[1] 参见中国社会科学院社会学研究所“农村外出务工女性”课题组：《珠江三角洲报告之一》，《农民流动与性别》，中原农民出版社，2000年，第28-49页；《珠江三角洲外来工生存状况扫描》，《半月谈(内部版)》，1999年第5期。

[2] See Asia Monitor Resource Center Ltd. Asian Labour Update, Iss. 26, Oct. 1997-Jan, 1998, p. 28.

的处境不同。在中国，它明显的要感受到比在欧美的道德和法律压力小。跨国公司在中国还面临着低价竞争，这迫使其牺牲部分的质量与服务，包括降低道德标准。或者大量采购低价的原材料、雇佣低价的劳动力，或者为了扩大销售，在包装等方面进行误导。但如在食品及药物方面降低要求，在其他国家执行不同的标准，即便没有触犯当地法律，也是对消费者人权的轻视。正如有关专家对此批评到，“用‘统计生命价值’来衡量生命，美国人的统计生命价值大约二三百万美元，在发展中国家，大约只有十几万美元，人各有价！但人的生命不能用收入水平、平均投保率或者国籍来衡量。”❶

3. 跨国公司的环境问题

跨国公司在华的环境问题主要表现为两个方面：其一是与人权有关，即劳工的工作条件恶劣，在生产过程中经常接触一些有毒有害物品；再者就是跨国公司将污染密集产业及发达国家已经淘汰的技术、设备、生产工艺、产品、危险废物等通过投资方式转移到中国，从而对我国生态环境造成负面影响。如日本、韩国的皮革制造商将生产厂转移到我国东北三省一带。这些工厂建立时虽然按照我国环保法的要求安装了废水、废气、废物的处理系统，但厂商为了节约开支，排污设施经常关闭不用，只在应付环保部门检查时使用。由于制革过程中需要大量使用砷(砒霜)，大量的废水流入周边河流，河中鱼虾灭绝，废气飘散至空中，周围山上的树木枯死，废弃物随处堆放，污染了附近地区居民的饮水源，导致大量人员中毒的恶果。❷

需要指出的是，目前在我国由跨国公司引起的大范围的环境事故方面的报道和调研不是很多。一些环境事件的危害性仅仅局限于企业内部或很小的范围，往往可以将其归入劳工工作条件及健康、安全保障方面的分析❸。后一方面的环境

❶参见《是耶？非耶？跨国公司在华遭遇“双重标准”诘责》，《财经时报》，2004年，第550期，2004年1月17日。

❷参见汤俊芳、李强：《对跨国公司来华直接投资法律问题的新审视》，《当代法学》，2001年，第7期。

❸外资企业内部发生的环境事故时有报道。2004年1月31日，吉林省公主岭市韩资企业奥丽恩特工艺品公司发生女工集体中毒事件，中毒女工人数达15人。专家组在调查中发现，奥丽恩特公司在产品生产中大量使用含有有害气体的化学用品，但作为一家可能产生职业病危害的单位，这家公司在成立之初和其后的生产过程中，从未向卫生行政部门提交过任何关于职业病危害预评价报告。专家组在调查现场还发现，奥丽恩特公司果类车间所有窗户全部是密封的，粘金银粉的地方上方虽然有一个排风设备，但因为坏了已长期不使用。而粘胶的地方没有任何排风设备。经有关部门测量数据表明，粘金银粉的地方苯含量严重超标，最高达到5.9倍，最低也达到2倍。参见http://www.people.com.cn/GB/shehui/1062/2333197.html。

问题其后果往往是潜在的，但我们绝不能掉以轻心。据原外经贸部的一份统计，1991 年仅港澳台地区对内地投资的 10614 个项目中，高污染企业就达 2378 家，投资金额 20.96 亿美元，分别占当年港澳台地区对内地投资项目数的 22.4%和 23.5%。这些高污染企业主要分布在橡胶、塑料、印染、制革、电镀、造纸、电池、制鞋以及五金矿产等行业。[1] 下面再以洗涤剂这个行业为例具体说明。现在国内市场上合资企业生产的洗衣粉普遍含有磷、铝等有害物质，刺激皮肤，长期作用危害人身健康，特别是污染我们赖以生存的水源。因此，在 70 年代以后，美国、加拿大、瑞士等发达国家规定：合成洗涤剂应限磷、禁磷。其他国家也相继响应。到 90 年代末，欧洲洗涤剂生产全部实现无磷化。于是，许多西方国家的洗涤业跨国公司将目光投向了尚未作此限制的中国市场，将各自在本国不准生产的高磷产品配方及设备运到中国生产。目前，外资企业洗衣粉的产量已超过全行业产量的半数，并且还在不断增长。[2] 长此以往，我国的环境后患无穷。

二、对我国若干外资制度及引资环境的反思

（一）市场准入的控制与审批程序的灵活运用

相当长的时间内，我国对外资市场准入的调控主要体现在《中外合资经营企业法》《外资企业法》《中外合作经营企业法》这三部外资企业法以及国家发展和改革委员会和商务部发布的《外商投资产业指导目录》。当时为了适应入世的要求，2000 年三部外资企业法都作了修订，主要是按照 TRIMs 协议要求取消了个别与贸易有关的管理措施，但并未根本改动市场准入机制。为了进一步推动形成全面开放新格局，第十三届全国人民代表大会第二次会议于 2019 年 3 月 15 日通过了《外商投资法》，自 2020 年 1 月 1 日起施行。自施行之日起，“三法合一”，在四十年改革开放过程中起过巨大的作用的三部外资企业法同时废止。另一方面，在 2018 年以后，一直使用的《外商投资产业指导目录》也被《外商投资准入特别管理措施（负面清单）》和《鼓励外商投资产业目录》所取代。由此，我国确立了对外商投资实行准入前国民待遇加负面清单的管理制度。准入前国民待遇，是指在投资准入阶段给予外国投资者及其投资不低于本国投资者及其投资的待遇；负面清单，是指国家规定在特定领域对外商投资实施的准入特别管理措施。国家对负面清单之外的外商投资，给予国民待遇。

---

[1] 转引自刘继兵等：《我国利用外资成本分析与对策》，《国际经贸探索》，1998 年，第 3 期。

[2] 参见王玉梅：《中国的外国直接投资法律制度研究》，法律出版社，2003 年，第 203、204 页。

虽然对外开放、吸引外资是我国的基本政策，提高投资与贸易的自由度也是总的趋势，但在这一过程中要始终坚持对外的开放程度与我国经济的市场化程度、国际化程度及企业竞争力的成长程度相符合，不能泛滥“经济自由化”，实行所谓的超前战略。当前有一种不好的倾向：随着我国加入世贸组织，全国兴起WTO热，各界都在讲“开放”(或“放开”)，把入世主要看作一种义务，许多政府部门畏首畏尾，害怕违反规则，在外贸与外资管理方面不敢采取一些有效的措施。如第五章分析，WTO并没有涵盖所有的投资问题(就贸易领域而言，也没有解决所有的问题)，我们仍然可以利用谈判机制及其他规则为本国的对外开放战略服务；此外，还可以使用一些WTO涉及不到的措施，如当地股权要求来对外资进入管理。服务业的开放取决于我国对外的承诺；生产性的投资准入控制更是完全掌握在我国，要比服务业的管理更加自主，不发生承诺的义务，因此准入政策可以灵活变动。在第二章，我们已经看到任何主权国家无不对外资准入进行着某种程度的调控，即便是自由化程度较高的欧盟和美国。

各国对外资准入的控制不仅规定在立法中，而且还体现于审批程序的实际运用。20世纪七八十年代，加拿大根据外资在国内的实际情况，使外资审查制度先后呈现出宽、紧、相对宽的变化。[1] 我国对外来投资也实行比较全面的审批，其标准主要是投资数额及是否为“鼓励类”或“允许类”，并没有考虑该行业或领域外资的存量，即是否为重复投资、外资企业已经支配市场或有垄断威胁等问题。从实践中看，外资在我国发生的控制或近乎垄断的情况并非在限制类和禁止类，而恰恰是鼓励类和允许类。[2] 因此，我国应当拓宽外资审批制度的功能。WTO允许成员方对外来商品对本国产业造成损害或其威胁时采取保障措施，我们是否可以考虑对外来资本的冲击建立保障措施，审批环节就是保护产业或引导外资的第一道门槛。

(二) 改进对外来投资的宏观调控

1. 优惠政策与税法

从广义上分析，专门的外资法律与其他相关的法律都对外来投资发挥着宏观作用，包括前一点市场准入的控制与审批程序的运用。外来投资的法律环境有双重含义：其一是对外来投资的吸引与激励政策；其二是东道国政府对外资的管理

---

[1] 参见姚梅镇主编、余劲松副主编：《比较外资法》，武汉大学出版社，1993年，第520页。

[2] 发达国家也有因为外资可能造成股权控制而在审批时被否决的先例。参见王洛林主编：《中国投资报告——外商投资的行业颁布》，经济管理出版社，1997年，第14、274页。

措施。长期以来，我国对外国投资的激励措施主要体现在税收优惠上。但是外资税收优惠政策至少带来三方面的负面影响：直接减少了国家财政收入，特别是地方政府在税收优惠方面的恶性竞争；外资的“超国民待遇”使本处于竞争劣势的民族企业“雪上加霜”；加剧了地区发展的不平衡，“富者更富，贫者更贫”。国家早已注意到了第一种现象，“决不允许以竞相提供优惠条件、损害国家利益的做法去吸引外资。对一些地方在招商中竞相攀比优惠政策、无序竞争和层层压指标的做法，要切实加以纠正。”❶

经济学界和法学界对税收优惠政策的利弊、存废曾经争议很大。有的学者从法律经济学的角度主张，虽然优惠政策造成外资与内资企业竞争的不公，但为了吸引外资，“即使牺牲一些内资企业的利益也是应该的，因为它换取的是更大的收益。”❷笔者认为此观点欠妥。它混淆了民族企业与外资企业的根本区别(见下文分析)；在眼前利益与长远利益的权衡上有误。为了引资，可以牺牲部分国家税收，但任何时候不能损伤民族企业的竞争力。民族企业是民族国家的支柱。如果民族企业被击垮，从长远看，获得“更大收益”的不是东道国，而是处于垄断地位的外来资本。如果国家需要补充“资金缺口”，为什么不能以同样优惠的措施把民间的资本吸引出来呢？虽然各国都在争投资，但笔者并不赞成我国采取这种“回扣”与“自杀”型的激励措施。而事实上，大型的跨国公司更看重的是投资的长期效益，❸ 因此它们对东道国感兴趣的是良好的基础设施、廉价而素质较高的劳动力、健全的法律制度、稳定的政治和社会环境。对此，一些“善意”的跨国公司也提醒了国人，认为中国的税收优惠政策“是一种短期和片面的行为”。❹因此，我国相关政府部门应当把引资的重心放在改善外商投资硬、软环境，要加快创造统一开放、公平竞争的市场环境，完善投资促进机制，规范招商活动。

取消外资的“超国民待遇”，使民族企业能享受到平等待遇，逐渐成为共识。第十届全国人民代表大会第五次会议2007年3月16日通过了《企业所得税法》，

---

❶2003年12月27日，吴仪副总理在全国商务工作会议上的讲话。

❷王玉梅：《中国的外国直接投资法律制度研究》，法律出版社，2003年，第210、211页。

❸有时外来投资在我国获得的税收优惠不一定能最终享有。比如，当其母国的所得税税率比我国高，而又未与我国确立税收饶让制度时，母国就会把我国减免的税收征走。

❹索尼(中国)有限公司董事长正田纮在2003年“跨国公司西部投资研讨会”上说，“跨国公司投资时，更多考虑的是企业在当地的长期发展问题。中国许多地区采取减免税等优惠政策来吸引跨国公司投资，这其实是一种短期和片面的行为，只会给当地财政收入增长带来压力。成熟的外国投资者更看重当地的投资环境。”参见《用减免税政策吸引跨国公司投资是短期行为》，http：//www.xinhua023.com/，2003年12月16日。

自2008年1月1日起施行(2017年、2018年又两次修订)。这部税法至少有两方面的重大意义：其一，1991年4月9日第七届全国人民代表大会第四次会议通过的《外商投资企业和外国企业所得税法》同时废止，实现了外资和内资企业税法的并轨统一；其二，所得税立法由全国人大(也不是其常委会)郑重立法，废止了1993年12月13日国务院发布的《企业所得税暂行条例》。统一企业所得税法不仅体现了我国正确、健康、公平的引资政策，更体现了我国的整体经济实力以及对自身投资营商环境的信心。

2. 竞争法与国有企业改革

另一部对外资投资具有重要调控作用的法律即是第二章提及的竞争法或反垄断法。我国自1987年就成立了反垄断法起草小组，但很长一段时间一直没有出台正式的法律。当时人们认为，国内企业发展的规模不大，形不成垄断；而一些“行政性垄断”也不需要通过法律来解决。10多年过后，当外资大举入侵，在局部地区或行业占据支配地位时，反垄断法呈现出紧迫性。可以说，正是外来的因素促使着国内法的形成。反垄断法在外来资本的进入(与准入、审批制度联系起来)及设业后两个阶段都能发挥着调控作用。而我国其他关于吸引和规范外资的法律、法规主要集中在新设企业方面，即第一个环节，对外资进入以后的经营行为缺乏有效的调整。2003年，在多方面的强烈要求下，原对外贸易经济合作部颁布了《外国投资者并购境内企业暂行规定》。但该规定调整的仅是跨国并购行为，并不涉及外资进入境内以后的垄断行为。此外，作为部委规章，其效力层次也比较低。当外来资本在第二个阶段形成垄断时，我国政府就很难“依法行政”。当年备受关注的“中策现象”就是一个教训。❶ 值得注意，“中策困境”至今没有解决，当问题再次发生时，我国政府要么放任外来资本的泛滥，要么公然违法，强行干预。

我国之所以迟迟没有竞争法的规则来全面地调整外来资本，还有一个不容忽视的因素。当面对国有企业经营与改革的难题时，有些学者和政府官员把目光投向了跨国公司，认为跨国公司的参与能够“盘活国有资产”。于是，部分学者开始反过来批评中国的资本市场未与国际接轨，跨国公司无法进行

---

❶中国香港中策投资公司通过收购一个上市公司而成为一个对华投资的壳公司。中策集团在1992年4月到1993年6月间斥资4.52亿美元购入了196家国有企业，随后又收购了100多家，后因我国政府的行政干预才终止了部分合同。参见王志乐主编：《2002—2003跨国公司在中国投资报告》，中国经济出版社，2003年，第25页。

大规模的并购活动。2002 年 9 月，当时主管国家对外贸易和经济合作的吴仪国务委员在与跨国公司中国总裁座谈时，提出鼓励跨国公司积极参与国有企业的改组、改造(在 2003 年 11 月珠海“世界经济发展宣言”大会上，以国务院副总理的身份又作了强调)。不过，她同时指出考虑到国民经济命脉和我国对外承诺，有些企业必须由中方控股，除此之外，将根据产业政策和行业特点适当放开外商投资所占的股权比例。❶ 而有些地方政府则进一步“升华”。如北京市政府在关于“深化国有资产管理体制改革，探索国有制的有效实现形式”这个问题上，提出“支持跨国公司收购兼并国有企业”。❷ 笔者认为这是一个危险的信号。“参与改组、改造”与“收购、兼并”毕竟还是有重大的区别。公有制为主体是我们社会主义制度的根本特征，而国有企业又是公有制的主导。而现在，我们社会的本质属性在一定程度上要寄希望于跨国公司，维系于外来因素？且不说，“盘活”的实际效果如何，此种方式本身就已说明我国的“外资依存度”已超越了经济领域。❸

“晚来总比没有好(Later than never)”。在千呼万唤之下，反垄断法起草小组成立 20 年之后，2007 年 8 月 30 日第十届全国人民代表大会常务委员会第二十九次会议终于通过了《反垄断法》。该法的立法宗旨是“为了预防和制止垄断行为，保护市场公平竞争，提高经济运行效率，维护消费者利益和社会公共利益，促进社会主义市场经济健康发展”。《反垄断法》生效以后发挥了极大的威力，对一些外资并购产生了重大影响。比如，当年沸沸扬扬的可口可乐并购汇源果汁就是依据该法被叫停。❹ 近几年，反垄断相关立法又有提速的迹象。2019 年 6 月 26 日，国家市场监督管理总局针对两种主要的垄断行为分别制定了《禁止滥用市场支配地位行为暂行规定》和《禁止垄断协议暂行规定》。国家市场监管总局还牵头完成了《反垄断法》修订草案，2020 年 1 月 2 日向社会公开征求意见。2020 年 9 月 11

---

❶参见《吴仪：拓宽利用外资领域　允许外企上市和受让股权》，《上海证券报》，2003 年 11 月 7 日；以及王志乐主编：《2002-2003 跨国公司在中国投资报告》，中国经济出版社，2003 年，第 27 页。

❷参见原北京市市长刘淇 2002 年 12 月在北京市第十二届人民代表大会第一次会议上所作《政府工作报告》第二部分“2003 年工作的建议”。

❸长期以来，我国投资和消费的比重不协调，经济增长主要靠投资拉动。因此，目前许多学者和政府官员已认识到，必须深化对扩大内需方针的认识，采取各种有效的措施，坚持不懈地开拓国内市场，不断提高消费对国民经济增长的贡献。关于外资并购国有企业的深入分析，参见张琦：《中国利用外资的新战略》，经济科学出版社，2003 年，第 98-112 页。

❹该反垄断案的裁决曾引起极大的争议，特别是对比当前汇源果汁的经营现状，不免令人深思、感慨万千。

日，国务院反垄断委员会印发了《经营者反垄断合规指南》。2021 年 10 月 23 日，十三届全国人大常委会第三十一次会议对《反垄断法(修正草案)》审议后，向社会公开征求意见。

三、防范跨国公司消极影响的其他制度与政策思考

(一) 千方百计提升国民经济的国际竞争力

1. 国际竞争力与经济主权的关系

既然我们选择了全球化这条不归路，面对跨国公司对国家经济主权的挑战，就不能过多地依赖于限制市场准入或控制股权等原始的防范办法。对外开放虽是发展经济的一条明路，但也是一个残酷的选择，国民要有心理承受能力，国家要有经济抵御实力。调整、规范跨国公司，防范、削减其负面影响，不一定全部靠直接的法律手段，为跨国公司设定一些具体的义务。有时甚至起主要作用的是一些非法律因素(如前述日本的文化特征使得外来资本与商品很难进入其国内市场)。一国的经济主权“量”的方面根本上决定于其经济实力(按照 GNP 而非 GDP 计算)。产业是国民经济的基础，产业的国际竞争力决定着国家竞争力，国家经济安全维系于产业安全。产业具备竞争力的国家在调控经济的时候就会游刃有余，应对外来资本的冲击就更加从容。

外来跨国公司的发展并不能完全代表东道国相关行业的发展。在这方面，GNP 的计算要更科学一些。在经济统计中，GDP(国内生产总值)与 GNP(国民生产总值)是两个经常使用的指标。仔细分析一下两个指标背后的寓意更能令人体会出外来直接投资对东道国经济的某种渗入作用。GNP 是以国民或者说是产权原则来计算的。GDP 则是以产地或者说是国土原则来计算的。任何单一的指标都无法表达一国经济的全貌。GNP 反映了一国的经济实力，强调的是静态；GDP 反映的是一国的经济活力，强调的是动态。GDP 这个概念在肯定外来直接投资的积极作用的同时，掩盖不了其潜在或实际的负面影响。正像有的学者提醒的，“采用 GDP 作为基本统计指标的背后，或许存在着一些发达国家的一个阴谋。显然目前国际直接投资主要力量是发达国家，采用 GDP 可以给发展中国家一个安慰和满足，能够提高就业水平和收入水平，似可不必计较外资进入对民族资本的影响和冲击，更不必考虑什么经济安全总量。”❶

❶孙明：《跨国公司的发展与国家利益的冲突和协调》，《世界经济》，1999 年，第 1 期。

资本虽然是无国界的，哪里能创造财富，它就流向哪里。但资本的所有者是有国籍的。❶ 虽然外资企业的注册地在我国，形式上是中国企业。但在考察国家经济力量时不能包括外来资本，否则就要犯天真的错误。“内资”与“外资”之差别绝不仅是名称相异，而是反映了资本的所有权属性。外来资本凝聚的财富并不为我国国人或经济组织所拥有。一旦我国的投资环境或投资利润率下降，跨国公司迟早要撤资的。所以说，维护我国的经济主权主要应当依靠民族经济。没有自强精神的民族是可悲的，没有强大经济的民族则是可怜的。诚然，在经济全球化时代，“纯粹的民族工业是不存在的”，不能把经济竞争混同意识形态斗争。但我们也不能简单地认为，“企业间的竞争就是企业间的竞争。”❷国家与主权都不是虚拟的。主权“质”的方面是一种形式上的或法律上的权利，而其“量”的方面则是一种事实上的权利。正如国家的军事力量要由军队承担一样，一国的经济实力则要通过民族企业来展现。企业竞争力是国家竞争力的重要组成部分。有学者曾提醒，一个国家如果没有具有国际影响的跨国公司，就难以在当今的世界立足。“国际经济的竞争实质上就是跨国公司之间的竞争。”❸

前述跨国公司给我国经济主权带来的消极影响，特别是对国内产业的控制力实际上也引起了党中央和国务院的注意。时任中共中央总书记胡锦涛同志在2003年11月召开的中央经济工作会议上指出，随着我国经济的不断扩大，市场化和对外开放程度的日益提高，维护经济安全已经成为一个重大而现实的课题。但是我们应当看到，目前有关政府部门对经济安全的关注更着眼于外来商品。特别是随着我国加入世贸组织，政府和社会上都兴起了讨论WTO的热潮，关心着降低或取消关税后洋货对国货的冲击。国务院原副总理吴仪曾在一份指示中强调，“提升我国产业的国际竞争力是做好加入世贸组织应对工作、切实维护产业安全的重要内容，是我国产业在日益激烈的国际竞争中得以健康发展的根本途径”。❹

---

❶法国经济学家弗朗索瓦·沙奈曾告诫到，“代表资本和决定投资或不投资的组织机构”(即跨国公司)“‘并非领土化’，换句话说，不能说它们没有‘没有国籍’”。“除罕见的几个特殊情况之外，所谓的‘跨国’公司仍然是以具体国家为靠山的工业集团，它们仍然需要利用国内技术体系的种种潜力。”参见弗朗索瓦·沙奈：《资本全球化》，齐建华译，中央编译出版社，2001年，第9、10、82页。

❷王志乐主编：《2002—2003跨国公司在中国投资报告》，中国经济出版社，2003年，第54-55、48页。

❸参见中央企业工委副主任郑斯林2000年在《21世纪的跨国与世界》国际论坛上的讲演。他提出，“尽快形成和发展一批拥有自主知识产权、主业突出、核心能力强、具有国际竞争力的大公司和企业集团，已经成为我国加入世贸组织后应对挑战的当务之急。”

❹《吴仪强调提升产业国际竞争力、切实维护产业安全》，《国际商报》，2004年2月26日。

她当时关注的就是国内企业如何与进口货竞争，又如何扩大对外出口，即贸易领域的问题。然而，外来资本要比商品对经济主权更具颠覆性。资本渗透到一国经济的内部，从根本上瓦解着一国经济的基本元素。如果外资企业打垮了民族企业，国货连与洋货竞争的机会都没有了。那时再谈出口产品的国际竞争力就是外资企业的出口竞争力。实际上成了境内外资的产品与境外资本的产品之间的竞争，这种竞争发展的极端形式就是同一跨国公司的子公司在不同国家或地区协调、划分国际市场。

2. 相关法律与政策的两个基本出发点——提升竞争力的具体思考

提升国民经济国际竞争力是维护产业安全和国家经济主权的治本之策。如前文所述生产能力的增长并不等于竞争力的提高，有时还恰恰相反。为此，对外我国应当加强对外来直接投资进行引导，趋利避害；对内要通过有利的经营环境和适当的产业政策促进民族企业的发展。这应当成为我国相关法律与政策的两个基本出发点，按照 2003 年 10 月中央在十六届三中全会通过的《关于完善社会主义市场经济体制若干问题的决定》中的要求，“更好地发挥外资的作用。”❶在吸引外资的过程中，要注意提升利用外资的质量和水平。合理引导外资投向，促进产业结构优化升级。要通过吸收外资，更多地引进先进技术和关键设备改造传统产业；积极引导外资投向环保、新材料、新能源等产业；继续吸引跨国公司来华设立生产制造基地、配套基地、服务业外包基地和培训基地，鼓励跨国公司加快将区域总部和研发中心转移到中国来。大力吸引跨国公司把更高技术水平、更大增值含量的加工制造环节和研发机构转移到我国，使我国真正成为全球先进制造业基地。

在经济全球化过程中，我国抓住全球产业结构调整和国际产业转移的机遇，成为“世界工厂”。但与此同时，我们只有加快产业结构优化升级，提高增长的质量和效益，才具有真正的竞争力。增强对新一轮国际产业转移的吸纳能力、消化能力和创新能力。要抓住新一轮国际产业转移的有利机遇，鼓励外资向有条件的地区和符合国家产业政策的领域扩展，力争再形成若干个外资密集、内外结合、带动力强的经济增长带。要积极引导外商参与西部开发、东北地区等老工业基地振兴。国内企业在与跨国公司合作，提供配套服务时，不断延伸产业链条，加快形成一批各具特色的产业集群。同时，“发展具有国际竞争力的大公司大企

❶参见《中共中央关于完善社会主义市场经济体制若干问题的决定》，人民出版社，2003 年，第 25、26 页。

业集团。”❶

国家的外资法律与政策虽然直接针对的是外来投资，但是其调整的效果也会直接影响到民族企业。给予外资企业优惠就等于将民族企业置于竞争劣势。外资企业本来在技术、资金与管理上就具有得天独厚的优势。相比之下，民族企业无异于雪上加霜，两者的差距被放大。（前文论及，优惠措施是为了吸引外资，不可能绝对地或在短时间内取消。）此外，我国的某些行业实行垄断经营，不仅禁止或限制外资准入，而且其他国内企业也无法进入。这种经济管理体制限制了我国相关产业总体上的竞争力。一方面，垄断经营的企业由于没有忧患意识，对内效率与质量低下，民众的满意度不高，对外也缺乏国际竞争力。另一方面，其他高效的资本及优秀的人力等资源难以进入这些行业，使得我国资本运营的空间受到约束，无法发挥最大的增值潜能。因此，民族企业就更需要一种宽松、健全的经营环境。保护弱者只能是越保越弱，竞争力的问题只能通过竞争来解决。在对外来直接投资逐步开放市场之前，应当首先对内开放。国内企业之间的竞争当然也很残酷，但其胜者仍是民族企业，而且在整体上还提高了我国产业的国际竞争力。我国改革开放的实践也证明了这一点。一些制造业（特别是家电行业）对内对外开放的都比较早，这些行业的国际竞争力就比较强，与国外及外资企业产品的差距已非常小。相反，一些长期受国家庇护的行业，如银行、保险、邮电通信等行业至今与国外企业存在着明显的差距。因此，出于促进整个产业竞争力的考虑，应当在绝大多数行业中引入竞争机制，降低国内的市场进入门槛，广泛吸收各种社会投资，形成多元化的投资主体，实行竞争性经营，提高产品或服务的质量。

根据对相关国家外资政策的比较，大多数国家都是以产业政策引导为主，很少使用或根本没有地区优惠政策。❷ 我国曾经长期以来实行的是地区优惠政策，几乎没有产业方面的引导。而且，外资产业政策也没有与国家产业政策联系起来。我们时常注重的是整个国家的“几五”发展规划，缺乏对具体行业的长远计划。今后国家的产业政策中应当体现以下内容：通过大力推动技术创新、实施名牌战略，提升新产品档次和质量，提高防范风险能力；培育具有国际竞争力的大公司、大集团，重视科研开发、内部管理、市场营销等提升竞争力的有效途径。此外，还要分别具体行业发展的现状，采取不同的策略。对于具有一定比较优势

---

❶《中共中央关于完善社会主义市场经济体制若干问题的决定》，人民出版社，2003 年，第 14 页。

❷国务院发展研究中心国际技术经济研究所课题组：《国际直接投资对国家经济安全影响的比较研究》，《国际技术经济研究》，2001 年，第 4 卷，第 1 期。

的轻纺、民用船舶、农机、煤炭、建筑、稀土材料、有色金属和稀有金属等产业，加快市场化改革里程，创造公平有序的市场竞争环境，支持骨干企业和名牌产品赶超国际先进水平，通过有效资产重组，提高生产集中度，发展竞争优势。对与国际先进水平仍有一定差距、但经努力可望在中期内具备一定竞争能力的产业，如冶金、石化、化肥、造纸、机械、医药、电子信息产品制造等产业，以“卡脖子”产品和需要大量进口的产品作为调整结构的切入点，抓好成套技术设备的消化吸收，提高自主开发能力，突破产业升级的关键技术，培育具有优势产品、规模经济的企业集团，提高有效供给水平。国务院2015年5月印发的《中国制造2025》举世瞩目，是部署全面推进实施制造强国的战略文件，是中国实施制造强国战略第一个十年的行动纲领。

对竞争能力与国外差距较大，特别是在一定时期内缺乏自主开发能力，但国内市场需求潜力巨大的产业，如汽车产业，要充分利用我国加入世贸组织谈判中获得的对汽车整车合资企业控制的权利，通过吸收外资，引进先进技术和合作开发，提高汽车产业整体生产水平。为此，2004年5月国家发展和改革委员会出台了《汽车产业发展政策》，2009年8月工业和信息化部、国家发展和改革委员会又对该产业政策进行了修订。目前，我国有实力的汽车企业都是合资性质。因此，在推进汽车行业联合重组时，这些企业要解决“为谁扛枪、为谁打仗”的立场问题。正像有关人士在评价最具潜力的上汽集团时指出，“上汽是作为大型国有企业，在强大对手的夹缝中谋求发展，不能成为境外跨国公司的代言人。如果失去这样的原则立场，就失去了自我，失去了做强、做大的动力，充其量只配当人家的帮办。”❶汽车产业政策要实现的目标是形成以国有资产为主体、具有自主开发能力和规模经济的大型汽车企业集团，避免散、乱、低水平重复建设；积极推动汽车生产企业开发具有自主知识产权的产品，实施品牌经营战略；促进汽车零部件制造本地化，支持骨干企业培育整车开发能力。❷ 近年来，我国的新能源汽车可谓异军突起，国家在支持、鼓励新能源汽车方面也倾注了许多政策。虽然个别汽车厂商有弄虚作假成分，但整体上对产业的激励还是很明显的。

---

❶《上汽染指贵州云雀，胡茂元直面三大问题》，《21世纪经济报道》，2001年4月16日。

❷之所以关注汽车行业是因为汽车企业是我国的利税大户，且中国市场具有巨大的潜力。据统计，2001年我国纳税超过10亿的企业有11家，其中就有4家汽车企业，包括上海大众(35.43亿元，排第一)、吉林一汽大众(21.82亿元，排第三)、上海通用(12.97亿元，排第十)及湖北神龙(10.77亿元，排第十一)。参见《环球企业家》与AC尼尔森联合进行的“在华跨国公司调查报告”，http：//photo.sohu.com/43/56/Img210815643.jpg。

（二）完善产业预警机制及对外资的全面考核、评价

关于跨国公司对国家经济主权的负面影响，既应当进行定性分析，也要做定量考察。否则，所有的结论都可能流于泛谈。外资对我国产业的控制力及对民族企业的冲击力不仅仅是学术兴趣的问题，而是关系到国家的经济健康与安全。学术研究中如果搜集不到足够的相关材料，可以暂时搁置计划；如果政府掌握不到这方面的信息，势必会影响到政府的宏观决策。因此，建议政府相关部门建立外资与我国产业安全方面的数据库，并使其能起到预警的作用。我国在建立产业预警机制方面并非完全没有经验。原国家经贸委下的产业损害调查局(简称产损局，国务院机构改革后并入商务部)做了大量的预警推动工作。但产损局关注的是进口商品，特别是入世以后，对我国相关产业的冲击。自 2001 年来的几年里，该局已确定了对 456 个大类的 2733 个敏感商品进行预警监测。之后，还相继系统地启动了汽车、化肥和钢铁三个行业的预警机制。政府在进口商品造成的产业损害预警机制建设方面步伐如此之快是实施《反倾销条例》《保障措施条例》等法律法规的需要。因为无论是进行反倾销调查还是保障措施调查，进口国相关政府机构都要对损害问题作出裁定，如果损害不成立，任何贸易救济措施都不得采取。在我国，产业损害调查局就负责进口产品的损害调查问题。

如上文所述，我国对进口的商品与“进口的资本”的警惕程度不同。中央在《关于完善社会主义市场经济体制若干问题的决定》中也只提出：为了“维护国家经济安全”，“建立健全外贸运行监控体系和国际收支预警机制。”❶不可否认，外来直接投资要比外来商品给东道国带来的益处要多一些，但不能因此就不分你我。需要说明的是，本文所言的“国内产业”与 WTO 相关协议中含义不同。WTO 相关协议是按照“生产地原则”来界定产业国别的。❷ 按此规定，在东道国进行生产的外资企业都归入东道国的国内产业。我们不能被 WTO 的形式规定所蒙蔽，因为 WTO 的宗旨就是推动贸易与投资的自由化，打破国别的界限。应当看到，各成员方在享受自由化带来的益处时，也都在考虑如何最大限度地保护本方自身的利益，包括对外来投资的引导或限制。因此，我们应当扩大产业预警的范围，比照进口商品预警体系建立对外来资本的预警机制，尽快进行模型设计、数据采集及综合预警指数方面的研究，该机制至少应能为我们提供分行业的外来投资存

❶《中共中央关于完善社会主义市场经济体制若干问题的决定》，人民出版社，2003 年，第 25 页。

❷比如 WTO《关于 1994 实施年关税与贸易总协定第 6 条的协定，即反倾销协定》第 4 条及《保障措施协定》第 4 条 1(c)。

量、市场比重、研发竞争力等方面的信息。完善后的预警机制不仅能起到数据库的作用，而且还能便利于政府在处理有关外来投资方面的工作。比如，在反垄断案中，调查机构就能很容易确定外资是否构成垄断，是否扭曲市场并对我国产业造成危害；在审批外来投资时，如果发现某行业的外资比例已经过高，就可以限制进入或引导向其他行业投资。

产业预警体系提供的是外资宏观方面的信息。此外，完善的外资数据库还应当包括外来直接投资的个别档案，特别是那些知名的大型跨国公司。可以考虑第二章所提及的披露制度，收集跨国公司的各方面信息。跨国公司来中国投资不是为了扶贫，只要能够盈利，可谓无所不用其极。前文论及的孟山都和飞利浦都是负面的典型。孟山都一方面在植物基因技术方面积极与我国相关部门合作，希望我国广泛推广其基因技术作物(而许多基因作物是以抗草甘膦为主要技术)，同时又在中国市场倾销草甘膦；另一方面又全面封杀我国草甘膦行业，在针对中国草甘膦的七次国际贸易案件中，起诉方都为孟山都公司。孟山都公司的这些动作不能不引起我方的高度重视，他们垄断市场的意图非常明显。许多企业就曾呼吁农业部门“对孟山都的合作放慢步伐。在农达(孟山都的产品)的进口增值税上不予优惠。在抗草甘膦基因、抗虫基因改良种子销售上限制其数量。”在这种情况下，我国相关政府部门在与这些跨国公司谈判时，要全盘考虑其对华的态度。有关部门应为我国产业发展创造良好的公平竞争环境，在审批孟山都公司对华生物技术合作项目时予以警示甚至制裁，以迫使孟山都公司在敌视中国有关行业时，要充分考虑其在中国市场的利益，使我国相关行业能在公平的市场环境中健康发展。在政府机构考核、评价外来投资的同时，媒体的披露、监督也是很重要的。政府机构可能要顾及引资的政绩，有时不敢“开罪”跨国公司。有时媒体在这方面能起到非常重要的作用。例如，飞利浦在遭到国内媒体广泛批评后，不得不采取了一些措施(包括与相关记者接触)，以挽回自己的公众形象。

(三) 增强劳动者权益保护

讨论外来投资带来的劳工与环境影响不能脱离我国社会的实际情况。随着对外开放的进展，劳工权益问题日益突出，政府也开始通过立法加以保障。我国第一部外资企业法《中外合资经营企业法》刚颁布时并没有关于工会及其他劳工权益方面的内容，因为 1979 年立法时，我国的国门刚刚打开，立法者的认识还不充分。到 1986 年颁布《外资企业法》时，法律就明确规定“外资企业的职工依法建立工会组织，开展工会活动，维护职工的合法权益。外资企业应当为本企业工会提供必要的活动条件”(第13条)，“外资企业雇用中国职工应当依法签订合同，并在合同中订明雇用、解雇、报酬、福利、劳动保护、劳动保险等事项”(第12条)。《外资企业法》上述规定要早于其他调整国内企业的法律的相关规定，如1988年的《全民所有制工业企业法》(第9、11条)，1992年的《工会法》，1994年的《公司法》(第15、16条)和同年出台的《劳动法》。可以说，我国正是通过对外来投资的管理严正声明并高高举起保障劳工权益的大旗。之后，1988年的《中外合作经营企业法》第13、14条也作了同样的规定。2000年，修订后的《中外合资经营企业法》取消了TRIMs协议禁止的投资措施的同时，特别增加了劳工权益保障的内容。

我国是以工人阶级为领导的人民民主专政国家，国家的根本性质决定了劳工的权益得到了最根本的保障。在劳动者权益保障方面，不仅落到了实处，而且许多方面走在了世界前列。2007年的《劳动合同法》所确立的“无固定期限劳动合同”以及合同严格的终止和解除等制度已超越了许多发达国家。我国未加入国际基本劳工公约中的《自由结社和保障组织权利公约》，有学者以自由结社权和集体谈判权为例来说明在劳工权益的保障方面，我们与国际劳工标准存在着一些差距。这个问题应该全面和辩证地分析。我国宪法第35条明确规定了公民的自由结社权；《工会法》第3条也规定以工资为主要生活来源的劳动者都有依法参加和组织工会的权利。在组织形式上，我国实行的是单一工会体制。各级工会组织按照民主集中制的原则，上级工会组织领导下级工会组织，全国建立统一的全国总工会，作为全国所有工会的中央领导机关。而且，工会的组建也要经过上一级工会组织事前审批。❶ 在集体谈判权方面，我国《劳动法》第33条规定，企业职工一方与企业可以签订集体合同。❷《劳动合同法》第五章第一节的名称即为“集体合同”。1992年的《工会法》经过2001年和2009年两次修订，1994年的《劳动

---

❶参见《中华人民共和国工会法》(2009年修订)第9、10、11条。

❷这里的用语是“可以”而非“有权”，因此，有学者就曾质疑这是否意味着同时也赋予企业有签订或不签订集体合同的选择权。2001年修改后的《工会法》第20条同样也没有明确指出工会的这种权利。我国1950年的《工会法》第5、6条就曾明确指出，工会有代表受雇工人、职员群众与行政方面(指在国营及合作社经营的企业中)或资方(指在私营企业中)缔结集体合同之权。1992年的《工会法》第18条的用语就变成“可以”了。有学者因此认为，仅就集体谈判权而言，40多年过后，我国法律对劳工的保障倒退了。参见周长征：《跨国公司生产行为守则与中国劳动标准》，《武大国际法评论》第1卷，武汉大学出版社，2003年，第281、282页。笔者认为，无论《工会法》还是《劳动法》相关条款里的用语“可以”，只能是工会或劳动者的选择权。每个劳动者的情况千差万别，不一定签署集体合同对某个具体劳动者就是最有利的。但无论如何解读法律条文，企业作为用人单位是不具有相应选择权的。

法》经过2009年和2018年两次修订，2007年的《劳动合同法》经过2012年的修订，已基本构建起来劳动者权益保护体系。

（四）生态文明建设与环境保护

关于环境问题，我国政府和相关法律也并非不予重视。国务院早在1996年的《关于环境保护若干问题的决定》就曾指出，“环境保护关系到全民族的生存和发展，保护环境实质上就是保护生产力。”[1]我国已在环保领域确立了一些制度，如“三同时”制度、排污收费制度、环境影响评价制度等，在一定程度上对防治污染起到积极作用。但是，这些制度或者缺乏相应的环境程序法配套，使其应有的功能无法发挥，或者仅是一种事后的消极补救措施。因此，针对外来投资带来的环境问题，首先，应当完善我国的环境立法，使程序法与实体法相协调，以实现立法的目的；在环境责任上，借鉴国际上通行的“污染者负担或支付”原则，从源头上控制污染。该原则强调污染者还具有防治区域污染的责任，体现了个体责任的扩大和保护公益权的法律要求，更符合环境保护的公益属性。[2] 其次，就我国的外来投资法律制度而言，“根本上还没有建立外国投资行为实施同中国环境保护行为实施相和谐的国内法的法治机制”，因此有学者建议将“外国投资行为与中国环境保护相和谐原则”作为我国外来投资法律制度的基本理论原则。[3]对外来投资环境行为的管制同样可以体现在外资进入和营业两个阶段。以上一些措施主要应用于外资营业后阶段。在准入环节，我们也可以通过产业政策如《投资产业指导目录》《外商投资准入特别管理措施（负面清单）》或审批程序等措施对高污染的投资不予进入，也能起到源头控制的作用。再者，可以推行第二章所介绍的企业环境报告制度。虽然我国建立企业环境报告制度的工作处于起步阶段，但对跨国公司进行这方面的管理或引导是可行的，因为跨国公司对披露制度最为敏感，而且从实践看，个别在我国境内设立的外资企业或中外合资企业已经建立了一定形式的环境报告制度。我国也可以以管制跨国公司的环境问题为契机，通

---

[1]国发（1996）31号文件，1996年8月3日颁布。该文件就实行环境质量行政领导负责制、认真解决区域环境问题、坚决控制新污染、加快治理老污染、禁止转嫁废物污染、维护生态平衡，保护和合理开发自然资源、切实增加环境保护投入、严格环保执法，强化环境监督管理、积极开展环境科学研究，大力发展环境保护产业、加强宣传教育，提高全民环境意识等问题做出了具体规定。

[2]参见赵旭东：《环境法的“污染者负担”原则研究》，《环境导报》，1999年，第5期。

[3]参见成先平：《中国外资投资企业法律制度重建研究》，郑州大学出版社，2002年，第38-40页。

过报告与披露制度进而提高国内企业整体的环保水平。❶

当前，我国对国有企业和上市公司的环境披露或报告已有明确要求。我国第一部对企业环境信息公开有要求的法律是2002年的《清洁生产促进法》(2012年修订)❷。其实，我国在环境保护方面的立法实际上是很早的，1979年就制定了《环境保护法(试行)》，1989年又进行了修订，但该法始终未确立企业环保的信息披露制度。一直到2014年的修订，才在第五章"信息公开和公众参与"专门做出规定。特别是第五十五条规定，"重点排污单位应当如实向社会公开其主要污染物的名称、排放方式、排放浓度和总量、超标排放情况，以及防治污染设施的建设和运行情况，接受社会监督。"第五十六条规定，"对依法应当编制环境影响报告书的建设项目，建设单位应当在编制时向可能受影响的公众说明情况，充分征求意见。负责审批建设项目环境影响评价文件的部门在收到建设项目环境影响报告书后，除涉及国家秘密和商业秘密的事项外，应当全文公开；发现建设项目未充分征求公众意见的，应当责成建设单位征求公众意见。"原国家环保总局曾于2007年发布了《环境信息公开办法(试行)》，2008年又发布了《关于加强上市公司环境保护监督管理工作的指导意见》。现这两个部委规章已失效。原环境保护部于2014年12月制定了《企业事业单位环境信息公开办法》，该办法目前仍有效。

此外，证券管理法规和规定中对上市企业环境信息公开也作了要求。如中国证券监督管理委员会2002年发布的《上市公司治理准则》(2018年修订)第86条规定，"上市公司应当积极践行绿色发展理念，将生态环保要求融入发展战略和公司治理过程，主动参与生态文明建设，在污染防治、资源节约、生态保护等方

---

❶长期以来，我国的企业在年报中公开环境信息的情况并不多，环境信息公开少而且不规范，大多数的环境信息只是对企业如何支持环境项目、在环境方面从事了哪些社会义务等的一般说明，目的是树立和强化企业的良好形象，并非真正去履行社会报告责任或公共会计责任。因此有学者建议我国企业环境信息公开方式的选择要遵循以下原则：(1)鼓励企业自觉公开环境信息的机制；(2)制定强制性的最低环境信息量公开标准；(3)环境会计信息与一般环境信息的结合。参见孙振世：《我国企业环境信息公开制度初探》，中国环境网，http：//www. cenews. com. cn/news/2003-10-31/29003. php；及中国行政管理学会生态行政管理课题组：《政府要指导企业建立环境报告制度》，http：//www. cpasonline. org. cn/cpas/xsdt/gnxsdt15. htm。

❷该法第十七条规定，省、自治区、直辖市人民政府负责清洁生产综合协调的部门、环境保护部门，根据促进清洁生产工作的需要，在本地区主要媒体上公布未达到能源消耗控制指标、重点污染物排放控制指标的企业的名单，为公众监督企业实施清洁生产提供依据。列入前款规定名单的企业，应当按照国务院清洁生产综合协调部门、环境保护部门的规定公布能源消耗或者重点污染物产生、排放情况，接受公众监督。此外，第十七条规定，列入污染严重企业名单的企业，应当按照国务院环境保护行政主管部门的规定公布主要污染物的排放情况，接受公众监督。

面发挥示范引领作用。”[1]由此可以看出，对企业环保的要求已上升到“绿色发展理念”和“生态文明建设”的高度。中国证监会早在 1997 年发布的“关于发布《公开发行股票公司信息披露的内容与格式准则第一号<招股说明书的内容与格式>》的通知”和 1999 年发布的“关于发布《公开发行股票公司信息披露的内容与格式准则第六号<法律意见说明书的内容与格式>(修订)》的通知”均对环境信息公开作了要求。其后，前者被 2001 年的《公开发行证券的公司信息披露内容与格式准则第 1 号——招股说明书》(证监发〔2001〕41 号)所取代，后者被 2001 年的《公开发行证券公司信息披露的编报规则第 12 号——公开发行证券的法律意见书和律师工作报告》所取代。但前者第四十七条、第四十八条、第七十一条、第一百五十一条和后者第二十条、第四十条、第四十六条依然要求严格的环保方面的披露。

上海证券交易所在 2008 年发布了“关于加强上市公司社会责任承担工作暨发布《上海证券交易所上市公司环境信息披露指引》的通知”，对上市公司的环境信息披露问题专门做了规定，目前该指引依然有效。深圳证券交易所在 2006 年发布的《上市公司社会责任指引》在第五章“环境保护与可持续发展”专章规定了环保方面的要求。其后陆续被 2010 年的《深圳证券交易所主板上市公司规范运作指引》《深圳证券交易所中小企业板上市公司规范运作指引》《深圳证券交易所主板上市公司规范运作指引(2015 年修订)》《深圳证券交易所中小企业板上市公司规范运作指引(2015 年修订)》《深圳证券交易所创业板上市公司规范运作指引(2015 年修订)》，以及最新的《深圳证券交易所上市公司规范运作指引(2020 年修订)》所取代。《上市公司规范运作指引(2020 年修订)》第八章“社会责任”里还强调了要“践行绿色发展理念”。目前，大多数境内 A 股上市公司的年报里的“可持续发展报告”部分都有“环境绩效”类似的内容。

外来投资带来的人权及环境问题固然有我国早期立法不全、执法不严等原因，但深层次的困境却源于当初实际的国情及发展战略的选择。扩大出口、大力引资是我国经济发展的长期战略。如果我们实行过高的劳工标准与环保标准，造成的结果是“商品出不去，资本进不来”。不仅我国的经济实现不了理想的增长，也无法得到对外贸易和外来投资对就业带来的拉动效应。而人口全球最多是我国的一大国情，中央已“把扩大就业放在经济社会发展更加突出的位置。”[2]经济学

[1]该准则 2002 年版第 86 条规定，“上市公司在保持公司持续发展、实现股东利益最大化的同时，应关注所在社区的福利、环境保护、公益事业等问题，重视公司的社会责任。”当时仅提到“环境保护”一个词语。

[2]参见 2003 年 10 月 14 日《中国共产党第十六届中央委员会第三次全体会议公报》。

家也认为，“经济全球化为发展中国家提供了空前的利用全球剩余资本的机遇，如果我们能够抓住这一难得的机遇，积极吸引外资，这部分工业国剩余资本，与中国大量的剩余劳动力结合起来，将可以使中国经济在21世纪释放出巨大的生产潜力，使中国和世界都从中获益。”❶不少发展中国家为了争投资、求发展，劳工标准和环保标准正在趋于恶化。“这是一个全球的问题。因为现在所出现的问题是历史形成的，不是一个只从国内的视角就能够看清楚，在国内就能(根本——笔者所加)解决的问题，而是全局的问题，整个世界范围的问题，只有从世界范围解决这个问题，才能最终解决。”❷这是全球化背景下的一种困境。面对既定的全球经济格局，要清醒地看到为了发展，我们所付出的巨大代价，同时，还要注意有计划、有策略地审视既有的政策与措施，以免越陷越深，逐步地还我劳工以人权，❸ 还环境以洁净。比如，环保部门和组织部门正准备将绿色 GDP 纳入统计体系和干部考核体系，改变过去只重经济指标，而忽略环境效益的政府业绩评价方法。❹ 此外，还要坚决反对“地方保护主义”和“外资保护主义”。我们至少应当在现有规则框架下最大限度地保护环境与劳工权益。毕竟为了发展，已经牺牲了部分上述权益，不能再让法律失去尊严。

(五) 企业社会责任报告与 ESG 报告

目前，越来越多的企业在投资者、消费者等利益相关方的压力下，并从企业内部运营的需要出发，选择了发布企业社会责任报告(也称为可持续发展报告、环境报告等)。企业社会责任(Corporate Social Responsibility，简称 CSR)是指企业在创造利润、对股东和员工承担法律责任的同时，还要承担对消费者、社区和环境的责任，企业的社会责任要求企业必须超越把利润作为唯一目标的传统理念，强调要在生产过程中对人的价值的关注，强调对环境、消费者、对社会的贡献。

---

❶胡鞍钢：《中国外商直接投资(FDI)政策方向：从优惠政策转向规则政策》，http：//www. wuxibiz. com/invest/2000news/0215/13. htm。

❷朱景文教授在“公司社会责任/生产守则对中国的影响”调查发布与研讨会上的发言，载谭深、刘开明主编：《跨国公司的社会责任与中国社会》，社会科学文献出版社，2003 年，第 245-248 页。

❸2004 年 3 月 14 日，十届人大已在我国的宪法中正式增加了“国家尊重和保障人权”的内容。

❹原国家环保总局副局长潘岳在采访中曾说过，中组部已经和国家环保总局联手，在我国的部分省份进行试点，将环保方面的指标纳入干部考核体系，环保业绩将直接影响到地方官员的政绩。备受关注的绿色 GDP 核算体系建设有了实质性的进展。从统计学本身看，过去的统计方法只对 GDP 经济增长数字进行统计，而体现生态、自然、环保等绿色 GDP 的要素却没有被统计进去。在传统的经济核算体系引导下，自然资源的毁损和环境破坏、生物多样性下降，从而导致人类有效的生存空间减少，而这些本来是经济价值的巨大“亏空”或“损失”，却以经济增长形式体现在 GDP 中，歪曲了经济发展的本来面貌。参见《试点实行绿色 GDP 核算，环保业绩将纳入官员政绩》，NEWS. SOHU. COM，《信报》，2004 年 3 月 9 日。

编制 CSR 报告可参照的标准很多，国际上包括 GRI（全球报告倡议组织，Global Reporting Initiative）出版的 G3 标准❶、AA1000 标准，Sustain Ability 和 OECD 发布的相关标准。中国企业可持续发展报告的历史不长。1999 年，壳牌（中国）公司率先发布了企业可持续发展报告。之后数年，中国石油天然气股份公司、福特汽车、宝钢股份、中国平安、东芝中国、江西移动也先后加入这一行列中。2006 年，国家电网发布内资企业首份取名“企业社会责任报告”的可持续发展报告。国务院国资委 2007 年 12 发布了《关于中央企业履行社会责任的指导意见》，要求“建立社会责任报告制度。有条件的企业要定期发布社会责任报告或可持续发展报告”。2009 年，中国银行业协会发布了《中国银行业金融机构企业社会责任指引》。2015 年，原保监会发布了《关于保险业履行社会责任的指导意见》。这些指引和指导意见均要求金融机构积极建立企业社会责任披露制度。之后，以国有企业为主的企业可持续发展报告数量猛增。2012 年，国资委成立了“中央企业社会责任指导委员会”，其后还要求各中央企业报送社会责任工作总结和工作计划。中国社科院 2012 年《中国企业社会责任报告》的研究确实也发现国有企业社会责任发展指数和难度增幅都领先于民营企业和外资企业。2014 年，国家标准化管理委员会发布了对《社会责任指南》《社会责任报告编写指南》和《社会责任绩效指标体系》三项国家标准（征求意见稿）。中国社科院企业社会责任研究中心于 2009 年、2011 年、2014 年、2017 年先后发布了四版的《中国企业社会责任报告编写指南（CASS-CSR）》。该编写指南在实践中有一定的影响力。

根据《中国企业社会责任报告研究 2017》统计显示，截至 2017 年 12 月，全球已有 15343 个组织共发布了 92685 份社会责任报告。纵观中国，在政府部门、资本市场、行业协会等多方力量的推动下，我国企业社会责任报告的编制和发布也取得了跨越式发展。截至 2017 年 12 月，2017 年中国企业共发布社会责任报告达 1913 份，相比 2006 年的 32 份，增长了约 60 倍。❷ 人民网与中国公益研究院联合发布的相关研究报告指出，近年来中国发布社会责任报告的机构数量一直保持着年均 20%以上的高速增长，但在履行社会责任方面仍然缺乏成熟的理念、科

❶全球报告倡议（以下称 GRI）是由美国非政府组织对环境负责经济体联盟（CERES）和联合国环境规划署联合倡议，于 1997 年成立，其目的在于提高可持续发展报告的质量、严谨度和实用性，提高全球范围内可持续发展报告的可比性和可信度，并希望获得全球认同和采用。2002 年从经济、环境和社会业绩三个角度出发修订了 GRI《可持续发展报告指南》（简称《指南》），2006 年 10 月发布了反映当前各界最广泛认可的可持续发展定义的第三版《指南》（简称“G3”）。GRI 报告编制的业绩指标包括经济业绩指标、环境业绩指标、社会业绩指标。GRI 标准的第 3 版（G3）是目前影响最大、应用最多的。

❷参见 http：//www. china-csr. org/bgzn/znjj/。

学的规划和有效的沟通。因此建议将企业社会责任上升为国家战略，建立激励与惩处机制。[1] 在中国社科院2011年《中国企业社会责任报告》中，有26家企业得分是0分甚至是负分。这26家企业中，外资企业占了大头，共有19家。阿迪达斯、戴姆勒·克莱斯勒、可口可乐等在华外资企业均“榜上有名”，其中阿迪达斯(中国)有限公司以-4分成为倒数第一。社科院专家称，该企业在企业社会责任发展规划、反商业贿赂制度与措施，以及企业的环境管理和节约资源能源、降污减排方面、信托网建设的信息披露程度非常不足。针对一些大的跨国公司在中国屡屡发生负面信息，有法律界人士认为，这与我国法律体系不健全有关系。我国法律对企业的制约效果差，对企业没有威慑力，违法成本低，甚至导致有的企业违反法律去赚取利润。[2]

最近，中国可持续发展工商理事会(CBCSD)和中国企业联合会(CEC)发布《2020中国企业可持续发展指数报告》，也是其自2016年发布的第四份年度报告。2020中国企业可持续发展指数为63.2分，整体表现稳中有升。其中，“良好”(75—100分)企业占13.4%，“合格”(60—75分)企业占50.1%，“需要改进”(60分以下)企业占36.5%。全样本企业在三个维度(竞争力、环境和社会)的表现差异较大，其中环境维度在三个维度中表现最弱，得分为65.0。从环境维度表现看，企业环境信息披露呈现良好发展态势；环境治理成效逐渐显现，资源利用效率持续提升，循环经济体系建立仍需长期努力。[3]

ESG报告是一种特别的企业社会责任报告。ESG代表环境(Environmental)、社会(Social)和公司治理(Governance)三大因素，是社会责任投资中决策的重要考量因子。即社会责任投资选择的投资对象，除了企业基本面外，一般会考虑这三大因素方面表现更为优秀的企业。可以说，ESG是衡量上市公司是否具备足够社会责任感的重要标准。ESG报告是目前非常有生命力的企业社会责任报告，在部分领域甚至还具有法律强制力。ESG概念最早由联合国环境规划署在2004年提出，2014年以来，ESG资产管理规模以每年25%的速度增长。目前，越来越多的公司、投资者，甚至是监管机构都开始关注ESG，全球范围内各大证券交易所也已在ESG方面布局。目前全球90%大型跨国公司，主动公开披露其ESG方

---

[1] 参见《社会责任报告发布量年均增两成》，2014年1月13日，人民网。

[2] 参见《中国企业社会责任报告出炉 阿迪达斯倒数第一》，2011年11月9日，人民网，来源《京华时报》。

[3] 参见《<2020中国企业可持续发展指数报告>和百佳榜单发布》，中国网/中国发展门户网讯，2020年9月28日。

面的表现。ESG 基金所控资产目前达 8500 亿美元。目前，联合国负责任投资原则组织(PRI)已有全球 60 多个国家的 2500 家大型机构加入，成员机构管理资产总规模超过 80 万亿美元。❶

很多国家和地区的政府监管层面开始关注 ESG 信息的披露。其中，香港联交所的报告要求影响非常大，特别是对红筹上市公司或内地 H 股上市公司而言。港交所在 2011 年 12 月发布了《环境、社会及管治报告指引》，鼓励上市公司自愿发布 ESG 报告。2015 年 12 月，港交所修订了该指引，将 ESG 信息披露的原则改为“不遵守即解释”(Comply or Explain)。其意思是发行人需完全遵守其所适用的条例，若部分条例未被遵守，发行人则需对此给出详细的解释。❷ 由此就从自愿披露上升为强制性披露。所有在港上市公司需要披露自 2016 年 1 月 1 日开始的财政年度的 ESG 表现，并于 2017 年首次发布 ESG 报告以满足合规要求。2019 年 12 月，香港联交所又发布了《环境、社会及管治(ESG)报告指引咨询总结》，以及《发行人披露环境、社会及管治常规情况的审阅报告》，并公布了新版的《环境、社会及管治报告指引》(简称新版 ESG 指引)以及相应的《主板上市规则》和《GEM 上市规则》。新版 ESG 指引及相关上市规则将于 2020 年 7 月 1 日或之后开始的财政年度生效。在香港上市公司须遵照新版 ESG 指引披露 2021 财政年度的 ESG 报告。港交所 ESG 报告主要范畴如下表：

环境、社会及管治主要范畴			
A.环境	B.社会		
层面	层面		
◆ 排放物 ◆ 资源使用 ◆ 环境及天然资源	雇佣及劳工常规 ◆ 雇佣 ◆ 健康与安全 ◆ 发展及培训 ◆ 劳工准则	营运惯例 ◆ 供应链管理 ◆ 产品责任 ◆ 反贪污	社区 ◆ 社区投资

特别值得重视的是，2021 年 12 月 24 日，第十三届全国人大常委会第二十二次会议审议《公司法(修订草案)》后，向社会公开征求意见，这是《公司法》自 1994 年诞生以来幅度较大的一次修订。《公司法(修订草案)》专门增加了第十九条，其中第一款明确规定“公司从事经营活动，应在遵守法律法规规定义务的基

❶联合国贸易和发展组织投资和企业司司长詹晓宁在《财经》举办的可持续发展论坛上的发言，参见《上市公司新挑战！ESG 规则成“排雷”前锋 2020 成重要时间窗口》，2020 年 1 月 9 日《华夏时报》。

❷这个概念首次出现在 1992 年英国凯德伯瑞委员会(Cadbury Committee UK)针对在英上市公司的董事会公司治理准则中，旨在达到既能有章可循又能根据公司的实际情况对遵守条例这件事给予一定弹性空间的效果。

础上，充分考虑公司职工、消费者等利益相关者的利益以及生态环境保护等社会公共利益，承担社会责任”。该条第二款进一步规定“国家鼓励公司参与社会公益活动，发布社会责任报告”。如果该版公司法在2022年或不远的将来获得通过并施行，将是我国在企业立法的最高层级上对劳工权、环境保护等社会责任及其报告作出明确的法律规定，对内资企业、外资企业同样适用，必将产生深远的影响。

第七章 跨国公司与合规管理的全球化

一、什么是合规？为什么要合规？怎么合规？

所谓“合规(Compliance)”，字面上或狭义上理解，就是合乎法律法规以及监管规定，也就是说要遵守国家有权机构制定的具有强制力的法律规范。但目前在绝大多数语境中，“合规”的内涵不断扩大，已经超出了法律法规的范围。以2018年11月国务院国资委印发的《中央企业合规管理指引(试行)》为例。该指引所称合规包括“法律法规、监管规定、行业准则和企业章程、规章制度以及国际条约、规则等要求。”这是一种“大合规”模式，除了法律法规以及监管规定之外，还包括了行业准则、企业内部规章等。❶ 在实践中，很多企业还将“商业道德”纳入合规管理，甚至写入与交易方的合同之中，从而将纯粹的内在道德约束力上升为具有法律保障的合同约束力。企业法务部门在日常工作中除了处理大量的交易性法律风险外，还要格外关注合规性法律风险。❷

最早开始重视合规的应该是银行业，然后逐步延伸至保险、证券等其他金融业。根据巴塞尔协议的权威定义，“合规风险”指的是银行因未能遵循法律法规、监管要求、规则、自律性组织制定的有关准则、已经适用于银行自身业务活动的行为准则，而可能遭受法律制裁或监管处罚、重大财务损失或声誉损失的风险。从内涵上看，合规风险主要是强调银行因为各种自身原因导致违反法律法规和监

❶叶小忠先生对该指引有非常精彩、到位的解读。只是有一点需要商榷，叶先生认为该指引“明确合规范围为三类：广义法律类、企业规章制度类和国际条约类”。但实际上该指引是包括“行业准则”的，而“行业准则”归入“广义法律类”是不合适的。参见叶小忠《解读<中央企业合规管理指引>需要把握10个关键问题》，来源《赛尼尔法务管理》2018年11月27日，转引自法制网，2019年8月14日。

❷交易性与合规性法律风险的分类方法，笔者受益于中交集团总法律顾问慈正开先生于2019年12月的一次经验分享。

管规则等而遭受的经济或声誉的损失。

为了防范金融风险，金融监管机构发布的监管规则其内容繁多，专业性也较强，因此各金融机构客观上也需要专门的机构和人员来从事合规工作。监管机构为此也提出了专门的要求。以我国保险业为例进行说明。原保监会1999年发布的《保险机构高级管理人员任职资格管理暂行规定》❶和2002年发布的《保险公司高级管理人员任职资格管理规定》❷里都尚未规定合规管理人员。2006年《保险公司董事和高级管理人员任职资格管理规定》则明确要求各保险公司设立“合规负责人”，作为高级管理人员，任命前需要报保监会申请批复❸。目前，除了保险公司之外，银行和证券公司也需要设立合规负责人，而且同样需要报各自的监管机构核准任职资格。

时至今日，合规已经跨越了金融业，也跨越了国界，走向全球化。

当前，无论是国有企业还是民营企业都要深刻认识到合规管理体系建设的重要性、紧迫性。建设合规管理体系势在必行、时不我待。加强合规管理是依法治企的必然要求。2017年5月中央全面深化改革领导小组第35次会议要求，规范企业海外经营行为，要围绕体制机制建设，突出问题导向，落实企业责任，严格依法执纪，补足制度短板，加强企业海外经营行为合规制度建设。2019年2月中央全面依法治国委员会第二次会议要求，加强涉外法治专业人才培养，积极发展涉外法律服务，强化企业合规意识，保障和服务高水平对外开放。

早在2015年12月8日国资委印发的《关于全面推进法治央企建设的意见》中即明确要求中央企业建立合规管理工作体系。在总结几家央企试点经验的基础

---

❶原保监会1999年1月11日年发布的《保险机构高级管理人员任职资格管理暂行规定》第三条：本规定所称保险机构高级管理人员是指保险机构法定代表人和其他对保险机构重大经营管理活动具有决策权的主要负责人，包括法人机构的董事长、副董事长、执行董事、监事长、总经理、副总经理、总经理助理，分支机构的经理、副经理、经理助理、主任、副主任以及中国保险监督管理委员会（以下简称“中国保监委”）认为需要进行任职资格审查的其他主要负责人。

❷原保监会2002年3月1日发布的《保险公司高级管理人员任职资格管理规定》第三条：本规定所称保险公司高级管理人员是指保险公司法定代表人和其他对保险公司经营管理活动具有决策权的主要负责人，包括：总公司的董事长、总经理、副总经理；分公司（包括总公司营业部）、中心支公司（包括分公司营业部）和支公司的总经理、副总经理、经理、副经理；以及其他具有相同职权的负责人。保险公司任命总公司精算部门、财务会计部门、资金运用部门的主要负责人，应当根据有关规定报中国保监会核准或备案。

❸原保监会2006年6月12日发布的《保险公司董事和高级管理人员任职资格管理规定》第三条：本规定所称高级管理人员，是指对保险机构经营管理活动具有决策权或者重大影响的下列人员：（一）总公司、分公司、中心支公司总经理、副总经理、总经理助理；（二）总公司董事会秘书、合规负责人、总精算师、财务负责人；（三）支公司、营业部经理；（四）与上述高级管理人员具有相同职权的负责人。

上，国资委于2018年11月2日印发了《中央企业合规管理指引(试行)》，进一步推动中央企业全面加强合规管理，提升依法合规管理水平。针对企业海外依法合规经营问题，2018年12月26日发展改革委等七部委联合发布了《企业境外经营合规管理指引》。《中央企业合规管理指引(试行)》将全面性原则确立为企业合规管理的第一大原则，要求合规管理覆盖企业各业务领域、各部门、各级子企业和全体员工，贯穿决策、执行、监督等各个环节。建立全面合规管理体系，对合规管理体系的各构成要素进行了全面规定，包括：合规组织，合规制度，合规风险管理，合规审查，合规评审，合规考核评价，合规培训，违规举报、调查和问责，合规报告，合规管理信息系统，企业合规文化，重点合规领域等。

加强合规管理是企业参与全球竞争的通行证。在当今贸易保护主义加剧，中美经贸摩擦持续发酵的背景下，美国等西方国家加强了出口管制、经济制裁以及外资安全审查和数据保护，中资企业在"走出去"和参与全球竞争过程中面临严峻的合规挑战。2019年，列入世界银行黑名单的中资企业及自然人分别是864家和3位，其中涉及被制裁的某中央企业及其关联公司数量就达到730家[1]。面对强化合规经营的世界趋势，合规管理已成为企业开展全球竞争的新规则，西方发达国家的大型企业纷纷建立了合规管理体系。目前我与欧美标杆企业合规管理水平差距较大但仍可追赶，否则差距会进一步拉大。可以说，我国不少企业的合规管理如履薄冰，建设合规管理体系迫在眉睫。

加强合规管理是企业发展的内在需求和迫切需要。合规管理能力是企业的核心竞争力和重要软实力，是实现企业治理体系和治理能力现代化的重要手段，可以树立企业诚信和负责任的良好品牌形象。加强合规管理是公司持续健康发展和基业长青的压舱石。许多国际上的百年老店无不重视企业合规管理体系建设(当然，其中有些知名企业也是付出惨痛代价的，如西门子就是因为当年腐败问题而在合规管理上涅槃重生的)。只有企业在合规方面不授人以柄，才能行稳致远。因为重大违规事件将成为企业发展和业务单元的休止符，不仅企业自身遭受损失，甚至还会对国家利益造成影响。在日益严峻的国际合规形势下，一旦企业发生合规风险，企业内部建立了完善的合规管理体系是企业法定的抗辩事由，监管机构会因此免除或至少减轻对企业及其高管人员的处罚幅度。为此，建立健全合

[1] 经被制裁企业大力提升合规管理，目前上世界银行黑名单的中国实体和个人已大幅减少。根据世界银行官网信息，截至2022年1月，在黑名单上的实体和个人共有1213个，其中中国实体和个人有144个。虽然相比之前降幅明显，但绝对数和占比仍然扎眼。

规管理体系既是企业可持续发展的“安全带”，也是保护企业和管理层的“减压阀”。

业内一般将2018年视为中国企业合规元年，因为当年发生了两个标志性的案件，分别涉及中兴和华为，两家国内也可以说全球通信行业的佼佼者。

中兴通讯曾因违反美国《对伊朗制裁法案》被美制裁。2017年3月8日，中兴与美方达成和解协议，向美国执法部门缴纳罚款8.92亿美元。一年后，美执法部门发现“该企业对涉及历史出口管制违规的某些员工未及时扣减奖金和发出惩戒信，以及在2016年11月30日和2017年7月20日提交美国政府两份函件中作出虚假陈述”。2018年4月16日，美国商务部以该企业未有效执行和解协议为由，宣布重启制裁禁令，紧接着在6月7日，公布了对该企业新的处罚通告：(1)再缴纳10亿美元的罚金，第三方账户存4亿美金保证金；(2)该企业相关公司30天内更换全部董事会和管理层；(3)聘请美国商务部挑选的合规团队监督企业10年；(4)此次为暂停，未来10年美随时有权利重新激活禁令。中兴随即开始紧急应对。7月15日，该企业发布公告，称美国于7月13日宣布解除禁令。2018年8月24日，美国商务部长宣布任命罗斯科·霍华德为该企业特别合规协调员，10年任期，监督企业一切经营活动。拥有“前所未有的获知权限”，可以随时调阅任何文件，协调、监督、评估和报告该企业及其全球子公司和关联公司遵守美国出口管制法律的情况，并向美国商务部汇报。

企业要花大钱雇佣国外监管机构任命的合规官，这可以说是贸易制裁全球化与合规管理全球化的生动与无奈的例证。曾任中兴总裁的殷一民先生诚恳地谈到，直接原因是少数几名干部和员工的工作过失所引发的，但必须深刻认识到，其实质反映了公司在合规文化和管理上存在的问题。从中兴事件上可以得出的教训有很多，如媒体关注的自主创新少、研发依附式等。在合规管理上则应看到，合规无小事，不能存在侥幸和变通心理。在这里，笔者根据自身的工作经验与体会真心地提醒已经和准备走出去的企业，如果致力于全球化经营，致力于打造具有成长性的跨国公司，一定要注意合规管理，并且要从内心深处重视，合规不是摆样子给外国监管机构看的，也不是花拳绣腿，要小聪明更要不得。合规管理水平的高低不在于能否想出所谓点子“规避”掉制裁，而在于对于合规本身的重视程度。正所谓，大道至简。

2018年底，华为副董事长、首席财务官孟晚舟女士在加拿大被捕。2019年1月28日，美国司法部向加拿大提出引渡孟晚舟，指控中国华为、美国华为终端、香港星通科技等企业与孟晚舟涉嫌共谋违反美国禁运法规，向伊朗等国家转手美国产品和技术；同时对孟晚舟个人涉嫌虚假陈述、国际洗钱等罪名提出刑事指控。5 月 16 日，美国商务部将华为及其 70 家子公司列入“实体清单”。几年来国人乃至全球都在密切关注“孟晚舟事件”。在多方积极努力下，2021 年 9 月底，美检方❶与孟晚舟女士签署了《暂缓起诉协议》(Deferred Prosecution Agreement)。随后，美国司法部通知加拿大司法部撤回对孟女士所提起的引渡请求，孟女士旋即归国。抵达当晚，深圳宝安机场群情激昂。但事情过后，也应冷静地看到，在前述与美方所签署协议中，华为方确认就其所知事实，相信协议附件 A 中的事实声明(Statement of Facts)中的所有事实是真实和准确的。

企业在具体合规管理过程中要注意以下几点：

一是要处理好合规与法务、内控、全面风险管理的关系。合规侧重于体系化管理以及事项的符合性，而法务关注的是交易方之间的权利与义务。内控重点是内部管理制度的有效性及财务报告的真实性。全面风险管理的范围过于宽广，甚至包括了市场风险和商务风险。因此，首要的工作是整合力量，明确合规管理架构。既做加法，也做减法，避免叠床架屋。合规的工具就是企业合规体系。合规部门或岗位牵头、各部门协作。

二是要从实际出发，务求实效，循序渐进。动态评估合规风险，有的放矢(例如反垄断、制裁、商业秘密侵权、反商业贿赂对不同企业的紧迫性和侧重点就不尽相同)，解决实际问题，不贪大求洋。

三是要增加制订规则的话语权，遵从国际规则，同时完善内部规则避免授人以柄。积极参与国家立法以及行业规则的制定，创造良好的、有利的制度环境；规章制度、合同模板等都要嵌入合规体例。

四是要培育合规文化。合规的基石是文化与价值观，对象是个人行为。要制订合规手册，发出合规倡议，进行合规培训，达到人人合规，我要合规。

二、国家安全审查

近 10 年来，经济全球化的发展出现波折，甚至还有“逆全球化”的迹象。在贸易领域的表现就是关税战或贸易战，在投资领域便是日趋严苛的国家安全审查。国家安全审查最早可追溯至 1917 年的美国《与敌对国家贸易法》，至今已经有 100 多年的历史。目前，有许多国家和地区建立了外资国家安全审查方面的相

❶包括美国纽约东区检察官办公室、美国司法部刑事司洗钱和资产追赃科、美国司法部国家安全司反间谍及出口管制科。

关制度。国家安全审查在一定程度上影响了跨国公司的全球扩张，在更大程度上也制约中国海外投资并购的发展。中国企业在西方国家的并购投资项目往往受到更“严格”的审查，很多中国企业海外并购由于各种原因频频遇阻甚至被迫叫停。可以说，中国企业是国家安全审查这一做法的最大受害者，投资所在国的理由或者是中国企业的“国有企业”身份，甚至直接就是“中国企业”这个标签。国家安全审查已经成了中国企业走出去的一只“拦路虎”。

所谓“安全审查”，各国对其定义都较为宽泛，包括国防安全、军事威胁、公共利益、敏感行业、对国内竞争的影响、投资者身份等。任何表面上相关联的理由都可以装入“国家安全”这个大口袋。这其中美国外资投资委员会(CFIUS)的影响最大。该委员会的代表们来自美国国防部、国务院以及国土安全部等政府机构，对可能影响美国国家安全的外商投资交易进行审查。2007年美国《外商投资与国家安全法案》进一步扩大了CFIUS的审查范围，包括外国控制企业对产品与服务涉及国家安全以及重要基础设施的美国企业的收购案，而且对“重要基础设施”以及“外国控制”的定义都较为宽泛，根据每个交易的相关事实及具体情况逐一确定。

CFIUS对外国投资的国家安全审查方面，中国近年来一直是重点目标。根据CFIUS发布的2019年度报告，当年总计接受231起交易的初审，其中中国投资者有25项，比例约10%；2018年总计接受229起交易的初审，其中中国投资者有55项，比例约24%。由于美国国家安全审查对中国日益收紧，2017年以来，中国对美直接投资持续大幅减少。2017—2018年下降幅度为81.3%，2019年中国对美直接投资进一步减少，仅为近50亿美元，创下10年来的新低。根据彭博社统计，自特朗普政府上台以来，由于CFIUS审查的原因而终止的外资并购交易有10起，涉及中国就有8起。另外有一起即博通并购高通案，虽然并购方来自新加坡，但被阻止的原因其实与中国因素也相关，CFIUS担心并购后会使得华为等中国公司在5G标准制定上的影响力进一步扩大。自CFIUS成立以来，美国总统根据其建议否决的5项并购交易都是针对中国企业。从2019年至今，美国加码对华为的全球围堵与绞杀突显了类似审查的本质。其实早在2012年10月，美国众议院情报委员会发表调查报告，称中国企业华为和中兴在美的经营、投资活动构成对美国国家安全的威胁，警告所有美国公司不要与这两家公司做生意；紧接着，该委员会又对外宣布，将对华为和中兴展开新一轮调查。华为自那时起就想尽办法突围。

CFIUS采取自愿申报的原则，即向CFIUS进行申报为自愿且不要求申报费用。也可说，安全审查并不是所有的投资并购的必经程序，但CFIUS事后有类似否决的权力。因此，一个企业“走出去”投资美国是否要向 CFIUS 申报需要通盘考虑，除了项目本身的领域，还要考虑自身的风险承受力以及当时的政治环境。如果交易时间充裕，建议提前申报，这样增加程序的确定性和交易的安全性。即使事先未申报在实质交易甚至运营后被 CFIUS 否决投资项目，也要奋起拿起法律武器，尽可能地捍卫自己的权益。当年的三一集团在这方面起到了很好的榜样。

三一集团 2010 年 8 月在美国注册成立了 Ralls Corparation 公司，该公司为三一集团在美国开展风电投资与建设的关联企业。2012 年 3 月，Ralls 公司收购了位于美国俄勒冈州的 4 个风电场项目。但几个月之后由美国财政部长任主席的 CFIUS 以涉嫌威胁美国国家安全为由(靠近海军军事基地)，要求 Ralls 公司立即停工，且在所有设备移除完毕前禁止转让。9 月 28 日，美国总统奥巴马更是签发总统令，要求中止该风场的风电项目。这是 20 多年来美国总统首次以国家安全为由阻止外国企业在美国进行收购交易。面对奥巴马政府的咄咄逼人，10 月 1 日，Ralls 公司向美国哥伦比亚特区联邦地方分区法院递交诉状，将总统奥巴马和 CFIUS 列为共同被告，将其告上法庭。❶ 据称，外国公司起诉美国的 CFIUS 是该机构成立以来的第一次，史无前例。美国地区法院法官 Amy Jackson 在 2013 年 2 月份驳回了该公司的大部分指控内容。❷ 同年 10 月正式驳回了 Ralls 公司的起诉。但三一没有放弃，上诉到美国联邦上诉法院。2014 年联邦上诉法院裁定，奥巴马政府禁止 Ralls 公司 Corp 在美的并购案，侵犯了对方的合法权益。❸

---

❶三一集团起诉的理由是：1. CFIUS 就 Butter Creek 项目针对 Ralls 公司下达的两项命令越出其权力法源 721 条款，违犯了美国行政程序法 702、704、706 等相关条款。2. CFIUS 就 Butter Creek 项目针对 Ralls 公司下达的两项命令在没有提供任何事实证据，给出任何理由的前提下做出该项目威胁美国国家安全的结论，采取极为严厉的强制性停工，三 设备禁用等措施，违反了美国行政法规 50 U. S. C. app § 2170(b)(1)(A)(ii)，(f)。3. 总统奥巴马和 CFIUS 就 Butter Creek 项目针对 Ralls 下达的各项命令，超越了宪法和相关法规赋予的权限，属于违法操作。4. 总统奥巴马和 CFIUS 就 Butter Creek 项目针对 Ralls 的命令，未经合法程序剥夺了 Ralls 的私有财产权，违反了美国宪法第五修正案。5. 总统奥巴马和 CFIUS 就 Butter Creek 项目针对 Ralls 的各项命令，突出三一集团的中国属性，及三一子公司 Ralls 控制人为三一高管，中国公民，而对 Ralls 拥有 Butter Creek 项目做出选择性执法，侵犯了 Ralls 享有的平等保护的宪法权利。

❷因为该法院并没有听证奥巴马决定的司法权，而且奥巴马的决定也不需要通过司法审查。但 Jackson 法官允许 Ralls 保留奥巴马违反美国宪法第五修正案中遵守正当法律程序的投诉。

❸美国哥伦比亚特区联邦法院由汉得逊大法官、布朗大法官和维会金斯大法官组成的合议庭就三一集团在美起诉总统奥巴马和 CFIUS 一案作出如下判决：1. 三一集团在美关联公司 Ralls 在项目中具有受宪法程序保护的财产权。2. 总统奥巴马下达的禁止 Ralls 在俄勒冈项目的总统禁令违反程序正义，剥夺了 Ralls 在项目中受宪法保护的财产权。美国政府需要向 Ralls 提供相应的程序正义，包括 CFIUS 以及总统做出相关决定所依赖的非保密信息和在了解相关信息后回应的机会。3. CFIUS 就项目针对三一各公司下达的各项命令不因奥巴马总统令下达而自动规避法院的审查，初审法院应就 Ralls 对 CFIUS 各项命令的挑战和诉求立案并进行实质审查。

应该说，Ralls 公司基于正当程序合宪性原则的诉讼策略是成功的。但是程序救济成功无法从本质上改变其风电项目面临的困局，受理法院无法直接撤销或推翻 CFIUS 的禁令和总统令。Ralls 和三一顺势与美国政府展开协商。经过大约一年的协商，双方达成和解协议，Ralls 较为"体面"地退出了该项目。该案有两点耐人寻味：其一，Ralls 的收购起初得到了美国联邦航空管理局和美国国防部的认可，得到"没有危害"的审查结论，但在 CFIUS 那里还是被推翻了。由此可以看出，CFIUS 和总统以国家安全为由对外资的审查决定具有终局效力，出具的审查决定具有不可逆性。其二，Ralls 公司收购的 4 个风电项目的母公司原为希腊控股公司，CFIUS 此前也未对希腊公司的投资进行过审查。而项目所涉及的军事敏感区域，已经存在德国等多家外资公司的风力发电项目，其他项目也使用了外国制造的风电发电机，上述项目同样未受到 CFIUS 的审查。由此可见，三一案例凸显了美国政府对中国企业投资的歧视性。

2020 年，美国特朗普政府不断以"国家安全"为由向 TikTok 发难，引起世人高度关注。而且，政府甚至国会直接赤膊上阵，抢了 CFIUS 的镜头。虽然早在 2018 年 7 月，TikTok 曾在印尼被封禁过，但原因是其内容存在不良影响，并未上升到"国家安全"的高度。[1]其实，字节跳动在美国运营 TikTok 的平台公司 Musical. ly Inc. 最早就是一家中国公司，2014 年该公司在 B 轮融资时搭建了开曼母公司以及中国境内的 VIE 架构，同时在美国注册了现在名称的子公司。2017 年 11 月，Musical. ly Inc. 被字节跳动以 10 亿美元收购。整整两年之后，即 2019 年 11 月，CFIUS 才盯上该次交易，启动了相关调查。可见美国国家安全审查的追溯性风险很高。

2020 年 7 月，美国众议院通过法案禁止联邦雇员在政府设备上下载 TikTok，该法案是《国防授权法》修正案的一部分。紧接着，美国参议院国土安全和政府事务委员会投票通过共和党参议员乔希·霍利提出的类似法案"禁止在政府设备上使用 TikTok"。几周后，8 月 6 日，美国总统特朗普签署了行政命令，认为必须采取行动来应对与信息和通信技术、服务供应链相关的国家紧急情况，勒令如果字节跳动不在 45 天内出售 TikTok，那么就将被美国封禁。该行政命令还声称，TikTok 自动从其用户那里捕获了大量信息，包括互联网和其他网络活动信息，例

[1] 印尼通信部部长表示，这次封禁的原因是该平台上存在大量不良影响的内容，"很多内容是消极的、不雅的，对于孩子们而言非常不合适"。参考观察者网，2018 年 7 月 4 日《因内容存不良影响 抖音海外版 TikTok 昨在印尼被封》。2020 年 10 月，巴基斯坦政府也以内容有伤风化为由宣布封禁 TikTok。

如位置数据以及浏览和搜索历史记录，此数据收集不仅威胁到了美国公民的财产与信息安全，而且可能被用于勒索与间谍活动。8 月 14 日，特朗普政府又颁布了第二次行政令，进一步强制字节跳动剥离美国业务。

2021 年 6 月 9 日，美国新任总统拜登签署了一项行政令，撤销前总统特朗普在任期间对中国社交软件 TikTok 和微信的禁令。取而代之的是，拜登指示商务部部长调查与外国“对手”有联系的应用程序，美国政府认为这些应用程序可能对该国数据隐私及国家安全构成风险。❶由此也可以看出，美国国家安全审查鲜明的政治性和不确定性。

三、美国经济制裁及出口管制政策

经常会有人问，美国的法律法规凭什么要求其他国家的企业甚至个人遵守？回答这个问题不是简单地抨击一下霸权主义就了事了。整体上，美国仍是全球最大的海外投资地，最大贸易交易方之一，高科技产品及部件的供应方，再加上美国金融市场以及美元结算的独特地位，即便不是跨国公司，任何有涉外业务的企业或涉外事务的个人，如果想完全游离于以上体系运行，将是不可想象的。华为当前的困境就深深地说明了这一点。正是由于这种暂时无法摆脱的依赖，才使得美国的制裁法律在客观效果上呈现出所谓的“治外法权”或“长臂管辖”，当然这是极不公平的。截至 2021 年底，美国以种种所谓的“理由”将 998 个中国实体(包括台湾地区)列入了不同的制裁清单，具体情况见下表❷：

美国对华 4 类主要制裁黑名单统计列表(截至 2021 年底)

	列入清单主要原因	实体清单	特别指定国民清单	军事最终用户清单	中国军工复合体企业清单
1	涉疆人权	14.43%	7.95%	—	—
2	军民融合	25.41%	—	100%	100%
3	5G 通信	10.16%	—	—	—
4	南海东海	6.30%	—	—	—
5	高科技	15.24%	—	—	—
6	香港自由民主	—	11.78%	—	—
7	违规与涉受美制裁实体交易	15.85%	59.73%	—	—
8	中国主体数量	492	365	73	68

❶参见《华尔街日报》2021 年 6 月 9 日报道。

❷金杜律师事务所整理提供的相关信息。

以下简要介绍一下美国经济制裁及出口管制方面的法律法规概况。如果企业已经或预感会涉及这方面，一定要聘请专业律师协助处理。

（一）制裁种类

美国通过实施一系列相互关联的措施限制与特定国家及其政府以及被纳入限制性名单的实体和个人的交易，该等措施包括：

一级制裁：此类制裁主要由美国财政部海外资产控制办公室（OFAC）依照各种行政命令、成文法及OFAC制裁条例予以执行（参见美国联邦法典第31编第500—599部分）。OFAC制裁通常针对下文定义的美国人从事的活动。对古巴和伊朗而言，制裁范围可以扩大到由美国人拥有或控制的外国实体。然而，如非美国人向根据OFAC制裁计划被指定人士提供金融、物质或技术支持，也可能面临被“附带”列入《特别指定国民及受封锁人士名单》（由OFAC执行的黑名单，定义见下文，以下简称“SDN名单”）的风险。

次级制裁：此类制裁也主要由OFAC实施，针对从事次级制裁条款规定的特定行为或交易的非美国人，即便是该行为完全发生在美国境外且与美国人或美国领土无任何关联。

出口管制：出口管制措施由美国商务部工业和安全局（BIS）依照《出口管制条例》❶予以执行，针对从事《出口管制条例》限制的货物、软件和技术的出口、再出口或转运（包括国内转运）业务的所有人（包括美国人和非美国人），无论该人身处何地。值得注意的是，不受一级经济制裁管辖的非美国人在涉及限制物品的交易中，也可能会受《出口管制条例》的约束，即便是该交易与美国人或美国领土无任何关联。

1. 一级制裁

OFAC实施的一级经济制裁可以分为以下三大类❷。

---

❶管制条例是美国主要的出口管制法律，其管辖范围涵盖大多数商品及军民两用物品。美国还通过具有专属管辖权的法律对特定类别的物品施加限制，特别是《国际武器运输条例》（简称“ITAR”，美国联邦法典第22编第120—130部分）项下管制的国防用品和相关技术资料及国防服务、可在美国联邦法典第10编第810部分中找到的能源部规章项下管制的专门设计和制备的核设备、零部件、材料、软件和技术；可在美国联邦法典第10编第110部分中找到的《核管理委员会条例》项下管制的核设施、设备及材料；以及美国联邦法典第7编第331部分、美国联邦法典第9编第121部分及美国联邦法典第42编第73部分中与选择药剂和毒素相关的出口管制。

❷OFAC制裁计划完整清单请参见 https：//www. treasury. gov/resource-center/sanctions/Programs/Pages/Programs. aspx。

第一类是对古巴、伊朗、朝鲜、叙利亚以及乌克兰克里米亚地区实施的禁运式全面制裁❶。该制裁全面禁止与上述国家、地区及其政府(包括政府拥有和控制的实体)和常住居民的直接或间接交易,同时全面禁止从上述国家或地区向美国出口❷。此外,与上述国家、地区或政府有关联的个人和实体可能被指定为特别指定国民(以下简称"SDN"),并列入由 OFAC 实施的 SDN 名单❸中。

第二类是对俄罗斯和委内瑞拉的非全面制裁。虽然俄罗斯和委内瑞拉并未受到全面制裁,但美国对其制裁力度很大,包括将重要企业和政府官员列入 SDN 名单,禁止和委内瑞拉政府及委内瑞拉政府控制的实体交易,以及限制与俄罗斯特定经济领域的交易。

第三类是对有关国家和非国家特别制裁计划下 SDN 名单成员的制裁❹。OFAC 还针对与某些国家及其政府有关联的人士实施了一系列单独的制裁计划。非国家特别名单则针对参与联合国制裁活动或与美国外交政策和国家安全相违背活动,包括参加恐怖主义活动、散布大规模杀伤性武器(以下简称"WMD")、贩毒、从事跨国犯罪活动、侵犯人权、反民主活动和破坏网络安全的个人或实体进行制裁。受该制裁的个人或实体均被列入 SDN 名单。有关 SDN 的制裁详见下文。

适用于所有 OFAC 一级制裁措施的基本原则如下:

(1) 美国人及美国人拥有或控制的实体

所有的一级制裁措施适用于身处全球任何地方的美国人。美国人包括:①美国公民及合法永久居民(即绿卡持有者),无论其居住或工作地点位于何处;②根据美国法律或美国境内任何司法辖区法律成立的实体,且包括美国实体的境外分支机构;以及③位于美国境内的任何人(即身处美国境内的外国人)。就古巴和伊朗而言,一级制裁不仅适用于美国人,还适用于由美国人拥有或控制的实体(包括外国实体),即由美国人直接或间接拥有百分之五十(50%)或以上表决权

---

❶乌克兰克里米亚地区被定义为乌克兰领土一部分,包括俄罗斯联邦声称拥有主权的邻近海域。

❷根据美国总统奥巴马 2017 年 1 月 13 日签署的行政命令所授权的一般许可,目前暂停对苏丹的全面制裁,允许与苏丹开展交易。在美国政府审查尚未得出结果之前,对苏丹的制裁计划于 2017 年 7 月 12 日全面终止。然而,2017 年 7 月 11 日,美国总统特朗普签署了一项替代行政命令,继续进行内部审查,并将制裁暂停期延长至 2017 年 10 月 12 日。总统或国会并未采取延长制裁的进一步行动,因此对于苏丹的制裁于该日终止。

❸SDN 名单可通过 https://www.treasury.gov/resource-center/sanctions/sdn-list/pages/default.aspx 查阅。

❹目前在第二类 OFAC 国家特别制裁计划里的国家有:白俄罗斯、布隆迪、中非共和国、刚果民主共和国、伊拉克、黎巴嫩、利比亚、尼加拉瓜、索马里、苏丹和达尔富尔地区、南苏丹、西巴尔干地区、也门和津巴布韦。

或美国人有控制权的实体。

控制权的体现诸如在担任董事会成员或有重大决策权。根据外国法律成立的美国公司的境外子公司并不会被视为美国人。但就古巴和伊朗而言，美国公司的境外子公司会被视为美国公司拥有或控制的实体。然而，在美国境外工作的任何美国公民或绿卡持有者，无论其身在何处，都会因其个人身份被视为美国人，均须遵守美国制裁法律。

另外，外国公司的美国子公司或法律实体，无论在哪里开展业务，均被视为美国人。

(2) 与被禁运的国家或人士进行直接或间接交易

除非获得授权，一般而言，OFAC 的一级制裁措施全面禁止与被禁运的国家或 SDN 进行直接或间接的交易。该制裁不但限制与受禁运的国家或被制裁人进行直接交易，也限制被禁运国家或被制裁人间接获益。间接获益包括将 SDN 名单成员指定为附加被保险人或受益人，或者 SDN 名单成员有权从合同履行中取得部分收益。

(3) SDN 的财产及财产权益

美国人不得直接或间接参与涉及 SDN 的财产或财产权益的交易。在获得或持有 SDN 的财产或财产权益后，美国人应对其进行封锁(即冻结)，并在 10 个工作日内向 OFAC 报告。财产指有形的货物、现金及现金等价物，以及应付款、应收款、合同义务等无形资产。

(4) SDN 及百分之五十(50%)所有权规则

根据 OFAC 的解释，对 SDN 的限制同样适用于 SDN 直接或间接拥有百分之五十(50%)或以上所有权的实体，即便是该实体本身并不在 SDN 名单中❶。由于有些时候所有权结构难以辨别，所以这一解释可能为涉及高风险地区的业务带来重大挑战。

(5) 提供便利与规避

除禁止直接或间接与受制裁国家和人士开展交易外，制裁禁令还涵盖提供便利和规避。美国政府机构可根据因果关系理论(即一人的行为致使另一人违反制裁法律)施加责任。具体阐述如下：

① 提供便利是一个宽泛的概念，包括美国人协助他人从事禁止美国人直接从事的交易。提供便利包括在明知产品和服务最终将提供给制裁目标的情况下，

---

❶参见 https：//www. treasury. gov/resource-center/sanctions/Documents/licensing_ guidance. pdf。

仍向他人提供该产品和服务；将与制裁目标交易的商业机会介绍给他人；或提供与该交易相关的商业建议或商业支持服务；批准及授权他人与制裁目标开展交易也被视为提供便利。

② 规避是指美国人采取的规避或逃避制裁的行为。例如，美国人修改其公司的职权界限或运营程序以避免美国人参与制裁目标交易。规避还包括设立第三方机构作为交易渠道，例如设立代理或关联机构向制裁目标收付款。

(6) OFAC 一级制裁下非美国人的潜在责任

尽管 OFAC 的一级制裁针对的是美国人，但非美国人可能会因其涉及与制裁相关的行为而面临间接责任。一般会在下列两种情况下产生：

① 因果关系及使用美元付款。根据因果关系理论(非美国人的行为导致美国人违反制裁法律)，近年来 OFAC 对非美国人采取了执法行动。值得注意的是，针对与受制裁国家或个人进行交易使用了美元支付，OFAC 采取了执法行动，其理由是非美国人通过美国境内银行付款，从而导致该银行违反制裁法律。此外，针对非美国公司使用美元支付以支持向伊朗出口的某些油田服务，OFAC 已经对非美国公司实施了处罚。

② “附带”纳入 SDN 名单。与 SDN 开展交易的人士，也可能会被 OFAC 列入 SDN 名单。例如，美国总统根据 2018 年 11 月 1 日第 13850 号行政命令，对造成委内瑞拉局势恶化的人士采取各种制裁措施。该行政命令授权将下列人士列入 SDN 名单：(i) 为禁止的活动或交易提供实质性援助、赞助，或者经济、物质、技术支持，或者为该活动或交易提供货物或服务的人；(ii) 为财产或财产权益根据该行政命令被冻结的人士提供上述(i) 中所述帮助或支持的人[1]。上述“附带”纳入 SDN 名单可能对原本不属于 OFAC 或《出口管制条例》管辖的非美国公司构成重大风险。

2. *次级制裁*

针对某些受限制或禁运国家，特别是伊朗、俄罗斯和朝鲜的制裁政策也适用于非美国人。该制裁针对从事次级制裁条款禁止行为的非美国人，即便该行为并不涉及美国人，且与美国领土无任何关联。具体制裁措施因具体情况而有所不同，下文关于具体国家制裁措施部分将进一步介绍。

---

[1] 参见 E. O. 13850 第 1(a)(iii)条。

3. 出口管制

除上述经济制裁外，美国也限制向受制裁国家和人士出口、再出口[1]和转运(包括国内转运)《出口管制条例》，即美国对商用和两用物品的出口管制制度，限制的货物、软件和技术数据。如上所述，由BIS实施的《出口管制条例》对任何人对受禁物品(包括商品、软件和技术，以下简称管制条例规制物品)的出口、再出口和转运(包括国内转运)进行管控。

需注意，该限制也适用于美国境外人士进行的有关管制条例规制物品的交易，即便是该交易与美国领土或美国人并无关联。

管制条例规制物品包括下列商品、软件或技术：①任何在美国境内的物项(包括美国对外贸易区内以及中转途径美国的物项)；②美国原产物项(包括在美国生产、翻新、组装或升级等)；③由其他国家制造的、嵌入了美国原产受控物项超过一定比例的物项；④利用特定美国软件或技术，由其他国家制造的物项；⑤美国境外生产的产品，但生产该产品的设备或设备的主要部件是美国技术或软件的直接产品。

(1) 根据受管制物品类别不同，对不同国家实施不同限制

出口、再出口或转运管制条例规制物品可能需要《出口管制条例》中规定的授权：(i)BIS签发的特别出口许可证；或(ii)许可证豁免，即《出口管制条例》允许在特定情况下出口受管制物品的一揽子授权许可。是否需要获得该授权许可取决于物品在商品管制清单(以下简称"CCL清单")[2]上所属的类别以及最终目的地、最终用户和最终用途。

CCL清单是受特别许可管制物品清单。CCL清单上的物品，出口许可要求取决于该物品在CCL清单上的出口管制分类号(以下简称"ECCN")以及该物品的最终目的地。一般来说，CCL清单上的物品，无论是任何类别，在出口、再出口或转运到被OFAC实施禁运类限制的国家时，均需要获得出口、再出口或转运许可证。

CCL清单上未列出的物品则属于管制条例99条物品。管制条例99条物品多为技术含量较低的消费品，无需出口、再出口或转运许可证。然而，由于最终用户、最终用途或最终目的地等原因，仍然有可能受到出口限制，从而需要申请出

---

[1] 再出口指的是从美国向第三国出口的货物、软件或技术又由该第三国向其他国家出口。例如，美国生产的设备出口到中国，如果再从中国出口到马来西亚，则被视为再出口。

[2] CCL清单可在美国联邦法典第15编第774部分补充条款1中找到。见https：//www.bis.doc.gov/index.php/documents/regulations-docs/2330-ccl0-to-9-10-24-18/file。

口许可证。

（2）对所有管制条例规制物品的限制

除因物品类别不同，对各国的限制不同外，所有管制条例规制物品，包括管制条例 99 条物品在内，在下列情况下都需要获得出口、再出口或转运许可证。

① 最终目的地受禁

除少数例外情况外，任何人士都不得向古巴、伊朗❶、朝鲜、叙利亚和乌克兰克里米亚地区出口、再出口或转运管制条例规制物品。如上文所述，OFAC 对这些国家或地区实施了全面禁运措施。

② 最终用户受限

管制条例规制物品通常不得被自由地出口、再出口或转运给下列个人和实体❷：

（a）BIS 拒绝人士清单成员。拒绝人士清单指的是根据《出口管制条例》因各种原因被剥夺获出口特权的个人和实体（以下简称“拒绝人士”）清单。剥夺出口特权主要体现在两方面。第一，拒绝人士被禁止直接或间接参与涉及从美国出口管制条例规制物品或受《出口管制条例》禁止的任何交易。具体而言，拒绝人士不得出口或再出口管制条例规制物品，也不得参与或从其他交易中收益例如订购、接收、使用、出售、交付、存储、处理、转运、运输、融资在内的有关出口管制条例规制物品服务的交易。第二，所有人（美国人和非美国人）都被禁止与拒绝人士开展涉及管制物品的任何交易，包括将管制物品出口、再出口或转运给拒绝人士、从拒绝人士处接收管制物品（如用于维修），或者为了维修该人士的其他物品而使用管制物品。

（b）BIS 实体清单成员。BIS 实体清单主要指的是因扩散或转移军事或大规模杀伤性武器等原因，须遵守严格许可要求的个人和实体清单。严格许可要求可仅针对 CCL 清单中的管制物品（例如，需要许可证才可以将通常无需许可证的受管制物品出口到实体清单中所列人士所在国），也可能针对所有管制条例规制物品（包括管制条例 99 条的物品）。BIS 实体名单不仅针对管制条例规制物品的出

---

❶归入管制条例 99 类别的管制条例规制物品可从美国以外的国家再出口到伊朗，但前提是该等物品并非专门或主要为了再出口到伊朗而从美国或某美国人处订购的。例如，该项豁免可能涵盖从美国境外普通库存中提供的管制条例 99 条物品，而该等物品并非为了履行伊朗订单而从美国订购的。

❷美国商务部已创建了一个带有合并筛选名单搜索引擎的网页，通过该网页可筛选该等受限制方名单，包括 SDN 名单、美国国务院国际武器贸易条例禁止方名单以及核不扩散受制裁方名单。该网页可以通过 https://www.export.gov/article?id=Consolidated-Screening-List 访问。

口和再出口，也同样适用于国家内的转运。

如下文所述，许多能源行业的大型俄罗斯公司均被纳入到 BIS 实体清单中，导致向这些公司提供管制条例规制物品受限制。

(c) BIS 未核实清单成员。未核实清单指的是 BIS 尚且无法对某些个人和实体完成核查，从而确认其是否为管制条例规制物品合法最终用户的个人和实体清单。向未经核实清单上的人士出口和转运不受限制。但是，在向未经核实清单上的人士出口和转运时应格外谨慎，包括要求清单上的人士提供最终用途及出具最终用途没有违反《出口管制条例》的声明。

(d) SDN 名单成员。根据具体制裁计划的具体限制❶，管制条例规制物品可被限制出口、再出口或转运给 SDN 名单上的人士。

③ 最终用途受限

管制条例规制物品会因最终用途受限而被限制出口、再出口或转运。受限的用途包括：和大规模杀伤性武器的开发和扩散、导弹技术、无人机有关的用途，以及最终在俄罗斯、委内瑞拉等国被用于军事目的的用途。

(3)《出口管制条例》对美国境外交易的适用

《出口管制条例》适用于任何人(美国人和非美国人)在美国境外进行的涉及管制条例规制物品的交易，无论该交易是否与美国存在任何关联。下述为《出口管制条例》适用于美国境外交易的各种情形❷。

第一，对在美国境内生产的物品进行再出口和转运

管制条例规制物品永远受美国司法管辖，除非该物品在之后的制造过程中被消费或使用从而导致其商品特性转变(请参阅下文有关最低含量标准的介绍)。因此，任何管制条例规制物品的再出口或转运(包括在同一国家内转运)，无论该物品当前所在的位置，都被视为该物品直接从美国出口，并受制于《出口管制条例》的规定。比如，以下为能源开发和生产中可能出现合规问题的情形：

① 从美国境外库存中出口或转运美国生产的套管、油管或钻杆，包括出口或转运二手及翻新设备。

---

❶具体而言，就大规模杀伤性武器经营者、恐怖组织以及前伊拉克萨达姆侯赛因政权成员的制裁计划，《出口管制条例》限制向该计划下的 SDN 名单人士出口、再出口和转运管制条例规制物品。对其他制裁计划下的 SDN 名单人士也有其他限制。

❷下述交易都应取得 BIS 许可。许可应由交易的出口商或转运商申请。例如，一家在日本的公司向越南买家转运受管控的美国原产精密机器，日本公司应为许可的申请人。美国生产商和越南买家无需申请许可。

② 将美国制造的数控机器从一个国家转运到另一国家或同一国家内的另一人士。

③ 将原产地为美国的电信或计算机设备出口或转运到另一国家或同一国家内的另一人士。

④ 将原产地为美国的部件转运到另一国家用于维修机器，即使该机器在美国境外生产。

⑤ 运输原产地为美国的机器配件，即使该机器产自美国境外。

⑥ 归还完成维修并且原产地为美国的机器。

⑦ 将原产地为美国的工具、设备和诊断仪器暂时随身携带到另一国家。

第二，对从美国出口的物品进行再出口和转运

从美国出口的任何物品均被视为管制条例规制物品，即使该物品产自美国境外。因此，在没有获得必要授权许可的情况下，不得直接或间接从美国出口任何此类物品。如果货物需要通过中间人转运才能到达最终目的地或最终用户，那么该限制同样适用于向中间收货人或接收人的出口。

第三，外国制造产品中包含的美国来源成分超过最低含量标准限额

当某外国制造产品要运到某目的国时，如果该产品所包含的美国来源成分的价值超过最低含量标准限额，则管制范围将扩展到该等外国制造产品。以包括中国、俄罗斯、古巴[1]和委内瑞拉在内的几乎所有国家为目的地的外国制造产品最低含量标准限额均是不超过百分之二十五(25%)(包括 25%)，而以伊朗[2]、朝鲜、叙利亚和乌克兰克里米亚地区为目的地的外国制造产品最低含量标准为不超过百分之十(10%)(包括 10%)。基本的最低含量标准测试计算方法如下：

$$\frac{\text{受管制美国来源成分价值}}{\text{外国制造产品总价值}}=\boxed{\begin{array}{l}\text{外国制造产品中受管制}\\\text{成分的最低减让标准}\end{array}}$$

(受管制美国内容+非受管制美国内容+外国内容)

管制条例第 734 部分第 2 次补充文件中规定了与最低含量标准计算相关的若

❶值得注意的是，因奥巴马政府从美国国务院支持恐怖主义国家名单中删除了古巴，古巴现在的最低含量标准限额为 25%而非 10%。然而，特朗普政府对古巴制裁政策的进一步发展应予以监控。如古巴被重新列入支持恐怖主义国家名单，适用的最低含量标准限额将恢复到 10%。

❷根据下文所述 OFAC 对伊朗实施的制裁，出口到伊朗的物品中所纳入的美国管制内容的最低含量标准限额不得超过管制条例的最低含量标准测试中规定的 10%。因此，应假设对伊朗的最低含量标准限额是 10%。

干准则(以下简称“最低含量标准准则”，the De Minimis Guidelines)❶。下文描述了最低含量标准准则及适用于所有司法管辖区的其他管制条例/BIS 准则所涵盖的主要内容。

① 受管制的美国来源成分

如果美国来源成分需要获得管制条例授权才能出口到目的国，则在计算最低含量标准时，须计入该美国来源成分❷。例如，管制条例 99 条物品在出口到中国、俄罗斯或委内瑞拉时并不受管制，那么在计算美国来源成分时就不应将其包括在受管制美国来源成分价值中。但是，当管制条例 99 条物品出口到美国禁运的特定国家(古巴、朝鲜、叙利亚和乌克兰克里米亚地区)时，就应当包含在受管制美国来源成分价值计算中。

② 确定受管制的美国来源成分及外国制造产品的价值

通常 BIS 并不要求在确定美国来源成分价值和外国制造产品价值时使用特定的计算方法，只要该方法合理即可。

美国来源成分的价值应为该成分在外国制造产品生产所在市场的市场价格。就公平交易而言，该价格应是外国制造商的采购成本。然而，如果外国制造商和供应商为关联公司，或存在可能歪曲美国来源成分价值(特别是压低价格)的情况时，则需使用代用价值❸。

外国制造产品的价值应为该产品在其所售市场中的销售价格。与美国来源成分价值相同，如存在可能歪曲外国制造产品价值(特别是抬高价格)的情况，则需使用代用价值❹。

(4) 作为因国家安全原因而受管制的美国原创技术直接产品的外国制造产品

《出口管制条例》管控某些外国制造产品，即在出于国家安全原因而受到管制的一项 ECCN 下且为出于国家安全原因被管制的美国原创技术的直接产品的外国制造产品。该限制大多涉及半导体行业。例如，使用因国家安全原因被管制的美国原创芯片技术制造的外国高性能芯片。

(二) 美国对个别国家的具体制裁措施

下文阐述美国针对具体国家全面重大制裁政策下的具体制裁和出口管制措

---

❶最低含量标准准则可通过以下链接查阅：https：//www. ecfr. gov/cgi - bin/textidx？ SID = a32281fead0524866581d2f5bdd7ea85&mc = true&node = pt15. 2. 734&rgn = div5#ap15. 2. 734_ 120. 2。

❷最低含量标准准则第(a)(1)条。

❸最低含量标准准则第(a)(2)条。

❹最低含量标准准则第(a)(3)条。

施，并介绍一级经济制裁、次级经济制裁和出口管制措施。

A. 伊朗

美国对伊朗实施了全面的经济禁运，并对 CCL 清单中的大多数管制条例规制物品实施了出口和再出口管制。

1. 一级制裁

根据《伊朗交易和制裁条例》[1]（简称“ITSR”，参见美国联邦法典第 31 编第 560 部分），美国对伊朗实施了全面贸易禁运。该禁运措施适用于美国人及由美国人拥有或控制[2]的任何外国实体。未经授权，美国人及其拥有/控制的实体不得直接或间接从事涉及伊朗、伊朗政府[3]、伊朗常住居民或伊朗 SDN 的任何交易。部分受禁交易如下：

（1）从伊朗采购货物或服务，或向伊朗提供货物或服务；

（2）从伊朗向美国出口商品、服务或技术；

（3）从美国向伊朗出口商品、服务或技术；

（4）直接或间接从事涉及身处伊朗的个人、设立于伊朗的实体、伊朗常住居民、伊朗政府、伊朗金融机构[4]或伊朗 SDN 的任何交易；

（5）从事伊朗境内人士或伊朗常住居民可从中获益的任何交易；

---

[1]可访问 https://www.ecfr.gov/cgi-bin/text-idx?SID=d32870c6880655cba88840a39e9f253a&mc=true&node=pt31.3.560&rgn=div5 获取《伊朗交易和制裁条例》的最新版本。

[2]如果美国人（i）持有外国实体 50%或以上的股权或投票权，（ii）在外国实体董事会中占有大多数席位，或（iii）以其他方式控制外国实体的行为、政策或人员决策，那么该外国实体则被视为由美国人拥有或控制。参见美国联邦法典第 31 编第 215（b）（1）条。

[3]伊朗政府包括：（1）伊朗国民政府及其任何政治分支、机关或其下设机构，包括伊朗中央银行；（2）前述政府或机构直接或间接拥有或控制的任何人士；（3）目前正在或自生效日以来一直直接或间接代表前述政府或机构行事或声称代之行事的任何人士；以及（4）OFAC 确定包含在（1）至（3）项所述范围内的任何其他人士。参见美国联邦法典第 31 编第 560.304 条。

[4]“伊朗金融机构”一词是指根据伊朗法律或伊朗境内任何司法管辖区法律组建的，或由伊朗政府拥有或控制或位于伊朗境内的从事下列业务的任何实体（包括其外国分支机构），或由上述任何实体拥有或控制的任何实体，无论其位于何处：以委托人或代理人身份接收存款、发放、授予、转让、持有贷款或信贷、或从事贷款或信贷中介业务、或买卖外汇、证券、商品期货或期权、或通过第三方买卖外汇、证券、商品期货或期权。该身份包括但不限于存款机构、银行、储蓄银行、货币服务企业、信托公司、保险公司、证券经纪人和交易商、商品期货和期权经纪人和交易商、远期合约和外汇交易商、证券和商品交易所、清算公司、投资公司、雇员福利计划以及上述任何机构或公司的控股公司、关联公司或子公司。参见美国联邦法典第 31 编第 324 条。

(6) 涉及原产地为伊朗的商品或服务❶的交易，无论该商品或服务位于何地；

(7) 向伊朗或伊朗政府直接或间接出口、再出口、销售或供应货物、技术、服务或任何原产地物品的交易；

(8) 协助非美国人从事美国人因伊朗制裁限制而无法直接从事的交易。

2. 美国对伊朗的出口管制

根据 ITSR 和《出口管制条例》中的交叉条款，美国对伊朗实施严格的出口管制，特别是禁止美国人直接或间接向伊朗出口、再出口或供应任何物品，包括管制条例 99 条物品的任何物品。

非美国人也不得从美国购买专门用于再出口或供应给伊朗的任何商品、技术或服务(就管制条例规制物品而言，该禁令同时涵盖受管制物品和管制条例 99 条物品)。但是，如果管制条例 99 条物品并非专门或主要为转售、转运到伊朗而向美国或美国人采购，则可以再出口到伊朗。该管制条例 99 条物品例外情况通常被称为库存规则或停泊例外。倘若从美国或美国人处订购的管制条例 99 条物品已经停泊在美国境外，其目的并非专为直接或间接再出口到伊朗，该物品转运到伊朗将不会被视为违反 ITSR 或《出口管制条例》❷。

3. 次级制裁

美国政府实施了一系列涉及伊朗的次级制裁。该制裁针对的是在美国境外开展涉及制裁目标和特定活动的非美国人。次级制裁所依据的法律法规为 1996 年《伊朗制裁法案》(不时修订，以下简称“ISA”)❸、2010 年《全面伊朗制裁、问责与撤资法案》(不时修订，以下简称“CISADA”)❹、《2012 年降低伊朗威胁及叙利

❶在 ITSR 项下，原产于伊朗的货物包括(1)在伊朗境内生长、生产、制造、提取或加工的货物，以及(2)已进入伊朗市场的原产自任何国家的货物。参见美国联邦法典第 31 编第 560.306(a)条。该定义将包括伊朗领土(包括伊朗政府管辖海域)内用于开发和生产项目的非伊朗原产油田设备，包括钻机和船舶。伊朗原产服务包括在伊朗境内履行的服务、或由根据伊朗法律或伊朗境内任何司法管辖区法律组建的实体或居住在伊朗的人士提供的服务；以及由通常居住在伊朗的伊朗公民、国民或永久居民或由根据伊朗法律或伊朗境内任何司法管辖区法律组建的实体在伊朗境外提供的服务。参见美国联邦法典第 31 编第 .306(c)条。

❷如从美国采购大宗或多批商品用于国外库存，且其中一部分随后被再出口到伊朗，则“主要”这一概念即适用。当然，如果 50%或更多的库存通常被再出口到伊朗，则 OFAC 可认定该等货物主要是为了伊朗而从美国订购。然而，根据商业经营的具体情况，较小比例地再出口到伊朗亦可被认定为“主要”。“主要”认定标准的适用严格遵守具体问题具体分析原则，且应依个别交易具体情况核查。

❸ISA 可通过 https：//www. treasury. gov/resource-center/sanctions/Programs/Documents/isa_ 1996. pdf 查看。

❹CISADA 可通过 https：//www. treasury. gov/resource-center/sanctions/Documents/hr2194. pdf 查看。

亚人权法案》(以下简称"ITRA")❶、以及《2012年伊朗自由与反扩散法案》(以下简称"IFCA")❷。虽然2016年美国通过《联合全面行动计划》(以下简称"JCPOA"),暂时搁置了一些次级制裁措施,但是因2018年特朗普政府决定退出JCPOA,此部分次级制裁又被重新实施。

(1)与伊朗能源行业有关的次级制裁

对伊朗而言,能源行业至关重要,因此制裁范围规定得很宽泛。非美国人与伊朗的重大交易,甚至有些非重大交易,都可能面临次级制裁的风险。下文介绍的涉及伊朗能源行业的次级制裁措施,需要石油石化行业的公司格外注意。

① 对明知而向下列人士提供重大金融、物质、技术或其他支持,代表下列人士或为下列人士之利益提供货物或服务的人而实施的SDN类型的财产冻结:

(i)伊朗能源❸、航运或造船行业人士;

(ii)经营伊朗港口的人士;

(iii)伊朗SDN(但未因伊朗扩散大规模杀伤性武器或大规模杀伤性武器运载系统、伊朗支持国际恐怖主义或伊朗侵犯人权而受到制裁的伊朗金融机构除外)❹。

② 对从事以下活动的任何人,美国政府可根据自由裁量权实施ISA中的部分制裁❺:

(i)明知而向伊朗出售、供应、转入、转出货物或服务,以用于伊朗能源、航运或造船业,包括伊朗国家石油公司、伊朗国家油轮公司和伊朗伊斯兰共和国

---

❶ITRA可通过https://www.treasury.gov/resource-center/sanctions/Documents/hr_1905_pl_112_158.pdf查看。

❷IFCA可通过https://uscode.house.gov/view.xhtml?path=/prelim@title22/chapter95&edition=prelim查看。

❸截至2019年9月,尚未出台任何有关定义伊朗能源行业的法规。根据OFAC网站上发布的常见问题清单,OFAC将伊朗能源行业解释为"在伊朗从事涉及石油、天然气或石油产品的勘探、开采、生产、精炼或液化等活动的行业"。可访问https://www.treasury.gov/resource-center/faqs/sanctions/pages/faq_iran.aspx#293,OFAC伊朗常见问题清单。

❹参见IFCA第1244(c)条(已编入美国法典22第8803(c)条)。

❺根据ISA第6(a)款,有如下12项单独制裁措施:(1)拒绝给予进出口银行援助;(2)拒绝签发美国出口许可证;(3)禁止美国金融机构发放贷款;(4)禁止金融机构开展特定交易;(5)不得参与竞标美国政府采购合同;(6)禁止美国司法管辖范围内的外汇交易;(7)禁止涉及受制裁人士的美国金融交易;(8)禁止美国人交易受制裁人士的财产;(9)禁止美国人投资或购买受制裁人士的大量股权或债务工具;(10)拒绝向公司高管签发美国签证;(11)对公司首席执行官施加制裁;以及(12)限制从受制裁人士处进口货物。其中特定限制,例如第(7)和(8)项为严重措施,因为其相当于有效地将受制裁人士指定为SDN。

航运公司❶。

（ii）参与从伊朗购买、销售、运输或营销石油❷或石油产品❸的重大交易。

（iii）向伊朗出售或提供超过特定金额的精炼石油产品❹(单笔交易超过100万美元或12个月内多次交易总金额超过500万美元)。

（iv）向伊朗出售、租赁或提供超过特定金额的支持、货物、服务和技术(单笔交易超过100万美元或12个月内多次交易的总金额超过500万美元)，且其直接明显有助于增强伊朗在以下领域的能力：(1)进口精炼石油产品；(2)开发位于伊朗境内的石油资源❺或者(3)维持或扩大伊朗国内精炼石油产品的生产。

（v）直接明显有助于提高伊朗开发石油资源的能力的投资(单笔投资超过2000万美元，或在12个月期间做出一系列单笔超过500万美元且总金额等于或超过2000万美元的投资)。

（vi）与伊朗政府合资境外开发伊朗境外的石油资源，同时伊朗政府是该合资企业的重要伙伴或投资者，或者伊朗可通过直接运营或其他方式，获得本无法获得的且可直接明显有助于提高伊朗开发伊朗境内石油资源能力的技术知识或设备。

（vii）直接或间接向伊朗或从伊朗向外出售、供应或转运伊朗能源行业使用的物资，例如石墨、钢及其他金属、煤炭或工业流程集成软件。

---

❶参见IFCA第1244(d)条。

❷“石油”一词在行政命令第13846号第16(n)条中被定义为意指原油，而原油被定义为“存在于天然地下储集层中以液相形式存在的碳氢化合物的混合物，且经过表面分离设施后，在大气压下仍保持液态。”

❸根据OFAC的常见问题解答，“石油产品”被定义为包括“未加工的油、液化石油气、戊烷加、航空汽油、汽车汽油、石脑油型喷气燃料、煤油型喷气燃料、煤油、馏分燃料油、残余燃料油、石油化工原料、专用石脑油、润滑剂、蜡、石油焦炭、沥青、道路油、蒸馏气体及从原油加工、天然气以及其他碳氢化合物中获得的各种产品(包括伴生气凝析油)。”该定义并不包括天然气、液化天然气、生物燃料、甲醇和其他非石油燃料。参见OFAC伊朗常见问题解答620：https：//www. treasury. gov/resource-center/faqs/sanctions/pages/faq_ iran. aspx。

❹参见ISA第5章。精炼石油产品为柴油、汽油、喷气燃料(包括石脑油型和煤油型喷气燃料)和航空汽油。定义详见ISA第(18)条。

❺石油资源包括“石油、精炼石油产品、石油或液化天然气、天然气资源、石油或液化天然气油轮、以及用于建造、维护石油或液化天然气输送管道的产品”。参见ISA第14(17)条。

(viii) 从事从伊朗购买、并购、销售、运输或营销石化产品❶的重大交易❷。

(xi)销售、租赁或提供超过特定金额的支持、货物、技术或服务(单笔交易超过25万美元或12个月期间总交易金额超过100万美元)且其直接明显有助于维持或扩大伊朗国内石化产品生产量。

(2) 对伊朗的其他次级制裁

除能源行业之外，与伊朗相关的其他交易也可能会被实施次级制裁，例如：与伊朗航运和造船行业(包括伊朗伊斯兰共和国航运公司及其关联公司)的交易；与伊朗港口经营者的交易；与伊朗中央银行和指定伊朗金融机构的交易；与特定承销、保险及再保险服务有关的交易；与伊朗政府购买或收购美元钞票或伊朗黄金和其他贵金属贸易相关的交易；与购买或出售伊朗里亚尔相关的交易；与伊朗主权债务相关的交易；以及与伊朗汽车行业相关的交易。

4. *伊朗制裁相关指南*

无论是国内的国有企业还是民营企业，作为非美国公司，国内本部及其美国境外子公司均不是美国人，所以并不直接受制于ITSR中涉及伊朗的一级制裁❸。因此，ITSR中的广泛禁止性规定并不适用。但是，企业的国内本部及其美国境外子公司仍应当注意下列各种美国制裁或出口管制可能适用的情况：

(1) 任何美国子公司或通过美国子公司拥有或控制的子公司均不得参与ITSR一级制裁所禁止的交易或以其他方式为受制裁交易提供支持或便利。否则，该子公司可能要承担ITSR中规定的直接责任，而国内本部也可能因导致其子公司违规而承担潜在责任。

(2) 身处美国境外的员工，如果是美国公民或美国绿卡持有者，也应避免参与和伊朗相关的任何交易。否则，该员工将因此承担个人责任，而国内本部也可能会因为导致员工参与或支持伊朗交易而承担间接责任。

(3) 不得让任何美国人参与伊朗交易，且鉴于潜在的因果关系责任，企业尤

---

❶"石化产品"包括"任何芳香族、烯烃和合成气及其任何衍生物，包括乙烯、丙烯、丁二烯、苯、甲苯、二甲苯、氨、甲醇和尿素"。参见OFAC伊朗常见问题解答620：https：//www. treasury. gov/resource-center/faqs/sanctions/pages/faq_ iran. aspx。

❷一般来说，交易是否重大取决于多方面因素，包括交易大小、数量及在一段时期内的交易频率，以及交易是否呈增长或减少趋势；还包括交易的性质和复杂程度，管理层知晓程度以及该交易是否构成某一行为模式的组成部分，公司与交易的关系(直接参与还是间接参与)，交易对制裁限制目标的影响，以及交易是否涉及欺诈或规避行为。

❸通过美国子公司直接或间接拥有或运营控制的任何非美国子公司，都将被视为由美国人"拥有或控制"，因此须直接受制于ITSR主要制裁。

其应避免使用美元。

（4）向伊朗再出口和转运管制条例规制物品可被限制。具体而言，CCL 清单中的几乎所有管制条例规制物品均受限制，任何人不得将 CCL 清单中的物品出口或再出口到伊朗。如果管制条例 99 条物品并非为了或主要为了转运到伊朗而向美国或美国人采购，该物品可从美国境外运至伊朗。

（5）对于有美国来源成分的物品和设备而言，企业应核查该物品是否包含百分之十（10%）或以上的《出口管制条例》规定的对伊朗加以管制的美国来源成分。如上文所述，管制条例 99 条物品不应包含在最低含量标准计算中，除非该来源成分是专门为了或主要为了纳入到拟转运到伊朗的物品中而向美国或美国人采购的。

（6）次级制裁还适用于与伊朗 SDN 开展的交易。即使交易完全不在 ITSR 和《出口管制条例》的管辖范围内，也可能适用该次级制裁。

B. 古巴

与伊朗一样，美国对古巴也实施了全面的经济制裁，以及出口和再出口管制，其范围比伊朗管制范围更为广泛。然而，美国并没有针对古巴实施次级制裁。

1. 对古巴的一级制裁

美国根据《古巴资产管制条例》（简称“CACR”，参见美国联邦法典第 31 编第 515 部分）对古巴实施全面贸易禁运。该禁运适用于美国人及由美国人拥有或控制的任何外国实体。未经授权，禁止美国人及其拥有/控制的实体直接或间接参与涉及古巴、古巴政府和古巴 SDN 的任何交易。此外，与伊朗和其他制裁计划不同的是，除了有限的例外情况外，古巴公民均被视为 SDN，适用于 SDN 的财产冻结同样适用于古巴公民。部分受禁交易如下：

（1）从古巴采购货物或服务或向古巴提供货物或服务；

（2）从古巴向美国出口货物、服务或技术；

（3）从美国向古巴出口货物、服务或技术；

（4）直接或间接从事涉及到古巴政府或古巴人的任何交易，无论其身在何处；

（5）从事可使古巴境内人士或古巴人获得利益的任何交易，无论其身在何处；

（6）在任何地方经营：①原产于古巴的货物；②曾位于古巴境内或从古巴境

内运出或经古巴境内运输的货物；或者③完全或部分使用古巴境内生长、生产或制造的任何物品而制造或派生出的货物❶；

（7）为非美国人行动提供便利，使之能够完成美国人因古巴制裁限制而无法直接履行的行动。

2. 美国对古巴的出口管制

美国对古巴也实施严格的出口管制，未经授权，不得直接或间接向古巴出口、再出口或转运所有管制条例规制物品，甚至是管制条例 99 条物品。因此，与美国人一样，非美国人也受到了相同的再出口限制。

就《出口管制条例》最低含量标准的计算而言，在古巴，由于所有美国来源成分（包括管制条例 99 条物品）均受到管制，因此都应计算在美国来源成分的价值中。然而，与伊朗不同的是，古巴须遵守百分之二十五（25%）的最低含量标准限额。因此，只要某项外国制造产品的美国来源成分未超过百分之二十五（25%），即不会受到《出口管制条例》的限制。请注意，即使美国来源成分不超过百分之二十五（25%），也不得为了将该成分纳入到为古巴制造的物品中而向美国或美国人采购，否则可能会承担 CACR 中的因果关系责任。

3. 古巴制裁相关指南

国内的企业作为非美国公司，国内本部及其美国境外子公司均不是美国人，所以并不直接受制于 CACR 对古巴实施的一级制裁❷。因此，CACR 中的广泛禁止性规定并不适用。然而，企业及其美国境外子公司仍应当注意下列美国制裁或出口管制可能适用的各种情况：

（1）企业的任何美国子公司或通过美国子公司拥有或控制的子公司均不得参与 CACR 一级制裁所禁止的交易或以其他方式为受制裁交易提供支持或便利。该等子公司可能要承担 CACR 中规定的直接责任，而公司也可能因为因果关系而承担潜在责任。

（2）企业身处美国境外的员工，如果是美国公民或美国绿卡持有者，也应避免参与和古巴相关的任何交易。否则该员工将因此承担个人责任，而公司也可能会因为因果关系而承担间接责任。

（3）企业不得让任何美国人参与古巴交易，且鉴于潜在的因果关系责任，企

---

❶参见美国联邦法典第 31 编第 515.204 条。

❷通过美国子公司直接或间接拥有或运营控制的任何非美国子公司，都将被视为由美国人“拥有或控制”，因此须直接受制于 CACR 主要制裁。

业尤其应避免使用美元。

(4) 除有限授权外(不一定适用)，企业或其关联公司向古巴再出口和转运管制条例规制物品(包括管制条例99条物品)，都将受到限制。

(5) 对于含有美国来源成分的物品和设备而言，企业应核查该物品或设备是否包含百分之二十五(25%)或以上的受管制条例管辖的物品，包括管制条例99条物品。即便美国来源成分未超过百分之二十五(25%)，该来源成分也不得是专门或主要为了被纳入到拟转运到古巴的物品中而向美国或美国人采购的。

C. 俄罗斯和克里米亚地区

作为一项更具针对性的制裁计划，除属于特定受限类别的交易外，美国人与俄罗斯交易或向其支付美金的行为，目前并未被全面禁止[1]。一级制裁包括(1)与SDN相关的禁令；及(2)限制能源、金融和国防业特定交易的行业制裁。美国对俄罗斯也施行出口管制，尤其是针对能源行业和能源业公司。该一级制裁和出口管制措施主要是依据《乌克兰相关制裁条例》(参见美国联邦法典第31编第589部分)、行政命令、法律(著名的是《通过制裁打击美国对手法案》，简称“CAATSA”)[2]和《出口管制条例》来实施的。下文所述的次级制裁也适用于参与涉及俄罗斯的交易的非美国人，尤其是参与和OFAC制裁计划限制的交易方进行的交易。

乌克兰克里米亚地区也受到美国制裁，该制裁全面禁止美国人直接或间接参与涉及克里米亚的交易。该制裁还限制向克里米亚出口和再出口管制条例规制物品，包括管制条例99条物品。具体内容在下文中有所阐述。

1. OFAC对俄罗斯的一级制裁

(1) 与俄罗斯SDN交易

根据之前的行政命令和法律依据(著名的是CAATSA)，俄罗斯的某些知名商业人士因与俄罗斯总统弗拉基米尔·普京政府关系密切，而被列入SDN名单。该人士所拥有的商业实体也被列入SDN名单。此外，SDN的范围也扩大到由SDN直接或间接拥有百分之五十(50%)或以上所有权的实体。美国人被严格禁止

---

[1] 一般参见美国联邦法典第31编31第589部分(《乌克兰相关制裁条例》)。该等条例、以及本合规指南中提及的行政命令、成文法、普通许可、及OFAC准则均可在OFAC网站上获得，网址为https://www.treasury.gov/resourcecenter/sanctions/programs/pages/ukraine.aspx。

[2] 例如参见第13849号行政命令(2018年9月20日)，用以实施CAATSA若干规定，Pub. L. 115-44。

与上述个人或实体进行交易，并且该个人或实体在美国的财产和财产权益也被冻结。

(2) 行业制裁

美国人应遵守行业制裁，包括OFAC在第13662号行政命令授权下发布的四项单独指令❶。该四项指令分别限制或禁止美国人与根据指令被列入SSI清单❷的俄罗斯能源、金融和国防业实体开展交易(清单所列人士和实体统称为“SSIL实体”)。指令及相关规定具体如下：

(i) 1号指令：禁止美国人买卖或交易特定俄罗斯金融机构超过14天的新债务或新发股权。债务包括销售货物或服务的延期付款。因此，向1号指令指定的SSIL实体销售货物的合同不得包含超过14天的延期付款条款，且该SSIL实体超过14天支付的任何款项均被视为违反制裁，即便是合同本身不包含有关超过14天延期付款条款。

(ii) 2号指令：禁止美国人买卖或交易俄罗斯能源业公司超过60天的新债务或新发股权。2号指令对债务的解释和执行方式与1号指令相同。

(iii) 3号指令：禁止美国人买卖或交易俄罗斯国防业公司超过30天的新债务或新发股权。3号指令对债务的解释和执行与1号和2号指令相同。

(iv) 4号指令：禁止美国人直接或间接提供、出口或再出口用于支持深水(超过500英尺的深度)、北极海上或页岩项目(以下简称“限制项目”)勘探或生产的货物、服务(金融服务除外)或技术，只要限制项目有可能在俄罗斯或俄罗斯声称拥有主权的海域及其海域延伸区域生产石油，且限制项目涉及根据该指令所指定的任何人士、其财产或财产权益。对于2018年1月29日当日或之后启动的项目，该禁令已扩展至4号指令所指定人士在其中拥有百分之三十三(33%)或以上权益的位于世界任何地方的任何限制项目。

与OFAC的其他制裁一样，由一个或多个SSIL实体直接或间接拥有百分之五十(50%)或以上所有权的任何实体也被视为列入了SSI清单，即使该实体本身不在SSI清单上。

2. 美国对俄罗斯的出口管制

与伊朗和古巴不同，俄罗斯并未受到《出口管制条例》关于出口和再出口的

---

❶最新版该等指令最近曾于2017年9月2日经修订，可通过 https：//www. treasury. gov/resourcecenter/sanctions/programs/pages/ukraine. aspx. 查看。

❷可访问 https：//www. treasury. gov/ofac/downloads/ssi/ssilist. pdf 获取SSI清单。SSI清单也可通过上文第13条脚注的链接获取合并筛查清单。

全面限制。但是，除了上文中讨论的一般规则外，对为下列特定最终用途或向下列最终用户出口、再出口和转运管制条例规制物品亦做了限制：

（1）对俄罗斯石油业行业的制裁

《出口管制条例》第746.5款规定，如已知（或在无法确定情况下）特定管制条例规制物品被直接或间接用于俄罗斯限制项目（如俄罗斯深水（超过500英尺的深度）、北极海域或俄罗斯页岩项目）的油气勘探或生产，则该等物品的出口、再出口和转运将受到限制❶。受到限制的物品（具体如《出口管制条例》第746.5（a）条和《出口管制条例》第746部分第2号补充文件所示❷）包括各种套管、油管和钻杆以及用于海上作业的设备，如浮动和潜水平台和船坞、潜水船、水下视觉和摄像系统。如已知（或在无法确定情况下）特定管制条例规制物品被直接或间接用于限制项目油气的勘探或生产，那么为限制项目提供管制条例规制物品的任何人士（包括非美国人）均须向BIS申请特别许可。对限制项目有可能生产石油的，《出口管制条例》对该许可证的申请施行“推定拒绝”原则。

（2）被列入BIS实体清单的主要俄罗斯能源公司

包括主要能源生产商在内的众多俄罗斯公司均被列入BIS实体名单❸，而该名单对管制条例规制物品的出口、再出口和转运提出了更严格的许可要求。许可要求因具体公司而异，但就俄罗斯能源公司而言，当直接或间接用于深水（超过500英尺深度）、北极海域或俄罗斯页岩且有石油开采潜力项目的勘探或生产时（即与上文讨论的《出口管制条例》第746.5款所限制的项目类型相同时），出口、再出口或转运任何管制条例规制物品（包括管制条例99条物品）通常都须获得BIS许可证。同样，《出口管制条例》对该许可证的申请施行“推定拒绝”原则。

（3）《出口管制条例》中最低含量标准规则的适用

将含有美国来源成分的外国制造产品出口和转运到俄罗斯时，适用上文所述的最低含量标准规则。换言之，如果外国制造产品包含百分之二十五（25%）以上

---

❶参见 https://www.ecfr.gov/cgi-bin/textidx? SID = 641f4e0a1770080ccd3ab279bd3eb6c2&mc = true&node=pt15.2.746&rgn=div5#se15.2.746_15。

❷参见 https://www.ecfr.gov/cgi-bin/textidx? SID = 641f4e0a1770080ccd3ab279bd3eb6c2&mc = true&node=pt15.2.746&rgn=div5#ap15.2.746_19.2。

❸实体清单可在下列链接中访问：https://www.ecfr.gov/cgi-bin/text-idx? SID = a7128f06ba57d66a0b302ed48fc3e16f&mc=true&node=pt15.2.744&rgn=div5#ap15.2.744_122.4，该清单按国家编排。在俄罗斯清单中，俄罗斯天然气工业股份公司（Gazprom）和俄罗斯石油公司（Rosneft）以及其众多关联公司和子公司均被列在清单之上。还请注意，鄂霍次克海的整个油田及Yuzhno-Kirinskoye油田亦被列在清单之上。

对俄罗斯管制的美国来源成分，则该物品即须受到《出口管制条例》的限制。最低含量标准同样适用于向 BIS 实体名单上的俄罗斯能源公司出口和转运外国制造产品。换言之，即使管制条例 99 条物品本身不能提供给名单上的公司，但因为管制条例 99 条物品在出口到俄罗斯时并不需要许可证，因此在进行最低含量标准分析时，该等物品不会被算作受管制的美国来源成分❶。

3. 对俄罗斯的次级制裁

美国对俄罗斯实行的制裁计划包括针对非美国人开展的交易而实施的次级制裁，即便该等交易与美国领土或美国人并无关联❷。下文阐述了当前根据 CAATSA 和其他成文法实施的次级制裁。

对那些并非“美国人”的跨国公司，次级制裁可能是在与俄罗斯开展交易时最令公司担忧的问题。值得注意的是，美国总统有很大的自由裁量权，可决定是否对从事下列类别行为之人实施次级制裁。

（1）与受制裁人士开展重大交易

如果外国人被认定为协助俄罗斯受制裁人士（包括其家庭成员）开展重大交易（包括欺诈性或精心安排的交易），则该外国人的财产可能会被冻结（即被当作 SDN 对待）。值得注意的是，本规定适用于与俄罗斯受制裁的任何实体或个人（包括俄罗斯 SDN 和 SSIL 实体）开展的交易。

OFAC 在认定一笔交易是否重大时，会考虑七项因素：①交易的规模、数量和频率；②交易性质；③管理层知晓程度以及该交易是否构成某一行为模式的组成部分；④该交易与被冻结人士之间的关系；⑤该交易对法定目标的影响；⑥该交易是否涉及欺诈行为；以及⑦与具体案件相关的其他因素。

就对与 SSIL 实体开展的交易而实施的制裁而言，OFAC 可要求对欺诈行为进行额外调查。此外，OFAC 在对常见问题的解答中，已经声明如果美国人不需要获得特定的 OFAC 许可证就可以参与该交易，那么该交易就不会被视为重大交

---

❶据 BIS 指南，管制条例最低减让标准计算的适用性是基于目的地而不是最终用户的。因此，在计算拟再出口到俄罗斯的物品的最低减让比例时，实体清单项下须满足许可要求的物品不应作为受管制内容包含在内。参见 https：//www. bis. doc. gov/index. php/2011-09-12-20-18-59/export-and-reexport-faqs/faq/184-does-de-minimis-stillapply-for-reexports-to-russia-when-the-incorporated-items-proposed-for-reexport-or-export-from-abroad-aresubject-to-license-requirements-under-746-5-of-the-ear。

❷虽然一级制裁原则上限制美国人的行动，但在某些情况下，非美国公司亦可能违反一级制裁。首要的例子是，一家非美国公司“导致”一名美国人从事一级制裁所禁止的交易或为此提供便利（例如，促使一家美国银行以俄罗斯 SDN 为受益人处理付款）。相比之下，次级制裁所针对的是非美国人所开展的与美国无关的特定类别交易（例如，非美国公司与某些 SDN 之间开展的“重大交易”）。

易。因此，如果一家非美国公司与SSIL实体之间无欺诈性交易，而指令并未禁止美国人开展该等交易，那么该等交易就不会使非美国公司面临次级制裁风险❶。

(2) 涉及特定能源项目的交易

除非总统认为不符合美国国家安全利益，否则总统应对明知对俄罗斯特别原油项目进行重大投资的任何非美国人实施制裁。特别项目的定义为“旨在从①俄罗斯联邦专属经济区超过500英尺深水域；②俄罗斯北极海域；或③俄罗斯联邦境内的页岩地层中开采原油的项目”❷。

此外，总统有权自主酌情裁量对故意采取下列行为的非美国人实施次级制裁：①金额等于或超过100万美元的投资(或者在连续12个月内投资总额等于或超过500万美元的投资)，且投资直接并明显有助于提升俄罗斯建设能源出口管道❸的能力；或者②向俄罗斯联邦出售、租赁或提供可直接并明显促进能源管道维护、扩建、现代化或维修的货物、服务、技术、信息或支持(且其价值等于或超过100万美元，或者连续12个月内其总价值等于或超过500万美元)❹。

(3) 其他次级制裁

CAATSA和其他法定机构对和俄罗斯相关的其他交易也实施次级制裁，包括：

① 故意从事针对任何人的危害网络安全的重大活动；

② 故意严重违反、试图违反、合谋违反或促成违反美国对俄罗斯的任何制裁；

③ 故意对国有资产私有化做出价值超过一定金额的一项投资或一系列投资，或者为此提供便利，且该等投资可使俄罗斯政府官员或其亲密同事或家庭成员受益；

④ 对涉及俄罗斯政府官员、其同事及家庭成员的重大腐败行为提供重大援助、赞助或者提供金融、物质或技术支持，或提供支持该等重大腐败行为的货物或服务；

⑤ 与俄罗斯国防和情报部门的个人和实体交易；

---

❶参见常见问题解答545，可在下列链接中找到https：//www. treasury. gov/resourcecenter/faqs/sanctions/pages/faq_ other. aspx#ukraine。

❷参见CAATSA第225款。投资的重大程度取决于多个因素，即上文中有关重大交易的认定因素。

❸该项制裁的重点是开始于俄罗斯境内且运输碳氢化合物跨越国际陆地或海洋边界以输送至另一国家的管道，开始于俄罗斯境外且贯穿俄罗斯领土的管道将不是此项制裁执行重点。

❹参见CAATSA第232款。

⑥ 明知但向与俄罗斯联邦国防部门相关的实体（包括国防用品生产商、转运方或经纪商）提供援助、赞助，或者提供金融、物质或技术支持，或者提供支持该等实体的货物或服务。

4. 对于克里米亚地区的经济制裁

如上所述，克里米亚地区也受到了 OFAC 和 BIS 实施的有效禁运的限制。禁运范围涵盖克里米亚地区，即 2014 年被俄罗斯占领的陆地领土和毗邻海域。针对美国人的限制如下：

(1) 禁止在克里米亚地区进行新投资；

(2) 禁止美国人从美国直接或间接向克里米亚地区出口、再出口、销售、供应或提供任何货物、服务或技术；

(3) 禁止从克里米亚地区向美国出口货物、服务或技术；

(4) 禁止协助他人开展美国人本不能直接从事的与克里米亚地区相关的交易；以及

(5) 冻结克里米亚地区 SDN 的财产和财产权益。

此外，《出口管制条例》还禁止直接或间接向克里米亚地区出口、再出口和转运管制条例规制物品，包括管制条例 99 条物品。与《出口管制条例》规定的其他限制一样，该限制亦适用于对管制条例规制物品进行交易的非美国人。

5. 俄罗斯和克里米亚地区经济制裁相关指南

作为非美国公司，国内企业及其美国境外子公司均不是美国人，所以并不直接受制于美国对俄罗斯和克里米亚地区的一级制裁❶。但是，企业及其非美国境外子公司仍应当注意下列美国制裁或出口管制可能适用的各种情况：

(1) 企业的任何美国子公司或通过美国子公司拥有或控制的子公司以及作为美国公民和持有绿卡的员工，均不得参与或以其他方式支持或协助制裁措施禁止的交易。否则，该子公司可能承担直接责任，而企业也可能因为因果关系而承担潜在责任。对美国人而言，被禁止的交易包括：

① 与 SDN 开展的交易；

② 与 SSIL 实体开展的交易，且延迟付款条件超过上文 OFAC 的 1 号、2 号和 3 号指令所规定的债务期限；

---

❶通过美国子公司直接或间接拥有或运营控制的任何非美国子公司，都将被视为由美国人“拥有或控制”的公司，因此须直接受制于一级制裁。

③ 与 4 号指令中的 SSIL 实体开展的交易，且该交易涉及上文中的任意禁令项目；以及

④ 直接或间接涉及乌克兰克里米亚地区的交易。

(2) 企业不得让任何美国人参与同俄罗斯或克里米亚实体开展且美国人本身被禁止直接从事的交易，且鉴于潜在的因果关系责任，企业尤其应避免使用美元。

(3) 虽然向俄罗斯出口和再出口管制条例规制物品通常不会被禁止(可能须受制于上文所述有关特定国家的限制)，但直接或间接向克里米亚出口或再出口管制条例规制物品，包括管制条例 99 条物品，会受到限制。这一限制适用于任何国内企业实体，无论该实体是在美国境内还是境外。

(4) 对于含有美国来源成分的物品和设备，企业应核查该等物品中是否包含百分之二十五(25%)或以上对俄罗斯管制的美国来源成分。此外，即使受管制的美国来源成分未超过百分之二十五(25%)，也不能为了将该美国来源成分纳入到计划转运给某 SDN 或 BIS 实体清单指定方的物品中，而专门向美国或美国人采购任何美国来源成分(无论其 CCL 清单分类为何)。

D. 委内瑞拉

与俄罗斯一样，由于委内瑞拉政府采取的若干行动，美国已对委内瑞拉实施了制裁。该等制裁并未对委内瑞拉贸易实行全国禁运式限制，并且美国人并未被严格禁止参与涉及委内瑞拉的交易。然而，自 2019 年起，美国对委内瑞拉的制裁大幅度扩大范围。首先是将委内瑞拉的国家石油公司即委内瑞拉石油公司(简称“PdVSA”)纳入了 SDN 名单，随后又全面封锁委内瑞拉政府。

1. 委内瑞拉政府

特朗普政府于 2019 年 8 月 5 日颁发了第 13884 号行政命令，封锁委内瑞拉政府。委内瑞拉政府在美国司法管辖范围内的全部财产和财产权益都被冻结。除非持有一般或特别许可，所有美国人不得参与和委内瑞拉政府有关的贸易和活动。

封锁委内瑞拉政府造成的影响尤为突出，主要有两方面。第一，委内瑞拉政府控制或参与大部分的委内瑞拉工业和贸易，从而缩小了美国人被允许和委内瑞拉交易的范围；第二，第 13884 号行政命令对委内瑞拉政府做了非常广泛的定义，不仅包括国家政府，还包括了任何政治分支、机构或部门，包括委内瑞拉中央银行以及委内瑞拉石油公司 PdVSA，任何由上述个人/实体直接或间接拥有或

控制的人❶，以及任何直接或间接代表或声称代表上述个人/实体的人，包括总统马杜罗政权成员。美国公民及凭签证或绿卡合法入境美国的非美国公民被排除在上述定义之外(仅为第13884号行政命令之目的)。

2. 纳入SDN名单

通过把与委内瑞拉政府相关的若干实体和个人纳入SDN名单的方式，美国冻结了该实体和个人的资产。因此，被冻结资产的一方(包括由一位或多位此类被列入名单的人士直接或间接拥有百分之五十(50%)或以上股权的实体)的任何财产或财产权益，一旦进入美国司法管辖区或由美国人拥有或控制，均被查封。美国或美国人均不得参与涉及SDN的任何交易(包括通过美元清算方式)。

3. "附带"纳入附属SDN名单

尽管美国针对委内瑞拉的制裁不包括次级制裁，但特朗普政府表示将使用"附带"纳入SDN名单的方式，禁止非美国人和SDN名单成员或被封锁的一方进行交易。针对SDN名单成员的众多制裁措施都对OFAC予以授权，OFAC可将给上述成员提供经济或物质帮助的个人/实体列入SDN名单中。因此，任何非美国人与委内瑞拉政府，SDN如PdVSA，或其他被封锁方的交易都普遍存在巨大风险。特别是当交易数额巨大时，可能会导致美国政府机构将非SDN名单成员列入名单之中。

特朗普政府一直积极打击与PdVSA进行交易的外国公司，该等公司被视为支持马杜罗(Nicolas Maduro)政权。具体来说，特朗普政府因几家商业船舶运营商允许船舶将PdVSA的石油运往委内瑞拉境外销售而将其列入SDN名单中❷。该等行动表明，非美国人与PdVSA或委内瑞拉其他SDN进行交易，尤其是如果该等交易被视为向该国执政政府提供了重大的财务或物质支持，则可能面临被列入SDN名单中的重大风险。

4. 委内瑞拉出口管制

虽然委内瑞拉目前不受《出口管制条例》中的出口管制的约束(对出口至委内瑞拉军方最终用户的部分管制条例规制物品的管制除外)，但是，企业应当密切

---

❶"拥有或控制"在对委内瑞拉的限制中并没有做专门定义，但OFAC很有可能会参考美国联邦法典第31编第560.215中的定义。前文在介绍伊朗制裁时引用过该条款，即如果美国人(i)持有外国实体50%或以上的股权或投票权，(ii)在外国实体董事会中占有大多数席位，或(iii)以其他方式控制外国实体的行为、政策或人员决策，那么该外国实体则被视为由美国人拥有或控制。

❷参见 https://home.treasury.gov/news/press-releases/sm653。

关注事态发展。

5. 委内瑞拉经济制裁指南

同样，作为非美国公司，国内企业及其美国境外子公司均不是美国人，所以并不直接受制于与委内瑞拉相关的一级制裁❶。然而，企业及其美国境外子公司仍应当注意下列美国经济制裁或出口管制可能适用的情况：

（1）任何美国子公司或通过美国子公司拥有或控制的子公司以及作为美国公民或持有绿卡的员工均不得参与委内瑞拉一级制裁所禁止的交易（包括涉及委内瑞拉政府，SDN 及其他受被封锁方的交易）或以其他方式为该交易提供支持或便利。否则，该子公司可能要承担直接责任，而企业也可能因为因果关系而承担潜在责任。

（2）企业不得让任何美国人参与那些美国人被禁止从事的与委内瑞拉实体的交易，并且，因潜在的因果关系责任，企业尤其应避免使用美元。

（3）企业的任何美国境外实体在和委内瑞拉交易时，都应该非常小心。特朗普政府后期把与 PdVAS 交易的非美国公司纳入了 SDN 名单，这表明了非美国公司也会因其参与涉及委内瑞拉政府（见第 13884 号行政命令的定义）、SDN 名单上的委内瑞拉被禁人士或被封锁人士的交易，而面临被纳入 SDN 名单的风险。

（4）对于含有美国来源成分的物品和设备，企业应核查该等物品中是否包含百分之二十五（25%）或以上对委内瑞拉管制的来源成分，即要遵循最低含量标准的认定标准。此外，即使受管制美国来源成分未超过百分之二十五（25%），也不能为了将该美国原产成分纳入到计划转运给 SDN 的物品中，而专门向美国或美国人采购该来源成分（无论其 CCL 清单分类为何）。

（三）美国新增对特定项目或活动的限制措施

1. 军事最终用户清单（MEU 清单）

美国东部时间 2020 年 12 月 23 日，BIS 在联邦纪事（Federal Register）上发布了《将“军事最终用户”清单添加到<出口管制条例>，并将主体添加到<出口管制条例>》的最终决定❷。该决定在《出口管制条例》中增加了一份新的军事最终用户（Military End User）清单（“军事最终用户清单”或“MEU 清单”），并将 103 个主

---

❶通过美国子公司直接或间接拥有或运营控制的任何非美国子公司，都将被视为由美国人“拥有或控制”的公司，因此须直接受制于一级制裁。

❷见美国联邦纪事，参见 https：//www.federalregister.gov/documents/2020/12/23/2020-28052/addition-of-military-end-user-meu-list-to-the-export-administration-regulations-and-addition-of。

体，其中包括58家中国主体(包括但不限于中国航空工业集团有限公司、航天动力技术研究院、国家卫星气象中心、江苏苏美达仪器设备有限公司等)和45家俄罗斯主体列入该MEU清单。此后，BIS又于美国时间2021年1月15日将北京天骄航空产业投资有限公司列入该MEU清单❶。

（1）MEU清单的出台目的

MEU清单是BIS在《出口管制条例》下设立的一个新型贸易管制清单，它的出台回应了BIS从公众收到的请求，即BIS自美国时间2020年4月28日对《出口管制条例》第744.21条进行修订以来❷，收到了大量来自出口商、再出口商、转让方的咨询，要求其在法规中按名称和地址标识所谓的“军事最终用户”，以尽可能地协助企业的合规工作。由此，BIS以在MEU清单中指定最终军事用户的方式，协助出口商等筛查其客户是否为“军事最终用户”。需注意的是，列入MEU清单为非穷尽式清单，MEU清单之外的其他主体也可能被认定为军事最终用户❸。

（2）对“军事最终用户”和“军事最终用途”的定义

第一，军事最终用户。根据修订后《出口管制条例》第744.21(g)条，“军事最终用户”指：（1）国家武装力量(包括陆军、海军、海军陆战队、空军或海岸警卫队)，以及国家警卫队和国家警察、政府情报或侦察组织；（2）其行动或职能旨在支持《出口管制条例》第744.21(f)所定义的“军事最终用途”的任何主体。

第二，军事最终用途。根据修订后的《出口管制条例》第744.21(f)条，“军事最终用途”是指：（1）整合入《美国军需品清单》中所述的军事物品的物项；（2）整合入ECCN码以“A018”结尾或“600系列”项下分类的产品的物项；（3）支持或有助于用于《美国军需品清单》中描述的军用产品或ECCN码以“A018”结尾或ECCN码“600系列”项下分类的产品的运行、安装、维护、修理、彻底检修、翻新，或者开发或生产的任何物项。

由此可见，修订后的《出口管制条例》对“军事最终用户”和“军事最终用途”的界定相对宽泛，对于仅“支持或有助于”特定产品的所谓“运行、安装、维护、修理、彻底检修、翻新，或者开发或生产”，也会被纳入“军事最终用途”。

---

❶见于当日的美国联邦纪事，https：//www.federalregister.gov/documents/2021/01/15/2021-00995/addition-of-entity-to-the-entity-list-and-addition-of-entity-to-the-military-end-user-meu-list-and。

❷BIS于当日发布了一份最终决定，以修订《出口管制条例》第744.21条为名，扩大了“军事最终用途”和“军事最终用户”的范围。

❸参见美国商务部在2020年12月22日发出的公告，https：//2017-2021.commerce.gov/news/press-releases/2020/12/commerce-department-will-publish-first-military-end-user-list-naming.html。

(3) 对被列主体的影响

据修订后的《出口管制条例》第744.21(a)条，若出口、再出口、在国内转让时，出口商等知晓被列于《出口管制条例》第744节第二补充案中的物项，意图被部分或全部地在中国、俄罗斯或委内瑞拉用于“军事最终用途”或“军事最终用户”，则该出口商等不得在未获得许可证的情况下，向MEU清单主体出口、再出口或在国内转让任何被列于《美国出口管制》第744节第二补充案中的物项。

因此，被列入此MEU清单的主体，若其接受《出口管制条例》第744节第二补充案中的物项时，其出口商、再出口商或转让人需从BIS取得许可证。而根据《出口管制条例》第744.21(e)(1)及(3)条的规定，无论出于何种原因，对于运往中国、俄罗斯或委内瑞拉用于“军事最终用途”或“军事最终用户”的物项，申请许可证将受到推定拒绝原则的限制。

(4) 受管制的物项

如上所述，被列入MEU清单的主体所面临的出口管制物项，已列入《出口管制条例》第744节第二补充案中。《出口管制条例》第744节第二补充案中的物项包含如下：

分类编号	内容	ECCN编码
1	材料、化学、微生物、毒素	1A290、1C990、1C996、1D993、1D999、1E994
2	加工材料	2A290、2A291、2A991、2B991、2B992、2B996、2B999、2D290
3	电子产品	3A991、3A992、3A999、3B991、3B992、3C992、3D991、3E991
4	计算机	4A994、4D993、4D994
5第一部分	电信	5A991、5B991、5D991、5A992、5D992
5第二部分	信息安全	
6	传感器和激光	6A991、6A993、6A995、6A996、6C992
7	导航和航空电子	7A994、7B994、7D994、7E994
8	海军	8A992、8D992、8E992
9	航空航天和推进	9A991、9B990、9D991、9E991

第744节第二补充案中列明的物项目前包括46项ECCN，覆盖CCL清单中的材料加工、电子产品、电信、传感器和激光、推进、海军设备以及航空物项等。其中，17项ECCN是在4月28日的修订中新增的；3项ECCN是在4月28日的修订中被修改的，而这20项ECCN对应的物项范围相对宽泛，例如属于3A991的特定

芯片、属于5A992的苹果手机、或属于5D992的微软Windows软件等。

（5）与其他清单的对比

MEU清单与实体清单虽同为BIS下辖清单，但在列入原因、限制出口的物项上有所差异；而与同因军事原因产生的军事企业相关清单❶相比，也不完全相同。以下为对MEU清单、实体清单和NS-CMIC清单的简要对比：

清单名称	实体清单	MEU清单	NS-CMIC清单
管理机构	美国商务部	美国商务部	美国财政部
列入原因	国安、反恐、外交	支持军事用途	1. 国防、相关材料及监控技术领域的主体； 2. 与前述主体或列入第14032号总统行政令附件中的主体存在所有或控制关系的主体
限制对象	清单中所列主体 （均不适用50%原则）		
限制物项	《出口管制条例》物项	特定的《出口管制条例》物项，受控的物项范围小于实体清单	不涉及具体物项
限制行为	限制向清单主体出口、再出口或在境内转移限制物项		限制美国人购买清单主体公开发行的证券

美国商务部在其公告中特别提到，未被列入MEU清单但却被列入军事企业清单❷中的主体，应被标识为是危险的。出口商、再出口商或转让人也应对有关主体进行尽职调查，判断其是否会构成“军事最终用户”。❸

（6）合规建议

第一，明确行为边界、建立商业伙伴筛查机制。如被列为“军事最终用户”，意味着清单中列入的主体在获得美国特定物项上受限，但该影响并不波及其未列入的母公司或下属子公司，也并不会影响清单中主体交易其他产品、获取金融服务和使用美元等。因此，MEU清单主体应当在具体业务开展中明确行为边界，研究美国特定物项的替代选项；而MEU清单主体的母公司和子公司在获取美国

❶军事企业相关清单包括CCMC清单、CMC清单、NS-CMIC清单，本节以NS-CMIC清单为例进行对比。军事企业相关清单的详细信息请参见本指南相关章节。

❷具体见下页“军事企业相关清单”介绍。

❸参见商务部在2020年12月22日发出的公告，https：//2017-2021.commerce.gov/news/press-releases/2020/12/commerce-department-will-publish-first-military-end-user-list-naming.html。

特定物项过程中，可能会被要求向出口商、供应商等商业合作伙伴出具合规承诺函等相关文件。

而如企业作为出口商、供应商或转让人，则应尽快建立商业伙伴筛查机制，在具体交易业务中需按照 MEU 清单进行筛查梳理，避免与 MEU 清单主体就限制物项发生交易。同时，由于列入 MEU 清单为非穷尽式清单，MEU 清单之外的其他主体也可能被认定为军事最终用户，特别是被列入军事企业相关清单的主体，因此即便潜在客户未列入 MEU 清单，出口商、供应商或转让人仍需对其进行尽职调查。

第二，进行产品识别与 ECCN 归类，明确受限的物项范围。无论是否被列入 MEU 清单，都应尽快开展产品识别的工作。对于 MEU 清单主体，应对其所采购和获取的物项进行识别与归类，并暂停获取《出口管制条例》第 744 节第二补充案中的物项；对于与 MEU 清单主体有合作的出口商、供应商或转让人来说，也应梳理和判断提供给被列主体的物项是否属于《出口管制条例》第 744 节第二补充案，并评估合规风险。

2. 军事企业相关清单

自 2020 年以来，在中美摩擦不断升级的大背景下，美国不断打压我国的“军民融合”战略，并就此颁布多份法规和政令，将多家我国企业列入军事企业相关清单，阻碍我国企业正常的证券投资交易。具体到军事企业相关清单本身，美国编制的清单包括以下几种：

① 基于《1999 财年国防授权法》第 1237 条颁布的“中共军事企业清单”（即 Communist Chinese Military Companies，以下简称为“CCMC 清单”），该清单与第 13959 号总统行政令结合适用；

② 基于《2021 财年国防授权法》第 1260H 条颁布的“中国军事企业清单”（即 Chinese Military Companies，以下简称为“CMC 清单”）；

③ 对我国军民融合战略更具针对性的“中国军工复合企业清单”（即 Non-SDN Chinese Military-Industrial Complex Companies，以下简称为“NS-CMIC 清单”），该清单与第 14032 号总统行政令结合适用。

其中，第 14032 号总统行政令是对第 13959 号行政令的修订与替代，而根据美国 2021 年 6 月 28 日的联邦纪事，国防部已宣布将 CCMC 清单项下指定的所有主体移除。[1] 自此，这份基于《1999 财年国防授权法》第 1237 条编写的 CCMC 清单大概率不会再被使用。

---

[1] 参见美国联邦纪事网站，https://www.federalregister.gov/documents/2021/06/28/2021-13755/notice-of-the-removal-of-the-designation-as-communist-chinese-military-companies-under-the-strom。

（1）三份清单的简要对比

为厘清三份清单的异同，现从几个维度对三份军事企业相关清单进行比较如下：

清单名称	CCMC 清单❶	CMC 清单❷	NS-CMIC 清单❸
管理机构	美国国防部	美国国防部	美国财政部
法律依据	《1999 财年国防授权法》第 1237 条	《2021 财年国防授权法》第 1260H 条	初始清单来源于第 14032 号总统行政令❹，后续由财政部指定
制裁措施	制裁措施所依据的 13959 号总统行政令已经被 14032 号行政令所修改。	目前尚没有规定直接的法律后果或制裁措施。	禁止美国人购买清单主体公开交易的证券及相关衍生品。❺
列入标准	1. 美国国防情报局已经列明的主体； 2. 为解放军或者中国政府部委或者是与中国国防工业相关企业，所有或被控制，或是有关联的；且从事提供商业服务、制造服务、生产或者出口服务的主体。	在美国境内或管辖区内开展商业服务、制造、出口等业务的下列主体，不包括自然人： 1. 直接或间接由中国人民解放军及中共中央军事委员会其他下属机构所拥有、控制、实际受益并拥有的，或作为其代理的； 2. 被识别为对中国国防工业基础的军民融合贡献者❻的。	1. 在中国国民经济的国防及相关物资行业及监控技术行业中开展经营活动的主体； 2. 与上述第 1 条中的主体或第 14032 号行政令附件所列主体有拥有/控制关系的主体。

（2）法律要点解读

将 CCMC 清单下的中国企业移除并不意味着美国国防部放松了对我国企业的

---

❶参见美国国防部官网，https：//www. defense. gov/Newsroom/Releases/Release/Article/2472464/dod-releases-list-of-additional-companies-in-accordance-with-section-1237-of-fy/。

❷参见美国国防部官网，https：//www. defense. gov/Newsroom/Releases/Release/Article/2645126/dod-releases-list-of-chinese-military-companies-in-accordance-with-section-1260/。

❸参见美国财政部 OFAC 官网，https：//home. treasury. gov/policy-issues/financial-sanctions/consolidated-sanctions-list/ns-cmic-list。

❹第 14032 号总统行政令是对第 13959 号总统行政令的修订。

❺参见美国财政部官网文件，https：//home. treasury. gov/system/files/126/14032. pdf。

❻所谓军民融合贡献者，是指：(1)在明知或应知的情况下获取中国政府在国防产业培育项目下的科技协助；(2)与中国工信部关联的实体，包括研究合作项目；(3)从中国国防科工局处获取支持、经营指导和政策指引的实体；(4)根据中国国务院规定被定义为军工企业的实体及其子公司；(5)注册于军民融合产业园，或通过相关产业园获得中国政府支持的实体；(6)取得军工三证的实体；(7)在中国各级军事设备采购平台进行广告业务的实体；(8)其他被国防部指定的实体。

制裁力度，而是在该清单屡遭挑战后的一次调整和整理❶，并更大程度上扩张了制裁的主体和适用范围。正如上表中所提到的，被列入军工复合企业清单的直接后果是美国人不得参与交易清单实体公开发行的证券❷。而如何理解军事企业、美国人、受限制证券范围及受限的交易类型，是在实际的合规业务中需要重点厘清的问题。以下就这些法律要点进行解读，并就此可以体现出美国制裁措施的扩张适用：

① 列入军事企业的标准变化

随着 CMC 清单和 NS- CMIC 清单被启用，军事企业的范围被美国政府扩大化了，并且国防部赋予了自身任意指定军民融合贡献者的自由裁量权。

此前在 CCMC 清单中，对军事企业的定义较为狭窄，直接导致了美国国防部在应对小米公司和箩筐技术公司的法律诉讼中败诉。如上表中所述，CCMC 清单对军事企业的定义强调了应为解放军或者中国政府所有或被控制等。而美国哥伦比亚特区地方法院最终认定，美国国防部没有提供足够的证据来认定小米和箩筐技术公司是军事企业。在小米一案中，法官称小米公司为“一家由独立董事会和控股股东控制的、生产民用商业产品的上市公司。”❸最终两起诉讼以美国国防部与小米公司和箩筐技术公司达成和解，并将两家企业移除 CCMC 清单的结果告终。

为弥补上述两起诉讼暴露出来的“法律漏洞”，美国政府在 NS-CMIC 清单中直接将定义扩大化为在中国国民经济的国防及相关材料行业等中开展经营活动，甚至还在国防部下辖的 CMC 清单中增加了对军民融合贡献者的兜底条款“其他被国防部指定的实体”。这极大扩张了美国国防部在指定军事企业时的自由裁量权。

② 美国人的范围

根据第 14032 号行政令，被限制投资 NS- CMIC 清单实体的美国人包括美国公民、享有永久居留权的居民（如“绿卡”持有人）、根据美国法律设立或位于美国管辖地的实体（包括外国分支机构）以及身处美国的任何人士。❹ 该美国人的主体范围与第 13959 号行政令中的基本一致。需注意，美国人在美国境外单独设立

---

❶此前，小米公司和箩筐科技被纳入 CCMC 清单，两家企业在美国向美国国防部提起诉讼，最终以被移除清单的结果告终。

❷美国两份现行有效的涉军企业清单 CMC 和 NS-CMIC 清单中，只有 NS-CMIC 清单在 14032 号行政令中明确规定了法律后果。因此，此处重点探讨 NS-CMIC 清单项下的法律后果。

❸Xiaomi Corp. V U. S. Department of Defense, Case 1：21-CV-00280-RC.

❹参见美国财政部官网文件，https：//home. treasury. gov/system/files/126/14032. pdf。

的境外企业法人，不属于 14032 行政令下的美国人，如控股或全资子公司；而美国人在美国境外所设立的不具有独立性的分支机构，则属于美国人，如美国公司所设立的中国代表处或分公司。

③ 受限的证券类型和交易类型

第 13959 和 14032 号行政令仅限制购买“公开交易的证券”，即在公开的美国及美国以外的交易所交易的证券。除适用于被列于 NS- CMIC 上企业所发行的证券外，也同样适用于这些证券的衍生品或旨在获得外部投资的证券产品。如，存托凭证、远期、期货、期权、掉期及 NS-CMIC 清单主体所发行证券的其他衍生品(仅限于这些金融工具是公开交易的情况，并且符合下文中对“证券”的定义)。

根据美国《1934 年证券交易法》(15 U. S. C. 78c(a)(10))，所谓的“证券”为任何票据，股票，库存股，证券期货，基于证券的掉期，债券，无抵押债券，利息证书，参与任何利润分享协议或参与任何石油、天然气或其他矿产矿权使用及租赁，任何抵押信托证书，成立前的证书及认购，可转让股份，投资合同，投票信托证书，证券存款证，任何出售、看涨、跨期、期权或任何证券上的权利，存款证明，证券组合或指数(包括其中的任何权益或基于其价值的任何权益)，或在证券交易所签订的与外币有关的任何看跌、看涨、跨期、期权或权利，或通常称为“证券”的任何票据，或任何利息或参与证书、暂时性或临时证书、收据，或认购或购买上述任何一项的保证或权利。

此外，第 14032 号行政令明确了受限的证券类型不限币种、法域，也不限是在证券交易所场内或场外交易，而在第 13959 号行政令中并未明确。由此可见，在第 14032 号行政令及其所属的 NS-CMIC 清单下，相关制裁将不局限于在美国境内的证券交易，而是具有了域外法律效力，即其在中国内地、中国香港特别行政区或其他美国境外地区所发行或涉及的相关证券及证券衍生品也都囊括在内。

而根据美国财政部在其常见问题清单(“FAQ”)中对第 865、871 和 904 号问题的解答，市场中介机构及其他参与者可以在过渡期内就美国人对军事企业逐步撤资的过程中提供必要的辅助性和中介性服务，且不禁止美国人运营的证券交易所参与交易军事企业清单主体公开发行的证券[1]等。因此美国的证券市场参与者，包括但不限于 DTCC(Depository Trust & Clearing Corp，美国证券托管结算公司)和证券交易所在行政令规定的过渡期内，可以继续为清单主体提供相关服务。

(3) 合规建议

---

[1] 参见 https：//home. treasury. gov/policy-issues/financial-sanctions/faqs/topic/5671。

第一，做好风险应对预案。对于自身业务可能符合 NS- CMIC 清单标准而暂未被列入清单的企业，应当尽快开展对自身及相关关联公司的风险业务评估工作。若该企业存在于任何法域在证券交易所或通过场外交易的方法公开发行证券的，建议尽快梳理其公开发行的证券持有者中是否涉及美国人，并做好相应的风险应对预案，以避免 NS- CMIC 制裁的潜在风险。

第二，降低制裁影响。对于已被列入 NS- CMIC 清单的企业或其关联公司，如有公开发行证券的，应当对自身的上市地点、证券持有人等商业安排进行风险评估和调整。如跟踪监测证券价格和股东结构变化，适时采取大股东增持以及寻找替代融资渠道，逐步实现融资方式的多元化，以最大限度减少制裁影响。

四、海外反腐败

2019 年，中美博弈日趋激烈，一本名曰《美国陷阱》的书以阴谋论的论调和“反美”的姿态，博人眼球一时。可能作者觉得被自己的公司阿尔斯通(Alstom)“出卖”了，但其至少参与了个别“行贿”，而且他也知道阿尔斯通大量此类的行为。❶ 通用电气是为了收购阿尔斯通而联合美国执法机构“做局”吗？相信每位细心的读者都会有自己的答案。

美国司法部于 2014 年指控阿尔斯通及其瑞士子公司和美国子公司违反美国《反海外腐败法》，多年中向全球各国家及地区政府官员秘密行贿至少 7500 万美元以获得总金额约 40 亿美元的多个电力及运输领域工程，阿尔斯通借此共获利约 3 亿美元。其中，阿尔斯通曾向印度尼西亚议员和国有电力公司行贿，以获得 3.75 亿美元的电力服务合同。另外，阿尔斯通还试图掩盖行贿行为，通过雇佣“咨询人员”，表面代表公司提供“咨询服务”，实则为公司输送利益。在内部文件中，阿尔斯通还为这些咨询人员起了代号，如“老朋友”“巴黎先生”等。2014 年 6 月，阿尔斯通能源部门被美国通用电气收购。2015 年 11 月，阿尔斯通被判罚金 7.72 亿美元。阿尔斯通四名前高管因参与该等贿赂行为而同时被指控。其中一名高管于 2020 年 2 月最终因法院认为《反海外腐败法》对其没有管辖权而被判无罪。

---

❶作者在书封底的醒目位置声称“在这笔交易中，我一分钱都没有拿”。然而反腐败法主要针对的是企业行为。作者在第 18 小节“阿尔斯通抛弃了我”中说到，“如果他们(指阿尔斯通高层，笔者注)真的这么做，我也可以揭发十几个高层！甚至整个领导层”。(参见第 114 页，《美国陷阱》，[法]弗雷德里克·皮耶鲁齐、[法]马修·阿伦著，法意译，中信出版集团 2019 年 4 月第 1 版。)从中我们可以看出，至少作者是知道阿尔斯通存在大量腐败行为的。

2017 年 11 月，香港前任民政事务局局长何志平于美国纽约被捕，被诉违反美国《海外反腐败法》和洗钱罪。何志平时任中华能源基金委员会副主席，而中华能源基金委员会由中国华信能源公司资助。他被控曾在美国开会时接触相关人士，策划行贿事宜，并分别于 2014 年和 2016 年通过美国注册的公益组织向乍得总统和乌干达外长行贿，以帮助中国华信能源公司获得当地石油生意及收购当地银行。涉案金额共计 290 万美元。2018 年 12 月，何志平被判罪名成立，2019 年 3 月被判 3 年监禁，罚款 40 万美元。

下表是近些年与美国调查机构和解的前十大案例。从中可以看出，美国自身的跨国公司也有中招的，而且也是巨额罚金。

年份	公司	国家	罚金
2008	西门子 Siemens	德国	8 亿美元
2014	阿尔斯通 Alstom	法国	7.72 亿美元
2009	KBR/Halliburton	美国	5.79 亿美元
2010	BAE	英国	4 亿美元
2013	道达尔 Total S. A	法国	3.98 亿美元
2014	美国铝业公司 Alcoa	美国	3.84 亿美元
2010	Snamprogetti Netherlands B. V. / ENI S. p. A	荷兰/意大利	3.65 亿美元
2010	Technip S. A.	法国	3.38 亿美元
2011	日挥株式会社 JGC Corporation	日本	2.188 亿美元
2010	戴姆勒 Daimler AG	德国	1.85 亿美元

诚然，从以上一些案例可以看出美国的《反海外腐败法》手伸得有点太长了。但是无论什么样的政治制度，什么样的宗教信仰，什么样的法律体系，没有一个国家官方(至少表面上)是肯定腐败的。从某个角度讲，反腐败是全世界各国的共识，不同的是政府执行的力度与决心，以及实际的效果，老百姓的认可度。

因此，对于任何一家正常经营的企业来说，即使不走出去，反腐败不仅是国内法律的要求，也是加强合规管理的内部需要。而一旦走出去，就要做好接受全球化监管的准备。对于企业而言，我们改变不了，也影响不了监管环境，那我们不如顺势而为，充分利用全球监管中的积极因子。至少在合规领域中，反腐败的相关法律要比经济制裁法律更为积极一些。本节将简要介绍在海外经营中常常碰到的美国、英国、澳大利亚和加拿大这些国家关于反腐败方面的法律规定。

站在美国的角度是《反海外腐败法》，站在其他国家企业的角度就是"海外反腐败”。

（一）美国《反海外腐败法》

《反海外腐败法》，即 Foreign Corrupt Practices Act（FCPA），1977 年颁布，旨在打击向外国政府官员行贿的行为。2004 年后被广泛运用。执法机构由美国司法部（US Department of Justice，DOJ）和证券交易委员会（Securities & Exchange Commission，SEC）共同执行。

1. 主要条款

《反海外腐败法》的主要内容或条款主要分两大类：反贿赂条款和会计条款。反贿赂条款规定：禁止为获取或保持生意而向任何外国（即非美国）官员馈赠或提出馈赠任何有价之物。会计条款规定：要求保留准确的账簿、记录和账目，以确保所有交易的正当性和透明度，并建立一套充分的内部控制系统。

《反海外腐败法》的反贿赂条款禁止出于影响官员决定以帮助公司获得或留住业务、或协助公司将业务授予任何人士或取得不当利益等腐败目的，向任何非美国官员提出支付、支付、承诺支付或授权支付金钱或任何有价物。

会计条款和反贿赂条款是相辅相成的，而且都禁止账外会计。会计条款由两个主要章节组成。一是“账簿和记录”条款，证券发行人必须制作并保存能够准确、公允地反映其交易和资产处置情况且详细程度合理的账簿、记录和账目。二是“内部控制”条款，证券发行人必须制定和保持公司内部会计控制制度，确保公司管理层对公司资产的控制、权限和责任。

反贿赂条款广泛适用于“证券发行人”和“美国国内人”及其管理人员、董事、员工、代理人和股东，以及在美国境内开展活动的某些外国个人和实体。会计条款适用于“证券发行人”。“证券发行人”是指任何一类证券（包括美国存托凭证）在美国的证券交易所上市交易的外国公司。“美国人”是指主要营业地点在美国或根据美国法律成立的任何实体，以及任何美国公民、国民或居民。

我国有许多公司在美国上市，这些公司受《反海外腐败法》的反贿赂条款和会计条款约束。此外，在以下两种情况下，这些公司还需要就其附属公司的行贿行为承担责任。第一种情况是，如果上市公司充分参与了其附属公司的行贿活动，如授意其附属公司实施了该类不当行为，则上市公司应当就其附属公司的行为承担责任。第二种情况是，如果该附属公司是上市公司的“代理人”，则上市公司应当就其附属公司的行为承担责任。在确定某附属公司是否为上市公司的代理人时，美国当局将评估上市公司是否对该附属公司有控制权，包括在一般情况下的控制权和特定交易过程中的控制权，即上市公司是否知晓和指导该附属公司的行为。最后，由于其附属公司的账簿、记录和财务报表将在上市公司的账目中反映出来，上市公司将就其任何附属公司违反《反海外腐败法》会计条款的行为承担责任。

在某些情况下，上市公司的附属公司也可能受《反海外腐败法》约束，如上文所述的附属公司被视为上市公司的代理人的情况就是一例。此外，如果上市公司的附属公司在上市公司或受《反海外腐败法》管辖的其他人士实施违反《反海外腐败法》行为的过程中起到帮助、教唆或共谋的作用，则其也可能会被追究法律责任。例如，如果上市公司的某家附属公司在尼日利亚根据上市公司的指示支付行贿款，则上市公司及该附属公司都将承担违反《反海外腐败法》的法律责任。

上市公司的每位高级职员、董事和员工以及被视为上市公司"代理人"的个人也受《反海外腐败法》管辖，即便所有的不当行为都发生在美国境外。

2.《反海外腐败法》规定的"行贿罪"的主要构成要件

(1) 直接或通过第三方支付或提出、授权或承诺支付金钱或任何有价物

任何有价物均可以构成贿赂，包括现金、现金等价物、有形和无形财产、贷款、将来提供就业机会的承诺、奖学金和体育比赛门票。

不论相关款项是否由公司员工直接支付，只要因其产生了《反海外腐败法》项下的潜在法律责任，均构成贿赂。例如，如果某公司授权其代理人或第三方支付不当款项，或其知道(或应当知道)该不当款项的支付情况，则该公司可能需要承担因此产生的法律责任。

(2) 行贿对象为任何非美国官员

"非美国官员"是指外国政府、国际公共组织(如联合国)、主权财富基金或国有企业的任何高级职员或员工，不论其级别或职位。例如，中国国有企业的员工或公办大学的教授也可被视为《反海外腐败法》项下的非美国官员。

(3) 出于影响官员决定的腐败目的

支付或授权支付行贿款的人员必须怀有腐败意图，而且支付行贿款的目的必须是引诱受贿人滥用其职权(如将业务不正当地授予行贿人或其他人员)。

"腐败意图"这一构成要件可作非常广泛的解释。如果某自然人或法人明知其支付的不正当款项会落入外国官员手中却放任这种结果的出现，则可以追究该自然人或法人的法律责任。因此，采取"鸵鸟政策"无法规避《反海外腐败法》项下的法律责任。

(4) 为了帮助公司获得或留住业务，或帮助其他人获得业务，或为了取得不当利益

“获得或留住业务”这一构成要件的适用范围很广，而且即使向外国官员支付不正当款项并未导致政府合同的签订，也满足这一构成要件。接受政府机构的优惠待遇、税额优惠、营业执照和许可证均应按“不正当利益”处理。

3. 例外与抗辩

(1) 疏通费的例外情况

为了推动政府例行行为而支付的“疏通费或加急费”是反贿赂条款中的一个有限的例外情况。有关疏通费的例外条款仅适用于以下情形：以推动政府官员没有自由裁量权的“政府例行行为”为目的的支付。

“政府例行行为”的例子包括办理签证、提供警察保护或邮件服务以及提供诸如电话服务、电力和水力类的公用事业。“政府例行行为”不包括授予某特定对象新业务或继续与该对象开展业务的决策，也不包括在官员自由裁量权范围内或可能构成与某特定对象之间业务的行为。

(2) “当地法律”和“合理、真实的业务开支”抗辩

反贿赂条款中还包含两个积极抗辩条款：(1)支付相关款项在外国成文法下是合法的(以下简称“当地法律”抗辩)；而且(2)支付该款项的目的是为了推广产品或履行合同义务(“合理、真实的业务开支”抗辩)。由于以上抗辩属于积极抗辩，举证责任由抗辩方承担。

为了适用“当地法律抗辩”，抗辩方必须证明：在被指控的违法行为发生时，其支付相关款项的行为在外国成文法律法规下是合法的。

为了适用“合理、真实的业务开支”抗辩，抗辩方发生的费用必须直接与以下事项相关：对公司产品或服务的推广、展示或解释、有关公司的产品或服务本身、或公司签署或履行的与外国政府或机构的合同。但是，以个人娱乐为主要目的的旅行并不属于真正的业务开支，并且可能违反《反海外腐败法》的反贿赂条款。此外，如果故意在账簿和记录中对开支(不论其是否属于真正的业务开支)进行错误描述，或因未实施适当的内控而发生未经授权或不当的开支时，也可能违反《反海外腐败法》的会计条款。

4. 处罚

根据《反海外腐败法》被判定具有犯罪行为的公司和个人可能面临刑事和民事处罚。违反《反海外腐败法》的反贿赂条款的个人将被处以最长 5 年的监禁和

高达 25 万美元或总额为因贿赂产生的利润或损失的两倍的罚款。违反《反海外腐败法》的反贿赂条款的公司和其他商业实体将面临高达 200 万美元或因贿赂产生的利润或损失的两倍的罚款。附带处罚，包括禁令(即取消政府项目投标资格)和剥夺进出口特权，也可以适用于此类违法行为。

违反会计条款的个人可能会被处以高达 500 万美元的罚款和长达 5 年的监禁，而有此类违法行为的公司和其他商业实体则可能被处以高达 2500 万美元的罚款。

(二)英国《反贿赂法案》

1. 概述

概括地讲，《反贿赂法案》的适用范围为英国境内发生的行为或英国国民、居民或公司在英国境外实施的行为。因此，《反贿赂法案》主要适用于跨国公司在英国的业务(包括代表该等英国业务实体的海外工作人员)和跨国公司英国员工的所有行为。《反贿赂法案》的主要罪名如下：行贿罪和受贿罪。

与美国《反海外腐败法》不同的是，发生在公共部门和私营部门的贿赂行为以及行贿和受贿均为《反贿赂法案》所禁止。行贿罪禁止下列情况：为诱使接受者做出不适当的行为或以不适当的行为回报，或在相信接受者不允许接受利益的前提下，提供或提出提供任何利益。受贿罪禁止索要、同意接受或接受以诱使接受者履行相关职能或行为不适当或作为不适当履职的回报为意图提供的任何利益。

2. 贿赂外国公职人员罪

贿赂外国公职人员罪适用于贿赂外国公职人员的行为。《反贿赂法案》禁止以影响任何外国公职人员的公务行为从而获得商业利益为意图向该外国公职人员或为该外国公职人员提供、许诺或给予任何利益。此罪的范畴比行贿罪的范畴稍宽，因为要构成行贿罪，行贿人必须有影响受贿人实施不正当行为的意图，而不是仅仅意在影响该外国官员从而获得商业利益。在认定贿赂外国公职人员罪时，并不需要证明行贿人有促使受贿官员实施不正当行为的意图。

3. 公司高级职员的责任

《反贿赂法案》规定了参与行贿的公司高级职员(包括董事、经理和秘书)的法律责任。如果某公司在其高级职员或声称具有高级职员身份的人士的“同意或默许”下实施了行贿、受贿或贿赂外国公职人员的行为，则该高级职员(或人士)

可能被判定实施了刑事犯罪。

4. 企业贿赂罪与抗辩

《反贿赂法案》中影响最深远的规定是适用于未能防止贿赂的公司的罪名。如果与某商业组织有联系的人(如代表或以其名义提供服务的非英国工作人员)以为该组织获得或留住业务或获取商业利益为目的贿赂他人，则该组织构成犯罪。但是，如果公司能够证明其为了防止此类行为而设定了“充分措施”，则《反贿赂法案》允许该公司据此提出无罪抗辩。

英国政府发布了由六项指导原则组成的法定指导，以帮助公司确定其合规计划是否构成《反贿赂法案》意义上的“充分措施”。这些原则是：相应的程序、高层重视、风险评估、尽职调查、沟通交流(包括培训)、监督和审查。

与美国《反海外腐败法》不同的是，《反贿赂法案》下没有与支付给外国官员的疏通费相关的例外条款。支付疏通费的行为在行贿罪和贿赂外国公职人员罪下都是被禁止的。

5. 处罚

犯行贿罪、受贿罪或贿赂外国公职人员罪的个人可能被处以无限额罚款或长达 10 年的监禁。没收违法所得和取消参加公开投标的资格也是处罚措施。被判企业贿赂罪的公司可能受到无限额罚款的处罚。

(三) 澳大利亚反腐败法律

澳大利亚是一个普通法国家。该国既有联邦(即国家层面，也被称为“Commonwealth”)法律，也有州法律和领地(地区)法律。在对公职人员特定行为的定罪标准上，澳联邦和州、领地法律之间存在一定程度上的重叠。以下侧重于介绍澳大利亚联邦级别的公共部门贿赂法律。私营部门贿赂(商业贿赂)罪主要受各州和领地法律规范。外国和联邦公职人员贿赂罪主要受《1995 年刑事法令》(以下简称“澳大利亚刑法典”)规范。

1. 贿赂联邦公职人员

不论构成贿赂联邦公职人员罪的行为是否发生在澳大利亚，也不论构成贿赂联邦公职人员罪的行为的结果是否出现在澳大利亚，贿赂联邦公职人员罪均适用。例如，如果某企业的员工在美国贿赂澳大利亚联邦官员，以获得印尼的合同，且中标地点在印尼，该行为仍然可以依据澳大利亚刑法典予以处罚。

根据澳大利亚刑法典第 141. 1 条，如果不正当地向他人给予、提供或承诺提供利益，企图在澳大利亚联邦官员（该官员可能不是受贿人）行使其作为联邦公职人员的职权时对该官员施加影响，则该行为构成犯罪。“不正当地”是指：（a）按照普通人的判断标准被认定的不正当行为；及（b）按照普通人的判断标准，明知会被认定为是不正当的行为。

澳大利亚刑法典第142.1条另设向联邦公职人员提供“腐败性利益”的罪名，与第141.1条的罪名设定稍有不同。如果某人不正当地向他人给予、提供或承诺提供利益，受贿人的该等实际接收或预计接收行为被认为“倾向于”影响联邦公职人员行使职权的，即构成此罪。该条款规定了更为客观的贿赂评估标准。然而在实践中，该两项罪名并没有实质性的差异。

2. 贿赂外国公职人员

贿赂外国公职人员罪的适用范围为发生在澳大利亚境内的行为或澳大利亚公民、居民或公司发生在澳大利亚境外的行为。

根据澳大利亚刑法典第70.2条，向他人给予、提供或承诺提供非法利益（或唆使第三方向他人给予、提供或承诺提供非法利益），企图对某外国公职人员执行公务时对该人员施加影响，以获得或留住业务或非法商业利益的，即构成犯罪。

合法利益或商业利益是指提供利益或获得利益时必须有真实、正当的目的。在判定某项利益或商业利益是否属于合法利益或商业利益时，应基于以下事实进行判定：该项利益或商业利益是或视为约定俗成的、必要的或按情况所需提供的；该项利益或商业利益的价值；以及官方容忍该项利益或商业利益。

3. 私营部门贿赂（商业贿赂）

澳大利亚联邦法律中没有与私营部门贿赂相关的罪名。但是，很多州有禁止贿赂私营部门“代理人”的法定罪名。这些罪行通常被称为“秘密佣金”罪。秘密佣金罪禁止：①代理人（如员工）接受或索取腐败利益，且相关腐败利益是作为与其委托人业务相关的作为或不作为的诱因或报酬；及②以影响委托人业务为目的给予代理人腐败利益。

4. 抗辩

对贿赂外国公职人员罪的指控，可提出的抗辩有以下两点：

（1）该行为完全发生在外国公职人员所在国，而且该国成文法要求或允许向该公职人员提供利益；

（2）该利益为“疏通费”，即以促使政府例行行为加快执行或确保政府例行行为执行为主要目的提供的较小价值的利益，且在利益提供后的切实可行的范围内尽快地适当记录。

对于贿赂联邦公职人员罪和秘密佣金罪，澳大利亚联邦法律没有规定具体的抗辩理由。

5. 企业责任

上述澳大利亚刑法典中的罪名适用于个人和法人。要使法人承担相关法律责任，必须能够证明法人符合相关罪名的客观要件和主观要件。

法人构成澳大利亚刑法典中的罪名的客观要件为相关犯罪行为由该法人团体的员工、代理人或高级职员实施，而且该员工、代理人或高级职员的行为实际上或明显在其职责或权限的范围内。法人构成澳大利亚刑法典中的罪名的主观要件为犯罪行为的实施获得了法人的明示、默示或暗示授权或许可。明示、默示或暗示授权或许可可以通过若干方式认定，包括：(1)董事会或“高管代理人”自行或授权或准许相关人员实施了犯罪行为；(2)该法人内部有引导、鼓励、容忍犯罪或导致不合规的企业文化；(3)该法人未能建立和保持要求遵守相关规定的企业文化。

在法律责任是因其“高管代理人”的行为引起的情况下，如果法人能够证明其业已设有防止相关受质疑行为的尽职调查机制，则可提出抗辩。

法人也可因州法律中的秘密佣金罪承担责任，但将会因所在的州和相关罪名不同而有差异。

6. 处罚

根据澳大利亚刑法典第 70.2 条和第 141 条，对贿赂外国公职人员或联邦公职人员罪的处罚如下：

(1) 个人：最长 10 年监禁和/或最高 10000 个罚款单位(截至 2015 年，相当于 170 万澳元)的罚款。

(2) 法人：罚款金额以下列三个金额中最大者为准：①100000 个罚款单位；② 法人通过实施构成犯罪的行为而获得的任何利益价值三倍的罚款，前提是法院能够确定该等利益的价值；③法人在犯罪行为发生前 12 个月内年营业额的 10%，前提是法院不能够确定因贿赂而获得利益的价值。

7. 关于澳大利亚公职人员可接受的礼品和款待的规定

为了规范公职人员的行为，澳大利亚联邦政府和公共部门也发布了各项规则、政策、纲领和行为准则，如《澳大利亚公共服务价值观和行为准则》《澳大利亚联邦警察局关于招待及娱乐的国家指南》和外交贸易部发布的《行为和道德手册》。虽然该等规章制度并不直接适用于外国跨国公司，但跨国公司不希望因其向澳大利亚公职人员提供不恰当的礼品或款待而给澳大利亚公职人员带来麻烦。因此，跨国公司的员工若要给澳大利亚官员提供任何利益，也应当先查看相关的规定。跨国公司应当注意，在任何情况下，均不允许以换取相关官员的任何作为或不作为为目的向该官员提供礼品、款待或其他利益。

此外，如果跨国公司正在参与某官员所在的机构主持的招标，或需要执行该官员作出的或可能受该官员影响的决定，则跨国公司的员工向该官员提供任何利益的行为都是不恰当的。如果跨国公司与该官员所在的机构之间存在合同或监管关系，或利益提供者的主要目的是游说澳大利亚各部部长、国会或国会下属机构的成员，则跨国公司的员工在向该官员提供利益时应当格外谨慎。即使某官员获许接受利益，其往往也需要在相关机构或部门登记册中披露该等利益。

(四) 加拿大反腐败法律

加拿大打击腐败问题的主要依据是《加拿大刑法典》(R. S. C. , 1985, c. C-46)(以下简称“加拿大刑法典”)。与美国类似，加拿大也制定了针对贿赂外国公职人员问题的单行法律，即《反外国公职人员腐败法案》。《反外国公职人员腐败法案》的修正案于 2013 年 6 月 19 日开始生效，通过设定新罪名填补了重大漏洞，并强化了加拿大的反贿赂和反腐败法律。

1. 贿赂加拿大政府官员

加拿大刑法典第 121 条(1)款(a)项将以下行为认定为犯罪：向加拿大政府官员或其家庭成员提供或给予利益，以作为对其在与政府进行的商业交易或与政府相关的任何业务事宜上给予配合、协助、施加影响或作为或不作为的对价。

加拿大刑法典第 121 条第(1)款(b)项将任何与政府有业务往来人员的以下行为认定为犯罪：向与之有业务往来的政府的官员提供好处或利益，除非该官员获得相关政府部门主管的书面同意。需要注意的是，不需要证明行贿人有腐败意图，即不必证明行贿人是以期望获取某种回报为目的而向政府官员提供好处的。因此，这一罪名的适用范围非常广泛，其目的旨在维护廉洁的形象。加拿大刑法典也将官员收受贿赂或违反信托责任的行为认定为犯罪。

2. 贿赂外国公职人员

《反外国公职人员腐败法案》适用于任何加拿大公民、永久居民和企业，对行贿行为的发生地没有要求。

《反外国公职人员腐败法案》将在以下情况下向外国公职人员提供利益的行为认定为犯罪：①换取官员对其职责或职能的作为或不作为；或 ②诱使官员对

其履行职责或职能的外国政府或国际公共组织的任何行为或决策产生影响。此法案在很多方面与美国的《反海外腐败法》类似。

自2013年起，《反外国公职人员腐败法案》也将在公司会计记录中隐瞒贿赂行为认定为犯罪。保存秘密账目、伪造记录、未记录或未恰当识别交易、未准确记录债务客体、故意使用虚假单据或故意在法律允许的时间之前销毁会计账簿和记录，都构成犯罪。

3. 私营部门贿赂（商业贿赂）

加拿大刑法典第426条禁止代理人(例如员工)接受任何具有下列特征的腐败性利益，并禁止任何人士向代理人提供或给予任何具有下列特征的腐败性利益：利益提供者的目的是促使代理人实施或不实施与其委托人(诸如大型跨国公司这一类的雇主)的商业活动相关的任何行为，或对与委托人的商业活动相关的任何人士表示支持或不支持。

4. 企业责任

根据加拿大刑法典，企业应对符合以下情况的“高级管理人员”的行为负责：在其权限范围内，以有利于该企业为目的参与犯罪的行为，或指使企业的其他董事、合作伙伴、员工、代理人或承包商实施犯罪的行为，或明知企业代表即将实施犯罪却不试图阻止该行为的行为。

因此，根据加拿大刑法典，作为企业，若其某位高级管理人员在职权范围内向加拿大官员支付贿赂款项，以期为跨国公司获得业务，则该跨国公司也会为此承担责任。

基于与国内贿赂罪相同的情形，企业也可因贿赂外国公职人员的罪名承担责任。

5. 例外条款与抗辩

根据《反外国公职人员腐败法案》，在下列情况下，任何人士或公司向外国公职人员提供利益的行为不构成犯罪：

（1）该等利益是外国或国际公共组织的法律允许或要求的。注意，与某些其他司法管辖区有所不同，加拿大并没有明文规定向外国公职人员提供利益必须在“成文”法上规定属于合法行为。

（2）提供该等利益的目的是支付政府官员或以其名义真实善意产生的与推广、展示或解释利益提供者的产品和服务或签署或履行利益提供者与相关外国政府达成的合同直接相关的合理费用；

(3) 该等利益具有“疏通费”的性质，即为了保证外国公职人员职责范围内的例行行为得以执行或加快执行而向外国公职人员支付的费用。

与《反外国公职人员腐败法案》不同的是，对于因向加拿大政府官员推广、展示或解释产品或服务而发生的合理、真实的业务开支，加拿大刑法典中没有可以以该理由抗辩的规定。加拿大刑法典中也没有涉及加拿大政府官员的疏通费的例外条款。加拿大刑法典第 121 条第(1)款(b)项规定，在利益提供者向与其有“业务往来”的政府官员提供利益的情况下，如果该等利益获得了与其有业务往来的相关政府部门负责人的事先书面批准，则该利益提供者完全有理由提出无罪抗辩。

同样，对于根据加拿大刑法典第 426 条提出的秘密佣金罪指控，如果利益提供者在向代理人提供利益前向代理人的委托人进行了披露，则其也完全有理由提出无罪抗辩。

6.《采掘业透明措施法案》

《采掘业透明措施法案》自 2015 年 6 月 1 日起生效。该法案规定了采矿、石油和天然气公司关于向外国政府和加拿大本国政府及政府官员支付费用情况的报告义务。

该报告义务适用于在加拿大或国外从事石油、天然气或矿产商业开发的公司且(1)在加拿大任一证券交易所上市的公司，或(2)在加拿大开展经营且在最近两年的财年中至少有一年符合以下任意两个标准的公司：(a)其资产规模至少达到 2000 万加元；(b)其收入至少达到 4000 万加元；和(c)其平均员工人数至少达到 250 人。跨国公司应根据自身在加拿大的业务规模，来判断相关的实体是否受《采掘业透明措施法案》约束。

《采掘业透明措施法案》要求，在 2015 年 6 月 1 日后开始的每个财务年度内，报告实体应报告在该财务年度内向同一“收款人”支付的金额累计达到 10 万加元或以上的款项。“收款人”这一概念的定义非常广泛，包括所有形式的政府机构。支付给政府机构的员工或公职人员的款项被视为支付给该政府机构的款项，也必须申报。报告中应当包括由董事、高级职员、独立审计师或会计师作出的关于报告中所披露信息真实、准确和完整的证明。因此，《采掘业透明措施法案》不仅要求公开披露支付给政府的合法款项，而且还要求公开可能违反加拿大贿赂犯罪相关法律的款项。

《采掘业透明措施法案》还要求报告实体保存与每一财年支付款项相关的记录，保存期限为七年。

7. 处罚

对于违反加拿大刑法典反腐败犯罪条款的个人，加拿大刑法典规定的刑罚包括最长 5 年的监禁、没收违法所得和剥夺与政府签订合同的资格；对于违反加拿大刑法典反腐败犯罪条款的法人，加拿大刑法典规定的刑罚包括无限额罚款、没收违法所得和剥夺与政府签订合同的资格。

对于犯有《反外国公职人员腐败法案》规定的贿赂外国公职人员犯罪的个人，可判处最长 14 年的监禁。法律上对于个人和公司违反《反外国公职人员腐败法案》的罚款没有限额规定。

8. 关于加拿大政府官员可接受的礼品和款待的指引

加拿大不同政府机构和公共机构制定了各种规则、政策、指南和行为准则，以规范加拿大政府官员的行为，如《利益冲突条例》(S. C. 2006, c. 9, s. 2)。虽然该等规章制度并不直接适用于跨国公司，但跨国公司并不希望因其向加拿大政府官员提供不恰当的礼品或款待而给加拿大政府官员带来麻烦。因此，跨国公司的员工若要给加拿大政府官员提供任何利益，也应当先查看相关的规定。

作为一般原则，任何情况下，意图对任何加拿大官员履行公职行为施加影响或为本人、跨国公司或任何人获得任何商业利益而提供任何利益都是不适当的。此外，切勿在与政府官员所在的机构打交道(如等待相关部门的许可审批，或在参与该官员所在的机构主持的投标过程中)时向该政府官员提供任何性质的利益。即使某官员获许接受利益，其往往也需要在相关机构或部门的登记册中披露。

五、我国合规法律的境外影响

当人们一提起“出口管制”“长臂管辖”“治外法权”这些词语时，往往习惯性地与“霸权主义”联系起来。当然这主要是美国挥舞制裁大棒，滥用本国法律所给世人造成的主观印象。但一国法律法规究竟有没有域外效力，归根到底是由本国的力量以及其他相关国家的利益考量决定的。因此，我们应当全面、理性地看待所谓“长臂管辖”“治外法权”等这些措施。本节将简要介绍我国相关合规法律的境外影响。

(一) 反垄断法

现代意义上的反垄断法兴起于 19 世纪后期资本主义垄断时期。从世界范围来看，反垄断法经历了三次立法高潮。第一次是在 19 世纪 90 年代，以美国、加拿大为代表；第二次是在二战以后，以欧洲、日本等发达国家和地区为主；第三次是20世纪80至90年代以来，从发达国家延展到新兴工业化国家和发展中国家，包括韩国、巴西、南非、俄罗斯等。

在全球化的大背景下，绝大多数国家和地区的市场是开放的(尽管开放的程度不一样)，由于反垄断法是调节市场和秩序的，如果仅调节本国的市场垄断状态，并不足以从根本上阻断垄断，因此主要国家的反垄断法不同程度上都会有域外效力。不同的是全球市场的“经营者”对不同国家及其市场和法律的重视与认可程度。2020年9月11日，国务院反垄断委员会印发了《经营者反垄断合规指南》，在第十八条专门提示了境外风险，“经营者在境外开展业务时，应当了解并遵守业务所在国家或者地区的反垄断相关法律规定，可以咨询反垄断专业律师的意见。经营者在境外遇到反垄断调查或者诉讼时，可以向反垄断执法机构报告有关情况。”2021年11月15日，国家市场监管总局印发了《企业境外反垄断合规指引》，旨在增强提升企业境外经营反垄断合规管理的水平，切实防范境外反垄断法律风险。

对于本书的主题“跨国公司的全球化治理”，反垄断是一个很好的视角，但限于全书的篇幅，不深入展开论述。

我国国内的市场现状与发展潜力巨大，有4亿中等收入群体。2019年，国内商品流通总值达41万亿人民币，仅比美国低4%，而且从发展趋势看，将很快超过美国，成为全球第一。正是在前述这种巨大市场的吸引下，目前，我国已发展成为与美国、欧盟并称为全球影响力最大的三大反垄断司法辖区。我国的《反垄断法》开宗明义在第2条公开宣示自己的域外效力。❶ 该法适用于一切对中国境内市场竞争产生排除、限制竞争影响的垄断行为，既包括在中国境内发生的垄断行为，也包括在中国境外发生的对国内市场竞争产生排除、限制竞争影响的垄断行为。

自《反垄断法》实施以来，已有多家境外企业和外资企业被处罚。2013年1月17日，三星、LG等六家境外企业因对液晶面板实施价格垄断行为，被责令退还1.72亿元违法所得，并被处以合计高达3.53亿元的罚款。2014年8月，日立、电装等十二家日本汽配企业因对汽车零配件实施价格垄断行为，被处以合计高达12.35亿元的罚款。2015年2月，美国高通公司因实施滥用市场支配地位的行为，被处以合计高达60.88亿元的罚款。2015年4月，奔驰公司因实施限定部

❶《反垄断法》第二条规定，“中华人民共和国境内经济活动中的垄断行为，适用本法；中华人民共和国境外的垄断行为，对境内市场竞争产生排除、限制影响的，适用本法。”(2007年8月30日第十届全国人民代表大会常务委员会第二十九次会议通过 2007年8月30日主席令第六十八号公布 2008年8月1日起施行)。

分车型转售价格的纵向垄断协议，被处以合计高达 3.5 亿元的罚款。近几年，国内一些知名的互联网巨头也撞上了“反垄断”的枪口，让人们逐渐认识到了反垄断执法的严肃性与迫切性。

除了上述提及的巨额罚款，违反《反垄断法》还可能产生民事甚至刑事责任。此外，反垄断执法机构还会对违反《反垄断法》的行为及主体依法予以公示，这在一定程度上将损害经营者的商业声誉，构成事实上的名誉罚。对上市公司而言，即便是“小额”的反垄断罚款也可能被认定为“重大违法行为”，对其产生一定的消极效果。对于经营者违反《反垄断法》规定的经营者集中申报义务的，除罚款和公示外，执法机构可能还会责令相关经营者停止实施集中、限期处分股份或者资产、限期转让营业以及采取其他必要措施恢复到集中前的状态。2021 年 11 月 18 日，国家反垄断局正式挂牌，由原先的国家市场监管总局直属局升格为国务院新组建的副部级国家局。此举进一步健全完善了我国反垄断执法的体制机制，提升了反垄断执法的统一性、权威性。

（二）国家安全审查规定

在本章第二节简要介绍过美国的国家安全审查，其实全球多数国家都有不同程度的国家安全审查制度，因为外资的进入必然要考虑到经济主权甚至国防安全的影响。本书第二章已对此有论述。自我国加入世贸组织以来，随着经济全球化的深入发展和我国对外开放的进一步扩大，我国经济日益融入世界经济体系当中，国家经济安全问题也日益突出，安全审查制度也呼之欲出。安全审查制度与外商投资审批制度以及反垄断法律制度一起，在形式上构成了较完备的外资管理方面的法律和政策，这表明我国在调整引资结构、改善引资环境等方面更进一步完善、成熟，同时也与国际接轨。

外商投资领域的国家安全审查可以追溯至 2002 年的《指导外商投资方向规定》。该规定第七条禁止外商投资“危害国家安全”“危害军事设施安全和使用效能”“运用我国特有工艺或者技术生产产品”等的项目。2008 年 8 月 1 日起施行的《反垄断法》首次在法律层面上确定外资并购境内企业，涉及国家安全的，应当进行国家安全审查制度。该法第三十一条规定，“对外资并购境内企业或者以其他方式参与经营者集中，涉及国家安全的，除依照本法规定进行经营者集中审查外，还应当按照国家有关规定进行国家安全审查”。2011 年 2 月 3 日，国务院发布了《关于建立外国投资者并购境内企业安全审查制度的通知》(“《安全审查制度通知》”)，规定自发布之日起 30 日后开始实施对外资并购境内企业国家安全审查制度，并设立以发改委、商务部牵头的部际联席会议承担审查工作。国务院的这一通知也呼应了《反垄断法》的要求。

2019 年 3 月 15 日，第十三届全国人民代表大会第二次会议通过了世人瞩目的《外商投资法》，自 2020 年 1 月 1 日起施行。该法高举开放大旗，在逆全球化的氛围中格外引人期盼。在开放的主旨之外，该法同时也强调了国家安全的重要。第六条规定，在中国境内进行投资活动的外国投资者、外商投资企业，应当遵守中国法律法规，不得危害中国国家安全、损害社会公共利益。第三十五条再次强调了国家安全审查制度，即“国家建立外商投资安全审查制度，对影响或者可能影响国家安全的外商投资进行安全审查。依法作出的安全审查决定为最终决定”。❶ 特别是在第六章附则第四十条还规定了我国针对歧视性的措施，可以采取反制或报复，即“任何国家或者地区在投资方面对中华人民共和国采取歧视性的禁止、限制或者其他类似措施的，中华人民共和国可以根据实际情况对该国家或者该地区采取相应的措施”。

2020 年 12 月 19 日，国家发展改革委（“发改委”）与商务部联合发布《外商投资安全审查办法》（“《安全审查办法》”），旨在积极促进外商投资的同时，有效预防和化解国家安全风险。该审查办法在《外商投资法》的基础上，从国家安全的角度要求外商在投资特定领域时需要通过相关审查方可进行投资。《安全审查办法》于 2021 年 1 月 18 日生效，对投资特定领域的外商投资项目产生重大且实质的影响。

因此，外国投资者如果采用并购中国境内企业的方式对中国大陆进行投资时，除了要就是否符合产业政策接受外资审查，达到《反垄断法》规定的申报标准的，要进行经营者集中申报之外，还需关注交易是否会触发国家安全审查。

1. 国家安全审查的范围

（1）国家安全审查的重点行业。《安全审查办法》规定并购安全审查的范围为：①外国投资者投资军工、军工配套等关系国防安全的领域，以及在军事设施和军工设施周边地域投资；②外国投资者投资关系国家安全的重要农产品、重要能源和资源、重大装备制造、重要基础设施、重要运输服务、重要文化产品与服务、重要信息技术和互联网产品与服务、重要金融服务、关键技术以及其他重要

---

❶2019 年 12 月 12 日国务院第 74 次常务会议通过了《外商投资法实施条例》，自 2020 年 1 月 1 日起与《外商投资法》同步施行。该条例第四十条规定，“国家建立外商投资安全审查制度，对影响或者可能影响国家安全的外商投资进行安全审查”。

领域，并取得所投资企业的实际控制权。

虽然《安全审查办法》确定的国家安全审查范围主要是关系国防安全和经济安全的敏感行业，但是，从已公开的可口可乐收购汇源、永辉超市收购中百集团、博汇纸业收购金光纸业等案例表明，国家安全审查的范围也会触及食品、零售、造纸等非敏感行业，国家安全审查机关在对具体交易是否需要进行国家安全审查时实际上拥有较大的自由裁量权。

应当注意，《安全审查办法》为不同领域的外商投资安全审查设定了不同的审查标准。其中，军工、军工配套等关系国防安全的领域，以及在军事设施和军工设施周边地域投资，外商进行投资必须经过国家安全审查申报。而其他《安全审查办法》列明的领域，只有取得所投资企业的实际控制权时，才需要进行国家安全竞争审查申报。

(2) 涉及国家安全审查的交易类型。《安全审查办法》对需要进行国家安全审查的外商投资类型进行了具体列举，具体如下：①外国投资者单独或者与其他投资者共同在境内投资新建项目或者设立企业；②外国投资者通过并购方式取得境内企业的股权或者资产；③外国投资者通过其他方式在境内投资。

由此可见，《安全审查办法》扩展了《安全审查制度通知》对审查范围的规定，除了并购交易之外，也包括了绿地投资(指跨国公司等投资主体在东道国境内依照东道国的法律设置的部分或全部资产所有权归外国投资者所有的企业。所谓“绿地”，是指外国投资者新建的运营设施，如生产厂房、办公室、物资分配枢纽等，也就是从无到有开展建设)。除上述两种投资类型之外，《安全审查办法》还规定了一项兜底条款。这使得一些结构性安排(例如 VIE 结构或协议控制结构)也非常有可能纳入到《安全审查办法》的适用范围中。

2020 年 1 月 1 日起施行的《外商投资法》对“外商投资”定义为外国的自然人、企业或者其他组织(以下称外国投资者)直接或者间接在中国境内进行的投资活动，包括下列情形：①外国投资者单独或者与其他投资者共同在中国境内设立外商投资企业；②外国投资者取得中国境内企业的股份、股权、财产份额或者其他类似权益；③外国投资者单独或者与其他投资者共同在中国境内投资新建项目；④法律、行政法规或者国务院规定的其他方式的投资。

对于外国投资者通过证券交易所或者国务院批准的其他证券交易场所购买境内企业股票的投资行为，《安全审查办法》也进行了规定。办法第二十二条规定，此等投资行为，影响或可能影响国家安全的，将由证监会会同外商投资安全审查工作机制办公室出台具体管理办法。

(3) 关于“取得实际控制权”的认定。根据《安全审查办法》第四条第二款的规定，所谓取得所投资企业的实际控制权，包括下列情形：①外国投资者持有企业50%以上股权；②外国投资者持有企业股权不足50%，但其所享有的表决权能够对董事会、股东会或者股东大会的决议产生重大影响；③其他导致外国投资者能够对企业的经营决策、人事、财务、技术等产生重大影响的情形。值得注意的是，外国投资者并购国防安全领域的境内企业则无“可能取得实际控制权”这一要求，其所有交易都可能属于国家安全审查范围。

2. 国家安全审查的内容

《安全审查办法》并未对国家安全审查的内容进行进一步的规定。仍现行有效的《安全审查制度通知》规定国家安全审查的内容包括：(1)并购交易对国防安全，包括对国防需要的国内产品生产能力、国内服务提供能力和有关设备设施的影响；(2)并购交易对国家经济稳定运行的影响；(3)并购交易对社会基本生活秩序的影响；(4)并购交易对涉及国家安全关键技术研发能力的影响。

3. 国家安全审查的程序

(1) 国家安全审查的启动。

《安全审查办法》规定，安全审查程序可基于以下方式触发：①外国投资者或者境内相关当事人在实施投资前主动申报；②对于申报范围内的外商投资，工作机制办公室有权要求当事人申报；③有关机关、企业、社会团体、社会公众等认为外商投资影响或者可能影响国家安全的，可以向工作机制办公室提出进行安全审查的建议。

可以提出审查建议的第三方范围很广，包括国务院有关部门、全国性行业协会、同业企业及上下游企业。因此，如果外国投资者对属于国家安全审查范围的交易不主动进行申报，以被动方式启动审查的可能性很大。

(2) 国家安全审查的程序。

国家安全审查主要包含咨询、申报、受理、审查(一般审查和特别审查)程序。咨询并非法定的前置程序，外国投资者可就有关问题主动咨询工作机制办公室。工作机制办公室在收到申报材料之日起15个工作日内，会对申报的外商投资作出是否需要进行安全审查的决定。决定需要进行国家安全审查后，在审查时，工作机制办公室首先进行一般审查，未通过一般审查的，则会进行特别审查。

一般性审查从工作机制办公室决定进行安全审查，到作出交易不影响国家安全的审查意见或启动特别审查，期限为 30 个工作日。

特别审查程序期限为 60 个工作日。特殊情况下，可以延长审查期限。延长审查期限应当书面通知当事人。审查期间，当事人不得实施投资。

在整个审查过程中，交易当事人有义务配合工作机制办公室的审查工作，并可以修改投资方案或撤销投资。

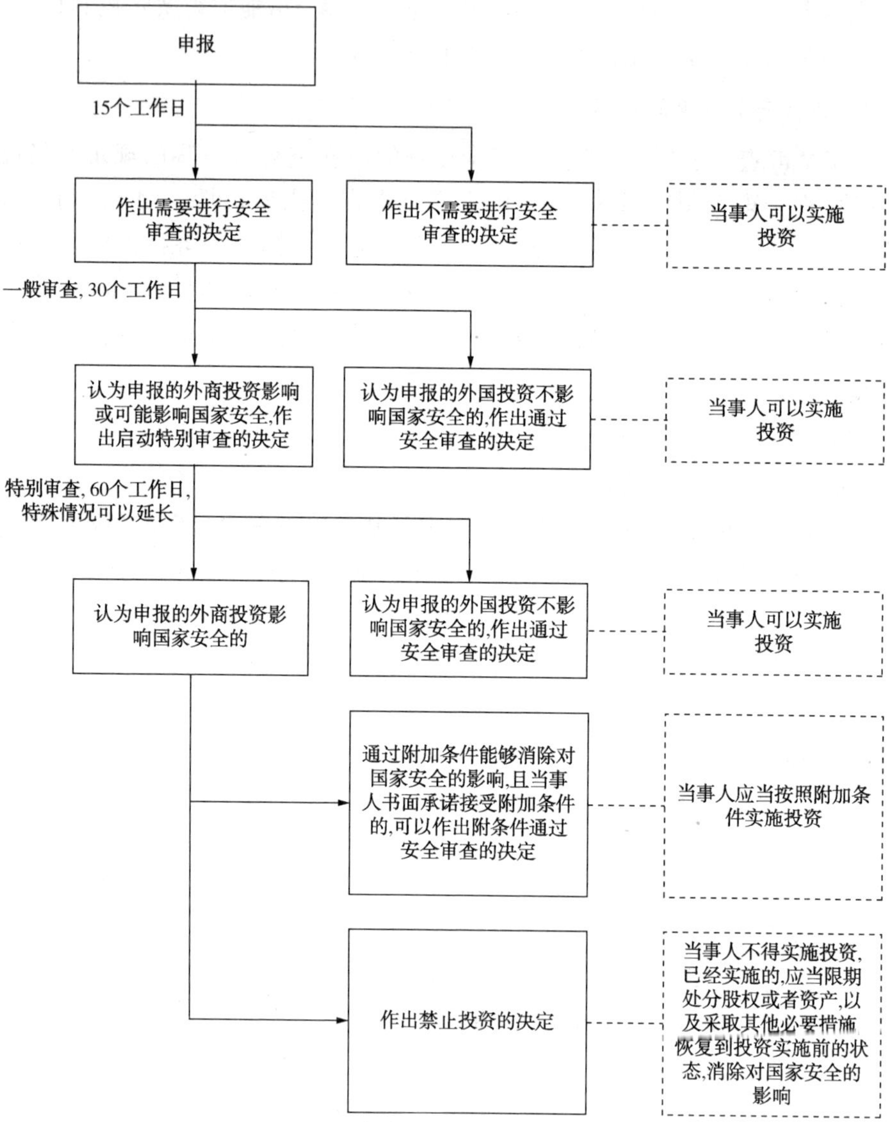

国家安全审查流程图

4. 国家安全审查的救济

根据《外商投资法》的规定，国家建立外商投资安全审查制度，对影响或者可能影响国家安全的外商投资进行安全审查。依法作出的安全审查决定为最终决定。因此，工作机制办公室作出的未通过国家安全审查的决定是最终决定。这意味着，即便当事人对安全审查决定有异议，也将无法通过申请行政复议或提起行政诉讼进行申诉。

（三）不可靠实体清单规定

在本章第三节介绍美国制裁措施时，我们可以看到，美国惯常用的手段就是开出各种所谓"清单"，上了清单的企业或个人就面临现实或潜在的制裁。在特朗普执政期间，特别是在2020年，我们见证了太多美国以种种借口针对我国(包括香港特别行政区)企业或个人开出的所谓"清单"。

"来而不往非礼也"。当前世界经济发展不确定、不稳定因素增多，单边主义、贸易保护主义抬头，多边贸易体制面临严峻的挑战，正常的国际经贸活动受到干扰，一些外国实体出于非商业目的，违背正常的市场规则和契约精神，对中国企业采取封锁断供和其他歧视性措施，损害中国企业的正当权益，危害中国国家安全和利益，也给全球产业链、供应链安全带来威胁，对全球经济造成负面的冲击，对相关企业和消费者的利益造成损害。为维护国际经贸规则和多边贸易体制，反对单边主义和贸易保护主义，维护中国国家安全、社会公共利益和企业的合法权益，2020年5月31日，商务部公开宣布，根据相关法律法规，中国将建立不可靠实体清单，对不遵守市场规则，背离契约精神，出于非商业对中国企业实施封锁或断供，严重损害中国企业正当权益的外国企业组织或个人，将列入不可靠实体清单。[1]

同年9月19日，经国务院批准，商务部发布了《不可靠实体清单规定》(商务部令2020年第4号)。该规定的立法依据是《对外贸易法》和《国家安全法》。国家建立中央国家机关有关部门参加的工作机制，对外国实体在国际经贸及相关活动中的下列行为采取相应措施：(1)危害中国国家主权、安全、发展利益；(2)违反正常的市场交易原则，中断与中国企业、其他组织或者个人的正常交易，或者对中国企业、其他组织或者个人采取歧视性措施，严重损害中国企业、其他组

[1] 参见商务部新闻发言人高峰2020年5月31日在的新闻发布会上的讲话，http://www.mofcom.gov.cn/article/i/jyjl/e/201905/20190502868927.shtml。

织或者个人合法权益。

工作机制综合考虑相关因素后，作出是否将其列入不可靠实体清单的决定；决定列入的，予以公告。将有关外国实体列入不可靠实体清单的公告中可以提示与该外国实体进行交易的风险，并可以根据实际情况，明确该外国实体改正其行为的期限。对列入不可靠实体清单的外国实体，工作机制根据实际情况，可以决定采取下列一项或者多项处理措施，并予以公告：(1)限制或者禁止其从事与中国有关的进出口活动；(2)限制或者禁止其在中国境内投资；(3)限制或者禁止其相关人员、交通运输工具等入境；(4)限制或者取消其相关人员在中国境内工作许可、停留或者居留资格；(5)根据情节轻重给予相应数额的罚款；(6)其他必要的措施。

有媒体声称，我国政府出台《不可靠实体清单规定》是针对美国近期对华为、微信、TikTok 等中国企业采取行动的反制。对此，商务部条约法律司负责人予以了正式答复。首先，出台《规定》是既定的工作安排。2019 年 5 月，我国政府已对外宣布将建立不可靠实体清单制度。此后，按照立法程序，启动、推进相关立法工作。在一年多的时间里，经过认真研究和审慎论证，并多次听取有关方面的意见，完成了立法程序。《规定》既不针对特定国家，也不针对特定实体。其次，《规定》是有效维护营商环境的制度设计。中国政府致力于打造市场化法治化国际化营商环境，采取各项有力举措保护市场主体合法权益。同时，对《规定》界定的违法行为，中国政府有权采取必要措施，这既是世界上其他国家的普遍做法，也是营造良好营商环境的必要举措。合作是中美两国唯一正确的选择。美国能与中国相向而行，尊重国际法和国际规则，在平等互利的基础上开展对话和协商。[1]

正如有学者所评论的，制定出台《规定》，建立不可靠实体清单制度，旨在保护广大严格遵守市场规则和契约精神的企业，这项制度针对的仅仅是个别外国实体的违法行为，不意味着中国政府欢迎和保护外资的立场发生改变。从全球治理层面看，也有利于维护正常公平的国际经贸秩序和市场竞争环境。[2] 另一方面，客观地讲，由于该规定刚出台，还没有细化，特别是相关的处理措施，还需要有关政府部门按照职责分工具体实施。而且，由于目前其他国家对我国技术产

---

❶参见《商务部条约法律司负责人就<不可靠实体清单规定>答记者问》，http：//www.mofcom.gov.cn/article/i/jyjl/l/202009/20200903004097.shtml。

❷引自北京师范大学廖诗评教授答记者问，参见《必要的制度完善——权威专家就<不可靠实体清单规定>答记者问》http：//www.mofcom.gov.cn/article/i/jyjl/j/202009/20200903003096.shtml。

品和金融体系（包括货币）的依赖程度，还无法达到美国相当的程度，因此该规定所提及的处理措施也不是很宽广，还没有美国那种关于“出口管制”和“二级制裁”的内容。但随着我国国力的不断上升，我国此类措施的种类和实际效果也必将不断完善和强化。

（四）出口管制法

2020年10月17日，十三届全国人大常委会第二十二次会议正式表决通过了《中华人民共和国出口管制法》（以下简称《出口管制法》），自2020年12月1日起施行。这标志着我国出口管制领域有了第一部专门法律，将成为我国出口管制工作的有力法治保障，更好地维护我国的国家安全和利益。

1. 立法背景及意义

在当今时代背景下，实施出口管制既是国际通行的履行防扩散等国际义务的做法，也日益成为维护国家安全和利益的重要手段。近年来，由于“中美贸易战”、西方国家在出口管制领域的执法活动频繁，不少国家的企业在国际交往和跨国经营活动中都受到了不同程度的影响和限制，这不但引发了国际社会的广泛关注，也促使各国政府越来越重视出口管制领域的相关立法工作。与此同时，中国近年来在航空航天、5G技术、人工智能、数据算法等科技领域取得了长足的进步，在对外贸易高速发展过程中，如何有效维护企业的合法权益，确保核心技术、关键产品的优势地位及其出口安全已成为中国政府亟待解决的问题。

我国此前虽然已制定了包括化学品、核、核两用、生物两用、导弹及军品等出口管制的行政法规和规范性文件，但由于立法相对分散、法律位阶较低，缺少统筹、协调、一体化的出口管制法律体系和架构。中国《出口管制法》的颁布和实施，是我国在战略和立法层面回应国际经贸新形势的重要举措，有效填补了中国出口管制法律体系的空白，全面提升了中国出口管制制度的立法层级，为今后中国出口管制相关法律体系的完善奠定了坚实的基础，也为做好新形势下出口管制工作提供更加有力的法治保障。

中国出口管制法律体系主要由法律、行政法规以及部门规章三个层次构成。在《出口管制法》出台前，就法律而言，《对外贸易法》是我国实施出口管制的法律基础，而《海关法》《刑法》等部分条款也为禁止或者限制出口提供了相关法律依据。但就该法律体系的核心而言，还是以1995年12月27日公布并实施的《中华人民共和国监控化学品管理条例》为开端的包括化学品、核、核两用、生物两用、导弹及军品等6部出口管制行政法规为主。《出口管制法》正式出台后，我国正式形成了以《出口管制法》为统帅，全面覆盖核、生物、化学、导弹以及军品等物项的新出口管制法律制度体系。

2. 主要内容及管制措施

《出口管制法》共五章49条，包括总则、管制政策、管制清单和管制措施以及监督管理、法律责任和附则。主要规定了出口管制的范围和清单、临时管制和全面管制、出口经营资格和出口许可制度、最终用户和最终用途管理以及域外适用等内容。具体管理制度和措施如下：

(1) 管制物项。根据《出口管制法》第二条规定，适用《出口管制法》的管制物项可以分为两用物项、军品、核以及其他与维护国家安全和利益、履行防扩散等国际义务相关的物项。这其中既包括有形的货物，也包括无形的技术和服务。具体来说，两用物项指既有民事用途，又有军事用途或者有助于提升军事潜力，特别是可以用于设计、开发、生产或者使用大规模杀伤性武器及其运载工具的货物、技术和服务；军品指用于军事目的的装备、专用生产设备以及其他相关货物、技术和服务；核指核材料、核设备、反应堆用非核材料以及相关技术和服务。

(2) 管制行为。受《出口管制法》管制的行为并不仅仅限于通常理解意义上的“出口”，从《出口管制法》第二条的规定来看，中国主体在中国境内向外国实体提供管制物项也属于受《出口管制法》规制的“出口”行为。另外，《出口管制法》第四十五条还规定，管制物项的过境、转运、通运、再出口或者从保税区、出口加工区等海关特殊监管区域和出口监管仓库、保税物流中心等保税监管场所向境外出口，依照本法的有关规定执行。也就是说，由境外启运、通过中国境内继续运往境外的管制物项，以及外国实体获取管制物项后拟将其再“出口”，都会受到《出口管制法》的管控。

(3) 管制措施。

① 管制清单制度。《出口管制法》第九条规定，国家出口管制管理部门应会同有关部门制定、调整管制物项出口管制清单，并及时公布。管制清单框定了出口管制的范围。不过，需要注意的是，对于未被列入管制清单中的货物，也并非必然不受管制。国家出口管制管理部门可能出于维护国家安全的需要等对出口管制清单以外的货物、技术和服务实施临时管制，并予以公告。此外，如果物项可能存在危害国家安全和利益，被用于设计、开发、生产或使用大规模杀伤性武器及其运载工具或被用于恐怖主义目的的风险的，即使该物项为管制清单以及临时管

制物项之外的物项，也仍然受到管制。

② 出口许可制度。《出口管制法》第十二条规定，国家对管制物项的出口实行许可制度。对于列入管制清单的物项、临时管制的物项以及可能存在上述三类风险的其他物项，出口经营者在出口前需要获得国家出口管制管理部门的许可方能出口。国家出口管制管理部门会综合考虑国家安全和利益、履行国际义务和对外承诺、出口类型、管制物项敏感程度、出口目的国家或地区、最终用户和最终用途、出口经营者的相关信用记录等因素作出是否准予许可的决定。

③ 管控名单制度。《出口管制法》第十八条规定，国家出口管制管理部门可对违反最终用户或最终用途管理要求的、可能危害国家安全和利益的、将管制物项用于恐怖主义目的的进口商和最终用户，建立管控名单。列入管控名单的进口商和最终用户，有关管制物项交易可能会受到禁止或限制，有关管制物项出口可能会被责令中止。列入管控名单的进口商、最终用户经采取措施，不再有上述情形的，可以向国家出口管制管理部门申请移出管控名单，国家出口管制管理部门根据实际情况决定是否移除。

需要注意的是，出口管制项下的管控名单与商务部于 2020 年 9 月 19 日发布的《不可靠实体清单规定》项下的不可靠实体清单存在一定交叉。一方面，被列入管控名单和不可靠实体清单的原因都包括“可能危害国家安全和利益”。另一方面，二者也存在许多不同。其中主要的差别在于管控名单是服务于《出口管制法》中基于物项的管控，被列入管控名单，主要影响的是管制物项的出口，而不可靠实体清单则是基于主体的管控，被列入不可靠实体清单将面临的限制措施包括限制或者禁止其从事与中国有关的进出口活动、限制或者禁止其在中国境内投资、限制或者禁止其相关人员、交通运输工具等入境等，对不可靠实体清单的限制措施更为多样，对相关实体的影响也更大。

(4) 域外适用效力。《出口管制法》第四十四条原则性地规定了该法的域外管辖，即中华人民共和国境外的组织和个人，违反本法有关出口管制管理规定，危害中华人民共和国国家安全和利益，妨碍履行防扩散等国际义务的，依法处理并追究其法律责任。这意味着，外国企业在境内违反出口管制规定，或者在境外对从中国购入的受控物项实施再出口时发生违规问题，可能被追究相关法律责任。不过，对于境外的组织或个人的具体合规义务、违法行为类型及对应处罚措施，都有待配套法规进一步予以明确。

(五) 反外国制裁法

2021 年 3 月，十三届全国人大四次会议批准的《全国人民代表大会常务委员会工作报告》"今后一年的主要任务"中明确提出，围绕反制裁、反干涉、反制长臂管辖，充实应对挑战、防范风险的法律"工具箱"。今年以来，中国政府已多次宣布对包括美国、欧盟、英国、瑞典等多个国家和地区的实体和个人实施相应反制措施。但我国此前采取的反制裁措施主要还是通过行政手段，缺少国家立法层面的支撑。6月10日下午，十三届全国人大常委会第二十九次会议表决通过了《中华人民共和国反外国制裁法》，国家主席习近平签署主席令予以公布，自公布之日起施行。应该说，《反外国制裁法》的出台，为我国依法反制外国歧视性措施提供有力法制保障，是实践和形势迫切需要下的"急用先行"，其性质是"以其人之道，还治其人之身"的反制措施。但中国实施反外国制裁法突出的是"反制"，而不是关门拒客，也不是要脱钩，而是将继续推动贸易和投资自由化便利化，一如既往欢迎外商投资，依法保护外资企业合法权益，实现互利共赢。

根据《反外国制裁法》第三条第二款的规定，我国采取反制措施的情形是，外国国家违反国际法和国际关系基本准则，以各种借口或者依据其本国法律对我国进行遏制、打压，对我国公民、组织采取歧视性限制措施，干涉我国内政的，我国有权采取相应反制措施。关于"歧视性限制措施"的涵义和范围，根据全国人大法工委的解读，主要针对外国对中国实施的所谓"单边制裁"。目前业内律师普遍认为，歧视性限制措施包括美国针对中国的系列制裁项目，例如中国军工复合企业制裁以及出口管制领域内的部分实体清单(例如因为新疆、香港、南海问题理由将中国主体列入)。

根据反外国制裁法第四条、第五条的规定，我国反制措施适用的对象包括两个层面：一是直接或者间接参与制定、决定、实施上述歧视性限制措施的个人、组织。二是除列入反制清单的个人、组织以外，国务院有关部门还可以决定对下列个人、组织采取反制措施：①列入反制清单个人的配偶和直系亲属；②列入反制清单组织的高级管理人员或者实际控制人；③由列入反制清单个人担任高级管理人员的组织；④由列入反制清单个人和组织实际控制或者参与设立、运营的组织。

关于对前述反制对象可以采取的反制措施具体包括：第一，限制入境、驱逐出境或不予签发签证、不准入境、注销签证或者驱逐出境；第二，查封、扣押、冻结在华财产(动产、不动产和其他各类财产)；第三，禁止或限制我国境内的组织、个人与之交易与合作；第四，其他必要措施。

对企业而言，面对日益严峻复杂的合规形势，特别是在从美对我单边制裁发展为我国反制的双边制裁情况下，主要可以从以下几方面采取应对措施：

一是严格执行、坚决落实国内政府部门实施的反制措施，避免与我国反制的对象进行交易。

二是持续关注外国政府或国际组织的制裁或限制性措施。执行联合国、世行等中国参与或承认的多边机制所采取的非歧视性限制措施；不执行、也不协助执行外国政府的“歧视性限制措施”。

三是订立法律冲突解决机制条款。为避免执行我国反制措施对合同履行造成影响，交易双方可以约定发生中外法律冲突时的协商机制，或者约定优先适用中国法。

四是及时更新公司的合规制度文件与合同模板。中国企业以往更关注美国经济制裁与出口管制的合规，并在相关制度、合规承诺函或合同条款中规定相应的内容，今后将调整为更加全面和中性化的表述，并纳入《反外国制裁法》的相关内容，例如商业合作伙伴被采取反制措施情况下的退出机制及赔偿问题。

参　考　文　献

一、中文部分

（一）著作

1. 马克思，恩格斯．马克思恩格斯选集：第 1 卷[M]．北京：人民出版社，1972.
2. 邓小平．邓小平文选：第 3 卷[M]．北京：人民出版社，1993.
3. 朱景文．比较法社会学的框架和方法[M]．北京：中国人民大学出版社，2001.
4. 余劲松．跨国公司法律问题研究[M]．北京：中国政法大学出版社，1989.
5. 姚梅镇，余劲松．比较投资法[M]．武汉：武汉大学出版社，1993.
6. 姚梅镇，余劲松．国际经济法成案研究[M]．武汉：武汉大学出版社，1995.
7. 李兰甫．国际企业论[M]．中国台湾：台湾三民书局，1994.
8. 曹建明．国际经济法概论[M]．北京：法律出版社，1994.
9. 陈东．跨国公司治理中的责任承担机制[M]．厦门：厦门大学出版社，2003.
10. 王志乐．2002-2003 跨国公司在中国投资报告[M]．北京：中国经济出版社，2003.
11. 黄卫平，朱文晖．走向全球化[M]．北京：法律出版社，2000.
12. 杨宇光．经济全球化中的跨国公司[M]．上海：上海远东出版社，1999.
13. 丰子义，杨学功．马克思“世界历史”理论与全球化[M]．北京：人民出版社，2002.
14. 刘光溪．多哈会议与 WTO 首轮谈判[M]．上海：上海人民出版社，2002.
15. 谭深，刘开明．跨国公司的社会责任与中国社会[M]．北京：社会科学文献出版社，2003.
16. 刘连煜．公司治理与公司社会责任[M]．北京：中国政法大学出版社，2001.
17. 刘俊海．公司的社会责任[M]．北京：法律出版社，1999.
18. 俞可平．全球化：全球治理[M]．北京：社会科学文献出版社，2003.
19. 程琥．全球化与国家主权——比较分析[M]．北京：清华大学出版社，2003.
20. 邹永贤．现代西方国家学说[M]．福建：福建人民出版社，1993.
21. 裴长洪．利用外资与产业竞争力[M]．北京：社会科学出版社，1998.
22. 唐勇．跨国公司行为的政治维度[M]．上海：立信会计出版社，1999.
23. 郝名玮．外国资本与拉丁美洲国家的发展——历史沿革的考察[M]．北京：东方出版社，1998.
24. 王贵国．国际投资法[M]．北京：北京大学出版社，2001.
25. 李琮．世界经济学新编[M]．北京：经济科学出版社，2000.
26. 田贵明．跨国公司对外直接投资与东道国激励政策竞争[M]．北京：中国经济出版社，2003.
27. 张建清．战后外国在美国投资发展研究[M]．武汉：武汉大学出版社，1995.
28. 国务院新闻办公室．中国的人权状况[M]．北京：中央文献出版社，1991.
29. 白桂梅，龚刃韧，李鸣．国际法上的人权[M]．北京：北京大学出版社，1996.
30. 徐显明．人权研究：第 1 卷[M]．济南：山东人民出版社，2001.

31. 徐显明．人权研究：第2卷[M]．济南：山东人民出版社，2002.
32. 范丽珠．全球化下的社会变迁与非政府组织(NGO)[M]．上海：上海人民出版社，2003.
33. 劳工法与劳工权利之保障：美国劳工法论文集(1)[C]．中国台湾：月旦出版公司，1995.
34. 周珂．生态环境法论[M]．北京：法律出版社，2001.
35. 郑少华．生态主义法哲学[M]．北京：法律出版社，2002.
36. 黄进．武大国际法评论：第1卷[M]．武汉：武汉大学出版社，2003.
37. 李金泽．跨国公司与法律冲突研究[M]．武汉：武汉大学出版社，2001.
38. 陈安．国际经济法学[M]．北京：北京大学出版社，1994.
39. 北京大学法学院人权研究中心．国际人权文件选编[M]．北京：北京大学出版社，2002.
40. 盛斌．WTO与多边投资协议[M]．天津：天津大学出版社，2003.
41. 徐海宁．WTO与贸易有关的投资措施协议：规范与承诺[M]．合肥：黄山书社，2000.
42. 施本植．异军突起的国际竞争新领域--国际服务贸易与营销学引论[M]．北京：经济科学出版社，1998.
43. 陈安，曾华群．国际投资法学[M]．北京：北京大学出版社，1999.
44. 陶凯元．国际服务贸易法律的多边化与跨国对外服务贸易法制[M]．北京：法律出版社，2000.
45. 黄胜强．国际服务贸易多边规则利弊分析[M]．北京：中国社会科学出版社，2000.
46. 刘笋．WTO法律规则体系对国际投资法的影响[M]．北京：中国法制出版社，2001.
47. 中国五矿化工进出口商会．如何应对国外反倾销[M]．北京：中国对外经济贸易出版社，2000.
48. 王玉梅．中国的外国直接投资法律制度研究[M]．北京：法律出版社，2003.
49. 王洛林．中国外商投资报告：外商投资的行业分布[M]．北京：经济管理出版社，1997.
50. 人民出版社．中共中央关于完善社会主义市场经济体制若干问题的决定[M]．北京：人民出版社，2003.
51. 成先平．中国外资投资企业法律制度重建研究[M]．郑州：郑州大学出版社，2002.
52. 阿兰·鲁格曼．全球化的终结[M]．常志霄，译．北京：生活·读书·新知三联书店，2001.
53. 米海依尔·戴尔玛斯-马蒂．世界法的三个挑战[M]．罗结珍，译．北京：法律出版社，2001.
54. 弗朗索瓦·沙奈．资本全球化[M]．齐建华，译．北京：中央编译出版社，2001.
55. 特奥托尼奥·多斯桑托斯．帝国主义与依附[M]．杨衍永，译．北京：社会科学文献出版社，1999.
56. [美]詹姆斯·H. 米尔特曼．全球化综合征[M]．刘得手，译．北京：新华出版社，2002.
57. 罗伯特·吉尔平．全球资本主义的挑战：21世纪的世界经济[M]．杨宇光，译．上海：上海人民出版社，2001.

58. 斯蒂芬·D. 克拉斯纳．结构冲突：第三世界对抗全球自由主义[M]. 李小华，译．杭州：浙江人民出版社，2001.

59. 理查德·布隆克．质疑自由市场经济[M]. 林季红，译．南京：江苏人民出版社，2001.

60. 约瑟夫·奈，约翰·唐纳胡．全球化世界的治理[M]. 王勇，译．北京：世界知识出版社，2003.

61. 弗雷德里克·皮耶鲁齐，马修·阿伦．美国陷阱[M]. 法意，译．北京：中信出版集团，2019.

62. 中共中央宣传部．习近平新时代中国特色社会主义思想学习纲要[M]. 北京：学习出版社，人民出版社，2019.

63. 朱景文．全球化条件下的法治国家[M]. 北京：中国人民大学出版社，2006.

(二)论文

1. 余劲松．论跨国公司责任的法律依据[J]. 法商研究，1995(3)：57-64.

2. 余劲松．论“与投资有关的贸易措施”[J]. 中国法学，2001(6)：114-125.

3. 余劲松．《TRIMs 协议》研究[J]. 法学评论，2001(2)：97-103.

4. 国务院发展研究中心技术经济研究所课题组．国际直接投资对国家经济安全影响的比较研究[J]. 国际技术国际经济研究，2001，4(1)：29-35.

5. 杨冠群．全球主义思潮和民族国家意识的碰撞——浅论跨国公司的是与非[J]. 国际问题研究，2002(5)：13-18.

6. 余万里．跨国公司的国际政治经济学[J]. 国际经济评论，2003(2)：50-54.

7. 刘笋．WTO 框架下的多边投资协议问题述评[J]. 中国法学，2003(2)：66-76.

8. 刘笋．从 MAI 看综合性国际投资多边立法的困境和出路[J]. 中国法学，2001(5)：137-144.

9. 刘笋．跨国投资国际法制的晚近发展[J]. 法学研究，2001(5)：108-125.

10. 徐超丽．资源转移——外国跨国公司对中国经济的影响[J]. 当代世界社会主义问题，1997(3)：71-76.

11. 俞进．融合国际贸易和直接投资理论：以国际分工为基础[J]. 华东师范大学学报(哲学社会科学版)，2002(6)：107-114.

12. 王迎新．论海外直接投资与贸易的关系[J]. 财贸经济，2003(1)：80-85.

13. 跨国公司把研究开发资金从北部转向南部趋势[N]. 中国经济时报，1998-11-01.

14. 许祖华．全球化与新殖民主义及跨国公司的关系[J]. 华中师范大学学报(人文社会科学版)，2000(2)：74-78.

15. 陈安国．论经济全球化中的跨国公司及其对民族国家的挑战[J]. 南京师大学报(社会科学版)，2000(5)：36-41.

16. 邹木兰，冯益谦．跨国公司对发展中国家的双重影响[J]. 国际经贸探索，1996(6)：42-45.

18. 叶兴平．TRIMs 协议的局限性及其对于国际投资法发展的意义[J]. 法学家，2001(6)：

14-20.

19. 叶兴平.《北美自由贸易协定》的投资规则及其对多边国际投资立法的影响[M]//陈安.国际经济法论丛：第6卷.北京：法律出版社，2002.

20. 罗英.外资主体进入与资本市场风险管理[J]. 法学，2003(1)：77-86.

21. 陈治东.我国外商投资合同争议国内法适用抵触问题的思考[J]. 法学，2002(6)：62-69.

22. 蔡红.入世与我国外资并购监管中的反垄断规则[J]. 法学，2002(03)：59-65.

23. 王海英，张倩.论企业跨国并购的国内法调整[J]. 法学，2001(12)：62-67.

24. 韦经建，娄慧敏，何志鹏.论入世后我国吸引外国再投资的法律环境整合[M]//陈安.国际经济法论丛：第4卷.北京：法律出版社，2001.

25. 李炼.我国外资国民待遇若干法律问题探讨[M]//陈安.国际经济法论丛：第4卷.北京：法律出版社，2001.

26. 顾敏康.以公司法为本，重构外资法体系 [M]//陈安.国际经济法论丛：第4卷.北京：法律出版社，2001.

27. 张永清.论跨国公司对发展中国家东道国的影响[J]. 经济师，2001(10)：72-73.

28. 秦海.跨国公司与东道国的经济发展[J]. 战略与管理，1997(1)：76-87.

29. 吴进红，张为付.从贸易保护到投资保护[J]. 南京社会科学，2003(5)：30-35.

30. 朱锦.东道国对跨国公司管制的非零和博弈分析[J]. 前沿，2001(4)：22-30.

31. 沃尔玛们：把劳工权利与订单挂钩[N]. 21世纪经济报道，2003-12-15.

32. 王葆青.跨国公司对全球生态环境与可持续发展的影响[J]. 理论前沿，2002(17)：13-15.

33. 图江涌.博帕尔灾难凸显公害危机[N]. 中国经营报，2003-11-28.

34. 李斌.论跨国公司母公司对子公司的法律责任[J]. 南京大学学报(哲学·人文科学·社会科学版)，2001(3)：45-51.

35. 伍商.化工产品反倾销案的特点[N]. 国际商报，2003-08-14.

36. 中国国际服务贸易发展战略课题组.世界服务贸易发展趋势及特点[J]. 对外经贸研究，1997(6).

37. 跨国公司对民族主义表态：我们不是来扶贫的！[J]. 社会科学论坛，2001(4)：93-96.

38. 孙明.跨国公司的发展与国家利益的冲突和协调[J]. 世界经济，1999(1)：48-50.

39. 通过工会为管理争取主动[N]. 财经时报，2003-10-18.

40. 珠江三角洲外来工生存状况扫描[J]. 半月谈(内部版)，1999(5).

41. 是耶？非耶？跨国公司在华遭遇“双重标准”诘责[N]. 财经时报，2004-1-17.

42. 汤俊芳，李强.对跨国公司来华直接投资法律问题的新审视[J]. 当代法学，2001(7)：22-24.

43. 刘继兵.我国利用外资成本分析与对策[J]. 国际经贸探索，1998(3)：14-18.

44. 吴仪：拓宽利用外资领域 允许外企上市和受让股权[N]. 上海证券报，2003-11-07.

45. 吴仪强调提升产业国际竞争力、切实维护产业安全[N]. 国际商报，2004-02-26.

46. 赵旭东.环境法的“污染者负担”原则研究[J]. 环境导报，1999(5)：8-11.

47. 中国行政管理学会生态行政管理课题组．政府要指导企业建立环境报告制度[R/OL]. http：//www. cpasonline. org. cn/cpas/xsdt/gnxsdt15. htm.

48. 胡鞍钢．中国外商直接投资(FDI)政策方向：从优惠政策转向规则政策[R/OL]. http：//www. wuxibiz. com/invest/2000news/0215/13. htm.

二、外文部分

1. Hymer S H. The Multinational Corporation：A Radical Approach[M]. Cambridge University Press, 1979.

2. Dunning J H. Multinational Enterprises and the Global Economy[M]. Reading, Mass：Addison Wesley, 1993.

3. Jones G. Transational Corporations：A Historical Perspective. Aldershot：Avebury, 1993.

4. Wilkings M. The Growth of Multinaitonals. Aldershot：Avebury, 1991.

5. Vernon R. Sovereign at bay：The Multinational Spread of U. S. Enterprises[M]. New York & London：Basic Books, Inc, 1971.

6. Gilpin R. U. S. Power and the Multinational Corporation：The Political Economy of Foreign Direct Investment[M]. New York：Basic Books, Inc, 1975.

7. Ohmae K. The End of Nation State：The Rise of Regional economies[M]. New York：Free Press, 1995.

8. Patrick M Boarman, Hans Schollhammer. Multinational Corporations and Governments[M]. N. Y., Washington, London：Praeyer Publishers, 1975.

9. McKinlay R D, Little R. Global Problems and World Order[M]. London：Frances Printer, 1986.

10. Masao Miyoshi. On Globalization and Culture[M]. Connecticut：Yale University Press, 1999.

11. OECD Guidelines for Multinational Enterprises, Global Instruments for Corporate Responsibility, Annual Report 2001.

12. Anne Swardson. Firms Asked to Keep Standards on Rights, Labor, Environment. Boulder Daily Camera, 1999-02-01.

13. Hopkins T K, Wallerstein I M. Commodity Chain：Construct and Research[M]//Gary Gereffi, Miguel Korzeniewicz. Commodity Chains and Global Cpitalism. Greenwood Press, 1994.

14. Jenkins R O. Dependent Industrialization in Latin American：The Automotive Industry in Argentina, Chile and Mexico[M]. Praeger Publisher Inc, 1977.

15. Organization for Economic Co－operation and Development. The OECD Declaration and Decision on International Investment and Multinational Enterprises：1991 Review. Paris：OECD, 1992.

16. The GATS Preamble.(UNCTAD 1996b, I.)

17. WTO Doha Ministerial Declaration, paragraph 22. WTO 2001b.

18. Geist. Toward a General Agreement on the Regulation of Foreign Direct Investment[J]. Law and Policy in International Business, 1995, 26.

19. Shihata. Legal Treament of Foreign Investment："The World Bank Guidelines". Drodrecht：

Martinus Nijhoff, 1993; Foreign Investment Law Journal, 1992.

20. Church. The Multinational Enterprise(Foreword)[J]. San Diego Law Review, 1973, 11.

21. Vagts. The Host country Faces the Multinational Enterprise [J]. Boston University Law Review, 1973, 53.

22. Tugendhat. The Multinational[M]. New York: Random House, 1972.

23. Andrews. An Evaluation of the Need for Further Statutory Controls on Foreign Direct Investment in the United States[J]. Vanderbilt Journal of Transnational Law, 1974, 8.

24. Niggemann. The Acquisition of Companies in Germany [J]. International Business Law Journal, 1989.

25. United Nations, Economic and Social Council, Commission on Transnational Corporations. Report on the Second Session (March 1-12, 1976). U. N. ECOSOC Document NO. E/5728, E/C10/16. New York, May 1976.

26. Fedders. Policing Internationalized U. S. Capital Markets: Methods to Obtain Evidence Abroad [J]. International Lawyer, 1984(18).

27. U. N. ECOSOC document E/6006, July 5, 1977.

28. Schmitthoff. The Role of the Multinational Enterprise in an Enlarged European Community [M]// Bathurst. Legal Problems of an Enlarged European Community. London: Stevens & Sons, 1972.

29. Mestmacher. Merger Control in the Common Market: Between Competition Policy and Industrial Policy[C]// Annual Proceedings of the Fordham Corporate Law Institute: European/American Antitrust and Trade Law, 1988.

30. Hawk. The Proposed Revisions to the Justice Department's Antitrust Guidelines for International Operations and Recent Development in EEC Competition Law [J]. Antitrust Law Journal, 1988, 57.

31. Lall. Canadian Competition Policy: A Century of Experience [J]. Asia Business Law Review, 1996.

32. Cynthia Day Wallace. The Multinational Enterprise and Legal Control. Kluwer Law International, 2002.

33. Winquist. "Multinationals", ICC Information, July-August 1974, at 1.

34. LaPolombara. International Firms and National Governments: Some Dilemmas[J]. The Washington Quarterly. 1994, 17.

35. Penrose, Stevens. Nationalisation of Foreign-owned Property for a Public Purpose: An Economic Perspective on Appropriate Compensation[J]. The Modern Law Review, 1992, 55.

36. Korah. An Introductory Guide to EEC Law & Practice[M]. 6th ed. London: Sweet & Maxwell, 1997.

37. Ruskola T. Conceptualizing Corporations and Kinship: Comparative Law and Development Theory in a Chinese Perspective[J]. Stan. L. Rev, 2000, 52: 1599, 1677.

38. Anghie A. Finding the Peripheries: Sovereignty and Colonialism in Nineteenth-century International Law[J]. Harv. Int'l L. J, 1999, 40(1), 37.

39. Frohnen B P , Jr C. Diversity in Western Constitutionalism: Chartered Rights, Federated Structure, and Natural-law Reasoning in Burke's Theory of Empire[J]. McGeorge L. Rev., 1997, 29(27).

40. Edwin Black. IBM and the Holocaust: The Strategic Alliance between Nazi Germany and America's Most Powerful Corporation (2001).

41. Generally No Sweat: Fashion, Free Trade, and the Rights of Garment Workers (Andrew Ross ed.), 1997.

42. Bazyler M. Litigating the Holocaust[M]. University of Richmond Law Rev, 1999.

43. Ramasastry A. Secrets and Lies? Swiss Banks and International Human Rights[J]. Vand. J. Transnat'l L. Rev, 1998, 31.

44. International Military Tribunal (Nuremberg), 1946: Judgment of Nuremberg Tribunal. American Journal of International Law, 1947, 41.

45. Lauterpacht H. Oppenheim's International Law [M]. 5th ed. London: Longman Group, 1955.

46. Jennings R, Watts A. Oppenheim's International Law[M]. 9th ed. London: Longman Group, 1992, 1.

47. Davidson S. Human Rights[M]. Philadelphia: Open University Press, 1993.

48. Michael K Addo. Justifiability Re-examined[M]// Ralph Beddard, Dilys Hill. Economic, Social and Cultural Rights, Progress and Achievement. Macmillan, 1992.

49. Westfield E. Globalization, Governance, and Multinational Enterprise Responsibility: Corporate Codes of Conduct in the 21st Century[J].

Virginia Journal of International Law, 2002.

50. Bill (Governor) Clinton. Expanding Trade and Creating American Jobs. North Carolina State University, Raleigh, North Carolina, 1992-10-04.

51. Jorge F. Perez-Lopez. Promoting International Respect for Workers Rights through Business Northern Ireland Fair Employment Practices Act. H. R. 725, 101st Cong. § 5 , 1989.

52. Conor O'Clery. Irish American Groups Attack Clinton Decisions[N]. The Irish Times, 1997-04-25.

53. Hunter D, Porter S. International Environmental Law and Foreign Direct Investment[M]// Daniel D. Bradlow, Alfred Escher. Legal Aspect of Foreign Direct Investment. Kluwer Law International, 1999.

54. Environmental Aspects of Bank Activities, Operational Management Statement 2. 36, 1984.

55. Shihata I. The world Bank and the Environment: Legal Instruments for Achieving Environmental Objectives[C]//I. F. I. Shihata. The World Bank in a Changing World, vol 2, 1996.

56. Bree A, Hunter D. Results of a Survey of Environmental Procedures at Non-US Export Credit and Risk Insurance Agencies. CIEL Working Paper, 1998-09-15.

57. O'Connell M E. Using Trade to Enforce International Environmental Law: Implications for United States Law[J]. Indiana Journal of Global Legal Studies, Fall 1994, 1(2).

58. Anderson M. Transnational corporations and environmental damage: is tort law the answer?

[J]. Washburn Law Journal, Spring 2002.

59. Summary of the Main Proposals Concerning the Review of Mechanisms of the Commission Undertaken Pursuant to Commission Decision 1998/112, UN Doc. E/CN. 4/1999/104, 1999.

60. Burt E M. Developing Countries and the Framework on Foreign Direct Investment in the World Trade Organization[J]. Am. U. J. Int'l L, & Pol'y, 1997, 12.

61. Jill M. A New Phase in the Regulation of Multinational Enterprises: The Role of the OECD [J]. Industrial Law Journal, 2001(3): 255, 259, 260, 263.

62. Goldberg, Kindleberger. Toward a GATT for investment: A Proposal for Supervision of the International Corporation[J]. Law and Policy in International Business, 1970, 2.

63. Mazlish B. A tour of globalization[J]. Indiana Journal of Global Legal Studies, Fall, 1999.

64. Ward H. Securing transnational corporate accountability through national courts: implications and policy options[J]. Hastings International and Comparative Law Review, Spring 2001.

65. Tavis L A. Corporate governance and the global social void[J]. Vanderbilt Journal of Transnational Law, March, 2002.

66. Westfield E. Globalization, governance, and multinational enterprise responsibility: corporate codes of conduct in the 21st century[J]. Virginia Journal of International Law, Summer 2002.

67. Cao L. Corporate and product identity in the postnational economy: rethinking u. s. trade laws [J]. California Law Review, March, 2002.

68. Donald C Dowling, Jr. The multinational' s manifesto on sweatshops, trade/labor linkage, and codes of conduct[J]. Tulsa Journal of Comparative and International Law, Fall 2000.

69. Donald C Dowling, Jr. How to ensure employment problems don't torpedo global mergers and acquisitions[J]. DePaul Business Law Journal, Fall/Spring, 2000/2001.

70. Paul J R. Holding multinational corporations responsible under international law[J]. Hastings International and Comparative Law Review, Spring 2001.

71. Meyer W H, Stefanova B. Human rights, the UN global compact, and global governance [J]. Cornell International Law Journal, 2001.

72. Cate F H. Global information policymaking and domestic law[J]. Indiana Journal of Global Legal Studies, Spring, 1994.

73. Cassels J. Outlaws: multinational corporations and catastrophic law[J]. Cumberland Law Review, 2001.

74. Branson D M. Teaching comparative corporate governance: the significance of "soft law" and international institutions[J]. Georgia Law Review, Winter, 2000.

75. Petito D S. Sovereignty and globalization: fallacies, truth, and perception[J]. New York Law School Journal of Human Rights, Summer 2001.

76. The multinational enterprise as global corporate citizen , Symposium[J]. New York Law School Journal of International and Comparative Law, 2001.

77. Branson D M. The very uncertain prospect of "global" convergence in corporate governance [J]. Cornell International Law Journal, 2001.

78. Petito D S. Sovereignty and globalization: fallacies, truth, and perception[J]. New York Law

School Journal of Human Rights, Summer 2001.

79. Blackett A. Global governance, legal pluralism and the decentered state: a labor law critique of codes of corporate conduct[J]. Indiana Journal of Global Legal Studies, Spring, 2001.

80. Stephens B. The amorality of profit: transnational corporations and human rights[J]. Berkeley Journal of International Law, 2002.

81. Bridgeford T A. Imputing human rights obligations on multinational corporations: the ninth circuit strikes again in judicial activism[J]. American University International Law Review, 2003.

82. Macklem P. Indigenous rights and multinational corporations at international law[J]. Hastings International and Comparative Law Review, Spring 2001.

83. Richard Meeran. Multinational corporations and human rights, Association of Trial Lawyers of America, July, 2001, ATLA Annual Convention Reference Materials, Volume 2, International Practice Section.

84. Oren Perez. Reflections on an environmental struggle: p&o, dahanu, and the regulation of multinational enterprises[J]. Georgetown International Environmental Law Review, Fall, 2002.

85. Wallace P E. The globalization of corporate governance: shareholder protection, hostile takeovers and the evolving corporate environment in france[J]. Connecticut Journal of International Law, Fall, 2002.